人间正道是沧桑

世界社会主义五百年

顾海良 主编

中国人民大学出版社
·北京·

撰稿人
（以写作章节为序）

顾海良　王　越
李玉峰　杨　瑞

目　录

contents

导　语

社会主义是人类文明历史发展的产物，是人类对理想社会不懈追求的成果，凝聚着世世代代劳动人民及先进思想家力求摆脱奴役和依附、争取自由和解放的憧憬与渴望。作为迄今为止人类最美好的社会理想，社会主义为人类开辟了崭新的发展道路，展现了美好的发展前景，对人类社会发展产生了前所未有的深远影响。

在社会主义理想信念的鼓舞下，人类历史舞台上演出了一幕幕威武雄壮、经久不衰的社会历史的活剧。在社会主义旗帜的指引下，百年中国发生了深刻的历史性变化，从根本上改变了中国人民和中华民族的历史命运，不可逆转地结束了近代以来中国内忧外患、积贫积弱的前途命运，不可逆转地走上了中国特色社会主义道路，不可逆转地开启了中华民族走向伟大复兴的新的历史进程。

一、探究世界社会主义 500 年的意义

以 1516 年托马斯·莫尔出版《乌托邦》为标志，世界社会主义已经走过整整 500 年的历程。一路走来，可以说，这是不平凡的历程。回顾世界社会主义 500 年历程，重在探究这一历史发展的曲折过程，科学总结世界社会主义发展的历史经验，揭示世界社会主义发展的内在规律，前瞻世界社会主义的未来进程，以此提高理论素养，树

立世界眼光，培养战略思维，增强坚持和发展中国特色社会主义的道路自信、理论自信、制度自信和文化自信。

人间正道是沧桑，从世界社会主义思想的源头讲起，从中国特色社会主义的历史发展讲起，就在于拓展历史视野，系统梳理世界社会主义的历史进程，从根本上和发展源流上，对世界社会主义做出历史的和逻辑的总体理解。这就要厘清社会主义作为人类文明进步的思潮、运动和制度，是怎样在凯歌行进和如磐风雨中向前发展的；中国共产党和中国人民在革命、建设、改革的进程中，是怎样经过反复比较和总结，历史地选择科学社会主义、选择社会主义道路的；中国共产党在把马克思主义基本原理同中国实际和时代变迁相结合中，是怎样历经千辛万苦，付出各种代价，开创和发展中国特色社会主义的。在历史的和逻辑的总体中，更有利于我们深化对中国特色社会主义的理解和把握，更有利于我们深化对“只有社会主义才能救中国，只有中国特色社会主义才能发展中国”的理解和把握。

【链接】

习近平论坚持和发展中国特色社会主义

在前进道路上，我们一定要坚定不移高举中国特色社会主义伟大旗帜，坚持和拓展中国特色社会主义道路，坚持和丰富中国特色社会主义理论体系，坚持和完善中国特色社会主义制度。①

世界社会主义 500 年的研究，既要全面展示世界社会主义发展的历史进程，也要深入总结无产阶级革命、社会主义建设的经验教训，深刻认识中国特色社会主义形成的合理性、发展的规律性和历史的必然性。中国特色社会主义是党和人民 90 多年奋斗、创造、积累的根本成就，是改革开放 40 年实践的根本总结，凝结着实现中华民族伟大复兴这个近代以来中华民族最根本的梦想，也体现着近代以来人类对社会主义的美好憧憬和不懈探索。

---

① 习近平．全面贯彻落实党的十八大精神要突出抓好六个方面工作．求是，2013（1）．

【链接】

科学社会主义的基本含义

科学社会主义，广义上指马克思主义的整个思想体系；狭义上的科学社会主义是马克思主义三个组成部分之一，是研究无产阶级解放运动的性质、条件和一般目的的科学。又称科学共产主义。人们通常讲的科学社会主义是指后者。创始人是马克思和恩格斯。产生于19世纪40年代。科学社会主义是一个完整的理论体系，其基本特征是：消灭私有制，实行公有制；大力发展生产力，创造极为丰富的社会物质财富；实行计划经济，消除商品生产和货币交换；实行按劳分配的原则；消灭阶级和阶级差别，国家将逐步自行消亡，变成一个自由人联合体。①

对社会主义500年历史逻辑和理论逻辑的总体性思考，有助于理解共产主义理想和社会主义信念是建立在马克思主义揭示的人类社会发展规律的基础之上的。世界社会主义500年展现出的科学社会主义基本原理，比如“两个必然”和“两个决不会”等社会主义必然代替资本主义理论、无产阶级革命和无产阶级专政理论、过渡时期和共产主义发展阶段理论、社会主义本质和特征理论、社会主义改革开放理论等一系列科学社会主义基本理论，深刻揭示了人类社会发展的基本规律，是近现代以来人类追求理想社会的最富有生命活力、最富有群众影响力的理论。

二、世界社会主义发展的“时间段”探索

关于世界社会主义500年历史发展的阶段划分，主要有两种不同的视角：一是从科学社会主义形成的视角，从科学社会主义思想来源和科学社会主义理论创立意义上进行划分。在这一视角上，科学社会主义之前的社会主义思潮就是科学社会主义的思想来源，是科学社会主义的“史前史”。二是从社会主义思潮肇始到思潮、运动和制度结

① 习近平．习近平谈治国理政．北京：外文出版社，2014：24.

为一体的过程视角，把人类对社会主义理想和现实的探索和追求看作世代接续的历史过程。早期的空想社会主义是这一历史过程的始创阶段，与后来的科学社会主义联结在一起。

【链接】

习近平谈世界社会主义发展的六个“时间段”

习近平重点从历史和现实的角度，就坚持和发展中国特色社会主义谈了自己的学习体会。他从6个时间段分析了社会主义思想从提出到现在的历史过程，内容包括空想社会主义产生和发展，马克思、恩格斯创立科学社会主义理论体系，列宁领导十月革命胜利并实践社会主义，苏联模式逐步形成，新中国成立后我们党对社会主义的探索和实践，我们党作出进行改革开放的历史性决策、开创和发展中国特色社会主义。①

对社会主义500年历史发展的阶段划分，可以引入一个“时间段”的概念。“时间段”既考虑时间的继起性，又顾及空间的并存性；既考虑社会主义从空想到科学、从理论到现实、从一国到多国、从单一模式到多种模式在时间上的连续过程，又顾及现实社会主义发展中的国别特色在空间上的相对独立性。比如，中国从选择社会主义到社会主义革命和建设，再到社会主义改革的起步，与苏联社会主义制度建立和苏联模式的兴衰，在时间上有错落、在空间上有交叉。按照这一理解，世界社会主义500年大体可以划分为六个“时间段”。

一是空想社会主义产生和发展。这一时间段，以1516年莫尔《乌托邦》的出版为标志，空想社会主义思潮开始产生并得到发展。自人类历史上出现了资本主义生产方式以来，“由社会占有全部生产资料，常常作为未来的理想隐隐约约地浮现在个别人物和整个整个派别的头脑中”②。一批优秀的知识分子对劳动群众的贫困和苦难深感同情，一批进步的思想家开始研究造成劳动者痛苦生活的根源，探索消

---

① 习近平．毫不动摇坚持和发展中国特色社会主义　在实践中不断有所发现有所创造有所前进．人民日报，2013-01-06.

② 马克思，恩格斯．马克思恩格斯文集：第9卷．北京：人民出版社，2009：298.

除社会混乱和弊病的途径。于是，反映和代表早期无产者和劳动人民的利益和愿望，反对资本主义制度并幻想建立一个消除贫富对立的美好社会的社会主义思潮应运而生。空想社会主义无情揭露和批判了资本主义社会的罪恶及其基础，启发了工人阶级和劳动大众的觉悟，对未来社会提出了许多积极主张和有价值的猜测。空想社会主义是资本主义生产方式刚刚产生和获得初步发展但还很不成熟、资本主义固有的矛盾还未充分暴露、无产阶级和资产阶级的对立与斗争还未充分展开的产物，是反映早期无产者利益和愿望的一种不成熟的思潮。19 世纪 30 年代以后，空想社会主义者逐渐脱离资本主义社会的现实，只是躲到他们幻想的海市蜃楼中求得慰藉。随着工人运动的勃兴和科学社会主义的诞生，空想社会主义逐渐走向反面，成为保守的、落后的思潮和宗派。

二是马克思、恩格斯创立科学社会主义理论体系。19 世纪 40 年代，经过资产阶级革命和第一次工业革命，资产阶级在政治经济上的统治地位逐渐稳固，无产阶级也作为独立的政治力量登上政治舞台，资产阶级和无产阶级的矛盾成为社会的主要阶级矛盾。适应社会发展的这一新的变化，无产阶级迫切需要代表自己阶级利益的科学理论。时代的呼唤，铸就了代表无产阶级根本利益的科学理论诞生的坚实基础。马克思和恩格斯历史地成为这一科学理论的创立者。

马克思和恩格斯深入考察资本主义经济、政治、社会状况，批判继承了德国古典哲学、英国古典政治经济学和英法空想社会主义，创立了唯物史观和剩余价值学说，并把社会主义置于这两大理论基石之上，创立了科学社会主义，实现了社会主义从空想到科学的伟大飞跃。随着实践的发展，马克思和恩格斯及时总结了那一时代无产阶级革命斗争的经验，丰富了科学社会主义原理，到19 世纪 80 年代，形成了系统的科学社会主义理论体系。这一理论体系揭示了人类社会发展的基本规律，揭示了资本主义社会发展的历史趋势，指明了社会主义的发展方向，科学预测了社会主义的基本特征和光明前景。

马克思和恩格斯共同写作《共产党宣言》(油画)

【链接】

恩格斯：在马克思墓前的讲话（1883 年 3 月 18 日）

正像达尔文发现有机界的发展规律一样，马克思发现了人类历史的发展规律，即历来为繁芜丛杂的意识形态所掩盖着的一个简单事实：人们首先必须吃、喝、住、穿，然后才能从事政治、科学、艺术、宗教等等；所以，直接的物质的生活资料的生产，从而一个民族或一个时代的一定的经济发展阶段，便构成基础，人们的国家设施、法的观点、艺术以至宗教观念，就是从这个基础上发展起来的，因而，也必须由这个基础来解释，而不是像过去那样做得相反。

不仅如此。马克思还发现了现代资本主义生产方式和它所产生的资产阶级社会的特殊的运动规律。由于剩余价值的发现，这里就豁然开朗了，而先前无论资产阶级经济学家或者社会主义批评家所做的一切研究都只是在黑暗中摸索。

一生中能有这样两个发现，该是很够了。即使只能作出一个这样的发现，也已经是幸福的了。但是马克思在他所研究的每一个领域，甚至在数学领域，都有独到的发现，这样的领域是很多的，而且其中任何一个领域他都不是浅尝辄止。①

① 马克思，恩格斯. 马克思恩格斯文集：第3卷. 北京：人民出版社，2009：601-602.

三是列宁领导十月革命胜利并实践社会主义。19 世纪末 20 世纪初，资本主义从自由资本主义过渡到私人垄断资本主义，资本主义社会固有的各种矛盾空前激化，世界进入了帝国主义和无产阶级革命的新时代。列宁把科学社会主义运用于俄国革命实践过程，创立了无产阶级建党学说，提出了无产阶级在民主革命中的理论和策略，特别是创造性地提出了帝国主义理论和社会主义可能在一国或数国首先取得胜利的理论，提出了殖民地国家民族解放运动理论，形成了列宁主义。列宁主义创造性地继承、捍卫和发展了科学社会主义，深刻解决了帝国主义时代国际共产主义运动的一系列重大的理论和实践问题，并领导俄国人民取得十月社会主义革命的伟大胜利，实现了社会主义从理论到实际的历史性飞跃。十月革命后，列宁领导俄国人民向社会主义过渡和进行社会主义建设的伟大实践。在没有先例可循的情况下，对如何搞社会主义进行了深入思考和艰辛探索，对十月革命道路和新经济政策经验进行了总结，对经济比较落后国家建设社会主义的规律做了多方面的探索，为科学社会主义在新时代的发展提供了新鲜经验，增添了丰富内涵。

1919 年 5 月，列宁在红场发表演讲

四是苏联社会主义制度建立和苏联模式的兴衰。20 世纪 20 年代后半期和 30 年代，在斯大林的领导下，苏联坚持社会主义道路探索和制度建设，形成苏联模式。苏联模式在特定历史条件下发挥了重要作用，促进了苏联经济、社会的快速发展，巩固了苏联社会主义基本制度，为第二次世界大战夺取反法西斯战争的胜利发挥了无可替代的作用。第二次世界大战结束后，在社会主义道路的新的发展中，苏联模式的弊端日渐暴露，逐渐成为经济、社会发展的严重的体制障碍。第二次世界大战结束后走上社会主义道路的东欧国家，大多照搬了苏联模式。20 世纪 80 年代后，苏联、东欧国家面对经济、社会发展困境几度调整，几番兴起改革浪潮。由于这种调整和改革偏离了社会主义方向，在外部因素和内部因素、历史原因和现实原因等交互作用下，20 世纪 80 年代末 90 年代初东欧剧变、苏联解体，世界社会主义遭受严重挫折。

五是中华人民共和国成立后中国共产党对社会主义的探索和实践。十月革命一声炮响，给中国送来了马克思列宁主义。随着新民主主义革命的胜利和社会主义制度在中国基本确立，中国共产党成功地实现了我国历史上最深刻、最伟大的社会变革，为当代中国一切发展进步奠定了根本的政治前提和制度基础。社会主义制度确立以后，对于如何在中国这样一个经济、文化比较落后的国家建设社会主义的问题，中国共产党经过慎重思考，提出要以苏联的经验教训为鉴戒，独立地探索适合中国国情的社会主义建设道路。以毛泽东发表《论十大关系》和《关于正确处理人民内部矛盾的问题》为主要标志，我们党对怎样建设社会主义有了自己新的重要认识。但囿于认识和实践，我们在探索社会主义建设道路过程中也有过严重的曲折。尽管探索艰辛坎坷，但中国共产党在社会主义建设中取得的独创性理论成果和巨大成就，对科学社会主义做出了诸多独创性贡献，为开创中国特色社会主义提供了宝贵经验、理论准备和物质基础。

六是中国进入改革开放新时期，中国共产党对中国特色社会主义的开创、坚持和发展。粉碎“四人帮”以后，特别是党的十一届三中全会以后，我们党果断地纠正了指导思想上的错误，重新确立了解放思想、实事求是的思想路线，彻底否定了“以阶级斗争为纲”的错误理论和实践，以巨大的政治勇气和理论勇气提出进行改革开放，并明确提出必须搞清楚什么是社会主义、怎样建设社会主义这个重大理论和实际问题。我们党在坚持马克思主义基本原理的前提下，把科学社

党的十一届三中全会在人民大会堂召开

会主义同当代中国实际和时代特征相结合，开创和发展了中国特色社会主义。中国特色社会主义初步回答了在中国这样经济、文化比较落后的国家建设什么样的社会主义、怎样建设社会主义的一系列基本问题，继承和发展了科学社会主义，开辟了中国特色社会主义道路、制度和理论体系的新境界。

三、空想社会主义历史地位的思考

空想社会主义，又称“乌托邦社会主义”，顾名思义，就是对社会主义有着美好向往与憧憬，但在现实中却找不到实现社会主义的正确力量以及通向社会主义的途径和方法，因而只能是流于空想的一种学说。从 16 世纪初到 19 世纪 40 年代，空想社会主义从产生、发展到趋于没落，走过了 300 多年的历史。英国、法国、德国和意大利等国，在不同的时期都出现过空想社会主义的代表人物。空想社会主义思潮几乎影响了整个欧洲国家，在贫苦劳动大众中得到广泛的传播。早期空想社会主义的价值就在于：一是对资本主义社会早期发展弊端的深刻揭露和尖锐批判，二是对未来社会的设想和憧憬。

对于空想社会主义者的一些设想，马克思、恩格斯曾给予称赞。马克思指出：“对这些伟大的社会试验的意义不论给予多么高的估价都是不算过分的。”① 恩格斯认为：“德国的理论上的社会主义永远不会忘记，它是站在圣西门、傅立叶和欧文这三个人的肩上的。虽然这三个人的学说含有十分虚幻和空想的性质，但他们终究是属于一切时代最伟大的智士之列的，他们天才地预示了我们现在已经科学地证明了其正确性的无数真理。”② 虽然空想社会主义有其局限，但它开启了人们对未来社会的憧憬和追求，为科学社会主义的产生积累了丰富的思想资料。

任何事物的发展都有其过程、阶段，但因为认识视角的不同，人们对事物过程和阶段的理解会有不同。空想社会主义从 16 世纪初产生到 19 世纪 40 年代，经历 300 多年的过程，也有其发展的早期、中期和后期。16—17 世纪的早期空想社会主义的主要代表是莫尔、闵采尔、康帕内拉、温斯坦莱、维拉斯等。1516 年英国的莫尔出版《乌托邦》，标志着空想社会主义的诞生。1601 年意大利的康帕内拉写的《太阳城》，也是空想社会主义的名著。《乌托邦》和《太阳城》这两本书集中反映了早期空想社会主义的思想。当时，资本主义发展正处于资本原始积累和家庭手工业的简单协作时期。早期空想社会主义者大多采取文学游记的形式，批判资本主义的资本原始积累给社会带来各种灾难和罪恶，幻想了一个没有剥削压迫、人人平等的理想社会。18 世纪的中期空想社会主义多存在于法国，启蒙运动前夕的梅叶、启蒙运动中的摩莱里和马布利、资产阶级大革命中的巴贝夫等是其代表。这一时期，空想社会主义思想开始摆脱纯粹虚构的幻想，转而面向现实，从法理的角度批判资本主义私有制，以法律条文的形式阐述未来理想社会的基本原则。19 世纪初的后期空想社会主义的杰出代表是法国的圣西门、傅立叶和英国的欧文。19 世纪初期，资本主义的发展已经开始向机器大工业过渡，资本主义的矛盾和阶级对立日益明显。三大空想社会主义者继承已往的空想社会主义思想，吸收 18 世纪法国启蒙学者的理论形式，在批判资本主义社会制度的同时，对未来社会

① 马克思，恩格斯．马克思恩格斯文集：第 3 卷．北京：人民出版社，2009：12.

② 马克思，恩格斯．马克思恩格斯文集：第 2 卷．北京：人民出版社，2009：218.

提出了许多积极合理的设想，使空想社会主义的发展达到极高的水平。

19 世纪 40 年代之后，空想社会主义思潮日趋式微，法国的布朗基、卡贝、德萨米和德国的魏特林是其代表人物。1840 年卡贝出版的《伊加利亚旅行记》和 1842 年德萨米出版的《公有法典》，是这一阶段空想社会主义的代表著作。在这一时期，资本主义大工业的地位在欧洲一些国家已经确立，工人运动有了新的发展，圣西门派已经瓦解，傅立叶派和欧文派也逐渐趋于没落。这时，在工人阶级中出现了一种新的思潮，即恩格斯所称的“一种粗糙的、尚欠修琢的、纯粹出于本能的共产主义”①。这时空想社会主义走上了与科学社会主义相分离、相对立的最后阶段、没落阶段。从空想社会主义本身来看，这一阶段是存在的，甚至可能是较为重要的一部分，但从科学社会主义思想理论来源的角度看，这一阶段就难以作为一个独立的阶段而存在了。

四、科学社会主义历史发展及其时代意义的思考

从科学社会主义的发展来看，可以将《共产党宣言》发表以来科学社会主义的发展划分为三个阶段，即“三个 60 年”。

19 世纪 40 年代后半期到 19 世纪 90 年代中期为第一阶段。这是科学社会主义基本原理形成和发展的阶段。这一阶段科学社会主义发展的主题是资本主义必然被社会主义所取代。19 世纪 30—40 年代，资本主义经济社会的发展，迫切要求一种新的理论，以对人类社会历史发展的规律和资本主义发展的历史趋势做出科学的说明。19 世纪 40—60 年代，马克思和恩格斯创立的新的世界观，即后来用它的创始人之一命名的马克思主义，对资本主义时代发展提出的理论课题做了科学的论述。科学社会主义揭示了资本主义时代无产阶级革命和解放的根本性质和历史使命。马克思和恩格斯对资本主义发展的历史趋势

① 马克思，恩格斯．马克思恩格斯文集：第 2 卷．北京：人民出版社，2009：13.

所做的科学论述，揭开了人类思想史的新篇章。

【链接】

马克思主义的基本含义

马克思主义，是马克思和恩格斯创立的包括科学世界观、社会历史发展学说、无产阶级革命理论以及社会主义和共产主义建设理论在内的科学理论体系，是工人阶级及其政党的理论基础和指导思想。它产生于19世纪40年代，是资本主义矛盾激化和工人运动发展的产物。包括三个主要组成部分：马克思主义哲学、政治经济学和科学社会主义。19世纪末20世纪初，资本主义进入垄断阶段即帝国主义阶段，列宁在总结俄国无产阶级革命和社会主义建设经验的基础上，创造性地发展了马克思主义，把马克思主义推进到一个新阶段——列宁主义阶段。中国共产党从成立时起就郑重地把马克思列宁主义写在自己的旗帜上，创造性地把马克思列宁主义的基本原理运用于中国革命斗争实践、社会主义建设和改革实践，丰富和发展了马克思列宁主义，形成了马克思主义中国化的理论成果：毛泽东思想和中国特色社会主义理论体系。毛泽东思想和中国特色社会主义理论体系是同马克思列宁主义既一脉相承又与时俱进的科学理论体系。①

1848 年初，马克思和恩格斯合作完成的《共产党宣言》，是科学社会主义形成的重要标志，也是对之后 50 年科学社会主义发展主题的第一次全面阐述。《共产党宣言》集中论述的就是资本主义为什么必然被未来社会所代替，亦即社会主义为什么必然取代资本主义的问题。之后的半个世纪，马克思和恩格斯对科学社会主义基本原理的多个方面做了论述，特别是在 19 世纪 50 年代末的《〈政治经济学批判〉序言》、60 年代后半期的《资本论》第一卷德文第 1 版，以及 70 年代的《哥达纲领批判》《反杜林论》等著作中，丰富和发展了这一阶段科学社会主义主题的内涵。

19 世纪末到 20 世纪 50 年代中期为第二阶段。这是科学社会主义基本原理运用于实际，科学社会主义理论预言转变为社会革命、建设实践的阶段。这一阶段科学社会主义发展的主题转换为社会主

① 习近平．习近平谈治国理政．北京：外文出版社，2014：18.

义如何取代资本主义。列宁深刻地把握了资本主义发展的历史进程，对 19 世纪与 20 世纪之交科学社会主义阶段发展和主题转换做了科学分析，得出了适合时代发展的新的理论结论。列宁提出的帝国主义理论，把世界发展的普遍规律作为分析当时资本主义历史变化性质的基础，从“说明 20 世纪初期，即第一次世界帝国主义大战前夜，全世界资本主义经济在其国际相互关系上的**总的情况**”[①] 的高度，得出了“垄断正是‘资本主义发展的最新阶段’的最新成就”[②] 等一系列科学结论。

俄国十月革命的胜利，开始了社会主义取代资本主义的历史进程。列宁根据时代发展的新特征，深刻分析了俄国经济、政治发展的实际，对像俄国这样经济落后的国家如何从资本主义向社会主义过渡的问题做了深入探讨，极大地丰富了科学社会主义发展的新的主题。列宁提出的以下三个方面的问题有着特别重要的意义，这就是关于社会主义取代资本主义方式的问题，关于社会主义在取代资本主义过程中经济制度的基本特征和根本任务的问题，关于社会主义取代资本主义的经济模式选择的问题。列宁对这一阶段科学社会主义主题转换的重大的理论创新，最显著地表现在对经济、文化落后国家如何实现向社会主义过渡的探讨上。列宁得出的经济、文化落后国家在新的时代背景下不再可能选择资本主义道路求得本国经济、社会发展的见解，已经被 20 世纪各国经济、社会发展的史实所验证。

在俄国十月革命的影响下，以毛泽东为首的中国共产党人以马克思列宁主义为指导，结合中国社会发展的实际，联系世界政治经济格局的变化，在中国的新民主主义革命和社会主义革命的实践中，同样对科学社会主义的新的主题做出了一系列的理论创新。这些理论创新集中体现在毛泽东思想关于新民主主义理论和新民主主义向社会主义过渡的理论中。毛泽东对科学社会主义发展主题的理论创新，集中于三个基本的问题：一是无产阶级如何夺取政权问题，二是如何实现向社会主义的过渡问题，三是如何建设中国自己的社会主义的问题。

---

① 列宁．列宁专题文集·论资本主义．北京：人民出版社，2009：100.

② 同①120.

20 世纪 50 年代中期以来为第三阶段。这一阶段是科学社会主义基本原理广泛地运用于实际，科学社会主义由革命实践为主转变为建设实践、改革实践迅速发展的阶段。这一阶段科学社会主义发展的主题逐渐转换为社会主义如何在与资本主义的并存中发展自身并最终取代资本主义，这种并存，既有交流、合作，也有冲突、对抗。第二次世界大战结束后的十余年间，世界经济、政治格局的最大变化就是资本主义和社会主义两大“阵营”的形成，以及两大“阵营”对峙态势的模式化。在 20 世纪 50 年代中期，这种模式化的态势有了微妙的变化。先是在社会主义“阵营”内的论战，而后是社会主义和资本主义两大“阵营”之间的“解冻”，成为战后资本主义和社会主义两大社会制度各自发生变化的重要节点，也成为引发两大社会制度之间关系新变化的转折点。

20 世纪 50 年代中期，生产资料社会主义改造完成，奠定了我国社会主义的经济基础，也开启了中国特色社会主义建设的新道路。同时，60 年代初国际共产主义运动的“大论战”，引发了对苏联模式弊端的揭露和反思，也引发了社会主义经济体制的改革。社会主义经济体制改革的核心问题就是计划和市场的关系问题，进而就是社会主义计划经济和市场经济关系问题、社会主义经济制度和市场经济体制的关系问题，而后再是社会主义经济体制改革中的市场化取向的思考，社会主义经济改革中借鉴、利用资本主义经济体制、机制中的合理因素，包括吸收和引进资本主义国家的技术、资金和管理经验等理论与实践问题。社会主义和资本主义之间交流和合作的空间得到极大的拓展。

这一阶段科学社会主义发展的主题就是，社会主义如何在与资本主义交流、合作和对抗、冲突中发展和完善自己。借用马克思在《资本论》第二卷论及资本循环时的用语，社会主义在上述第一和第二阶段发展的主题，可以看作如时间继起性的问题，主要探讨一种社会制度向另一种新的社会制度过渡的问题；第三阶段发展的主题可以看作如空间并存性的问题，即社会主义如何在与资本主义的并存中求得自身的发展和完善，这一主题，随着经济全球化的过程而同时前行，在 20 世纪的最后 20 年凸显而出。

现在，对于社会主义发展阶段和主题的研究，不只涉及时间继起性的问题，而且还涉及时间继起性基础上的空间并存性的问题。这两者之间，时间继起性是空间并存性的前提，只有在科学地、全面地认识社会主义必然取代资本主义的基础上，才能正确地理解和处理社会主义和资本主义的并存关系；空间并存性也是时间继起性的过程形式，因为社会主义和资本主义的并存，并没有也不可能改变资本主义的历史命运以及资本主义必然向社会主义过渡的历史趋势。只有将两者有机地结合起来，才能对经济全球化背景下社会主义理论与实践发展做出科学的理解。

从时间继起性和空间并存性的关系来看，现时代科学社会主义主题的内涵更加丰富，理解上也更具有广延性。如果只强调时间的继起性，就不可能理解现行社会主义同资本主义之间合作、交流的必然性，忽视了两大制度长期的并存性，就不可能现实地推进社会主义自身的发展。如果只强调空间的并存性而放弃时间的继起性，就一方面可能否认社会主义必然代替资本主义的历史趋势，从而也抛弃了马克思和恩格斯创立的科学社会主义的基本原理；另一方面可能只看到并存性中的合作和交流，而忽视并存性中的冲突和对抗，也就可能放弃社会主义基本制度和发展道路，“趋同于”资本主义制度。在当代社会主义现实运动中，这两个方面的案例都可以发现。

五、“两个必然”和“两个决不会”的全面把握

“三个 60 年”的这些理解同六个“时间段”的划分，在基本观点上是一致的。回顾世界社会主义 500 年的历史，要注重社会主义作为思潮、运动和制度的统一性，要注重这一统一性中时间的继起性和空间的并存性问题，要注重社会主义发展的时代主题的转换问题。马克思、恩格斯提出的“两个必然”和“两个决不会”的理论观点，注重的就是对这些问题的阐释。

应该说，马克思、恩格斯提出的“两个必然”的观点，重在阐释社会主义发展的趋势问题，而“两个决不会”的观点强调的是社会主义发展的过程问题。从 1848 年《共产党宣言》发表到 1859 年《〈政

治经济学批判〉序言》发表，这两个观点的提出相隔十多年，正体现了马克思、恩格斯科学社会主义理论的发展和完善。

【链接】

马克思、恩格斯论“两个必然”和“两个决不会”

1848年马克思、恩格斯在《共产党宣言》中指出：“资产阶级的灭亡和无产阶级的胜利是同样不可避免的。”① 这就是现在所说的资本主义必然灭亡和社会主义必然胜利的“两个必然”。

1859年马克思在《〈政治经济学批判〉序言》中提出了“两个决不会”：“无论哪一个社会形态，在它所能容纳的全部生产力发挥出来以前，是决不会灭亡的；而新的更高的生产关系，在它的物质存在条件在旧社会的胎胞里成熟以前，是决不会出现的。”②

“两个必然”是马克思和恩格斯用唯物史观分析资本主义发展规律得出的科学结论，资本主义的基本矛盾及其发展是社会主义必然代替资本主义的客观依据。社会主义取代资本主义正是资本主义社会这个基本矛盾发展的必然结果。马克思和恩格斯是从社会化生产力发展的客观要求出发，从资本主义生产方式矛盾运动的历史趋势中，做出社会主义必然要代替资本主义的科学论断。《共产党宣言》发表后，席卷欧洲的1848年革命爆发。马克思和恩格斯极为关注这场“以波澜壮阔的政治形式展开的阶级斗争”③，认为这是为社会主义革命扫清道路和准备基础的一次革命。他们对无产阶级革命很快就会在欧洲各国同时发生有着比较乐观的估计。然而，后来无产阶级革命并没有在欧洲很快发生。马克思和恩格斯对此做了反思，认为：“在这种普遍繁荣的情况下，即在资产阶级社会的生产力正以在整个资产阶级关系范围内所能达到的速度蓬勃发展的时候，也就**谈不到什么真正的革命**。只有在现代生产力和资产阶级生产方式这两个要素互相矛盾的时候，这种革命才有可能。”④ 恩格斯后来在回顾他们的这一认识时曾坦

---

① 马克思，恩格斯．马克思恩格斯文集：第2卷．北京：人民出版社，2009：43.

② 同①592.

③ 马克思，恩格斯．马克思恩格斯文集：第1卷．北京：人民出版社，2009：712.

④ 马克思，恩格斯．马克思恩格斯文集：第4卷．北京：人民出版社，2009：243.

率承认："历史表明，我们以及所有和我们有同样想法的人，都是不对的。历史清楚地表明，当时欧洲大陆经济发展的状况还远没有成熟到可以铲除资本主义生产的程度；历史用经济革命证明了这一点，从1848年起经济革命席卷了整个欧洲大陆，在法国、奥地利、匈牙利、波兰以及最近在俄国刚刚真正确立了大工业，并且使德国简直就变成了一个头等工业国——这一切都是以资本主义为基础的，可见这个基础在1848年还具有很大的扩展能力。"因而"那时按照地区和民族来划分和区别的群众，只是由共同蒙受痛苦的感情联结起来，还不成熟，往往一筹莫展地摇摆于热情与绝望之间；现在则是**一支**社会主义者的国际大军，它不可阻挡地前进，它的人数、组织性、纪律性、觉悟程度和胜利信心都与日俱增。既然连这支强大的无产阶级大军也还没有达到目的，既然它还远不能以**一次**重大的打击取得胜利，而不得不慢慢向前推进，在严酷顽强的斗争中夺取一个一个的阵地，那么这就彻底证明了，在1848年要以一次简单的突然袭击来实现社会改造，是多么不可能的事情"①。这些是马克思和恩格斯提出"两个决不会"的思想缘由。"两个决不会"思想，揭示了"两个必然"的过程特点及过程的长期性和复杂性。因此，可以认为，"两个必然"揭示的是资本主义命运的必然的历史趋势问题，"两个决不会"探索的是资本主义被社会主义所取代的过程问题。显然，"两个决不会"不是对"两个必然"的否定，而是对"两个必然"从过程视域的补充和完善。"两个决不会"的提出，使马克思主义关于社会形态更替的历史必然性原理，特别是关于社会主义代替资本主义必然性的原理更加完整。

如果从17世纪40年代英国资产阶级革命算起，资本主义经济、政治的发展至今已有300多年的时间。这300多年大致可分为三个阶段，即从1640年到1760年，从1760年到1880年，从1880年到现在。撇开前两个阶段不说，从19世纪80年代以来是以垄断为主线的资本主义的发展，包括60年的私人垄断、40年的国家垄断和30多年的国际垄断。也就是说，19世纪80年代到第二次世界大战以前，基本上是私人垄断资本主义；第二次世界大战以后的20世纪40年代到

① 马克思，恩格斯．马克思恩格斯文集：第4卷．北京：人民出版社，2009：541.

80 年代中期，基本上是国家垄断；20 世纪 80 年代中期以后就是国际垄断，由国际垄断而产生经济全球化。当代资本主义发展应该处于国际垄断资本主义发展的新阶段。

20 世纪 70 年代初，国家垄断资本主义有了进一步的发展，出现了所谓的“现代资本主义模式”。在现代资本主义模式中，技术进步要求对科学研究进行大量的投资，而科学研究只有通过大企业并在得到资本主义国家大笔经费资助下才能进行；企业及其综合体的生产力和生产关系的国际化程度相当高，起的作用也极为重大，以至这种国际化成为现代资本主义不可分割的、极其重要的特征。资本的国际化不再是资本主义经济内部发展的一种“附加”因素，而成为一种“首要”因素。资本的国际化趋势主要表现在以下一些方面：国际卡特尔和跨国公司的发展；国际垄断资本同盟的成立和扩大；逐步和部分实现的西欧各国资本融合的趋势，以及美国资本与西欧资本融合的趋势；国际经济关系的进一步发展和各国之间相互依赖的加强，资本的输出和输入以及资本的国际联系；劳动力的迁移，特别是从经济欠发达国家转移到经济比较发达的国家；发展中国家要求建立新的世界经济秩序。

经济全球化是 20 世纪最后 20 年的事实。一方面，经济全球化的现实是社会化大生产发展的结果，是生产技术发展的结果，是市场经济发展的结果；另一方面，经济全球化显然是建立在两个基本的事实基础之上的：跨国公司的发展和资本主义经济的发展。经济全球化不能脱离跨国公司的发展，也不能脱离垄断资本主义国际化的基本事实。这些都是 20 世纪 80 年代初才成为经济现实的。

20 世纪 90 年代以来，随着经济全球化趋势的发展，国家垄断资本主义向国际垄断资本主义发展的趋势明显增长。资本主义的新发展提出了一系列新的问题，其主要特征有：资本主义从私人垄断到国家垄断，进而到当代形成以经济全球化为背景的国际垄断新趋势；金融资本全球化过程，以及金融衍生工具和国际金融市场的新作用；在信息经济的背景下，资本输出形式在同技术、信息、人才等资源配置“混成”中的新变化；国际经济组织如世界银行、国际货币基金组织和世界贸易组织的新作用；世界范围内发达与不发达两极分化的新特点；经济全球化过程中世界政治格局的变化趋势，特别是政治格局的多极化与单极化的冲突及其走势；在世界社会主义运动遭受严重挫折的背景下，当代资本主义矛盾的新变化。

垄断的发展，在很大程度上缓和了资本主义经济关系的矛盾，但并没有消除这一社会的基本矛盾，相反在新的形式上还会加剧这一矛盾。进入21世纪，国际垄断资本主义还将有一个长时期的发展，资本主义经济关系可能做出新的调整。国际金融危机是国际垄断资本主义发展的结果，同时也提供了这种调整的时机，尽管这是一种以社会发展的极大牺牲为代价的调整。资本主义经济关系在一个很长的历史时期内还会有一定的生命力，它和社会主义制度的交流、合作和冲突、对抗，也会并存于一个很长的历史时期内。

世界社会主义是丰富多彩的。不同的阶级、不同的派别出于不同的利益诉求和现实需要对社会主义做着不同的理解和诠释，由此形成了诸多的社会主义流派。1848年《共产党宣言》"以天才的透彻而鲜明的语言"①，全面阐述了科学社会主义的基本原理，成为科学社会主义的出生证明，科学社会主义的诞生无疑是社会主义思想史上"一次壮丽的日出"。建立在唯物史观和剩余价值学说基础上的科学社会主义是关于无产阶级解放运动发展规律的科学，它以无产阶级彻底解放和全人类解放为己任，从理论上阐明了无产阶级在解决资本主义社会基本矛盾中的历史地位和历史使命，阐明了社会主义取代资本主义的历史必然性，阐明了无产阶级彻底解放的方向和道路。科学社会主义是革命性和科学性相统一的学说，对世界各国社会主义者具有不可遏止的吸引力，是无产阶级和广大劳动群众的锐利思想武器和伟大战斗旗帜。170多年来，科学社会主义在与时俱进中不断发展，日益显示出其正确性和生命力。由于篇幅所限，本书不可能尽展世界社会主义500年的迤逦画卷，只是围绕科学社会主义这一主线，既体现世界社会主义的多种多样，又突出科学社会主义的源远流长；既反映科学社会主义的历史全貌，又突出中国特色社会主义的形成发展，以便于从整体上把握科学社会主义的思想精髓和发展规律。

---

① 列宁．列宁专题文集·论马克思主义．北京：人民出版社，2009：5.

沐浴着 500 年历史的风雨，社会主义从无到有一路走来。社会主义在其自身发展过程中，不断创新社会主义理论，开展社会主义运动，建立社会主义制度，建设社会主义事业，既辉煌壮丽又跌宕起伏，既艰辛探索又破浪前行。在变动不居的社会实践中，世界社会主义在不断发展，从空想到科学，从理论到现实，从一国实践到多国实践，从一种模式到多种模式。在坎坷和曲折中不断前进的社会主义，不断开辟着人类社会伟大变革的历史进程。

第一章

空想社会主义的产生和早期发展

空想社会主义，顾名思义就是对社会主义有着美好向往与憧憬，但在现实中却找不到实现社会主义的正确力量以及通向社会主义的途径和方法，因而只能是流于“空想”的一种思潮或学说。16 世纪初期，空想社会主义作为人类的先进思想登上了历史舞台，成为绵延 500 年的社会主义思想发展的初级形态。托马斯·莫尔等人是空想社会主义的先驱，圣西门、傅立叶和欧文则是空想社会主义的集大成者。从 16 世纪初到 19 世纪 40 年代，空想社会主义走过了 300 多年的历史。英国、法国、德国、意大利等国都出现过空想社会主义的代表人物。空想社会主义思潮几乎影响整个欧洲国家，在贫苦劳动大众中得到广泛的传播。空想社会主义为科学社会主义的产生积累了丰富的思想资料，19 世纪 40 年代马克思和恩格斯创立了科学社会主义理论后，空想社会主义日渐失去了影响。

【链接】

“空想社会主义”一词的来源

空想社会主义，又称作“乌托邦社会主义”。在社会主义发展史上，“乌托邦”（utopia）和“社会主义”（socialism）这两个词并不是同时出现的。“乌托邦”源自希腊语，意思是一个没有的地方，因而意味着一种空想和虚构。在社会主义发展史上，“乌托邦”一词最早出自莫尔之手，时间是1516年。“社会主义”一词有人认为最早出现在1827年英国欧文主义刊物《合作杂志》和1832年法国圣西门主义者勒鲁主编的《地球》杂志上。“社会主义”一词本来是指圣西门主义、傅立叶主义和欧文主义体系。第一次把“乌托邦”一词和“社会主义”一词联结起来，使用了“乌托邦社会主义”即“空想社会主义”这个名词的，是法国空想共产主义者路易·布朗基的哥哥、经济学家日洛姆·布朗基。1839年他在《政治经济学史》中用“空想社会主义者”一词来指圣西门、傅立叶、欧文及其信徒。①

一、空想社会主义的产生

空想社会主义作为一种社会思潮并不是凭空产生的，它的产生有着深刻的社会历史条件和思想基础。马克思和恩格斯指出：“一切划时代的体系的真正的内容都是由于产生这些体系的那个时期的需要而形成起来的。所有这些体系都是以本国过去的整个发展为基础的，是以阶级关系的历史形式及其政治的、道德的、哲学的以及其他的后果为基础的。”②

1. 空想社会主义产生的社会历史条件

资本主义生产方式的出现，是空想社会主义产生的前提。资本主义生产关系产生于封建社会内部，封建社会经济结构的解体使资本主义的要素得到解放。封建社会末期，商品经济的发展促进了封建社会自然经济的解体，引起小商品生产者的两极分化。14 世纪和 15 世纪，地中海沿岸的某些城市（例如威尼斯）已经稀疏地出现了资本主义生产关系的萌芽。16 世纪的西欧，生产技术的迅速发展、社会劳动分工的细化，促进了商品生产；新航路的开辟、地理大发现以及随之而来的殖民地的开拓，扩大了世界市场。在这些因素共同作用下，封建社会自给自足的小生产方式开始瓦解，资本主义生产方式逐步形成；手

① 王伟光．社会主义通史：第 1 卷．北京：人民出版社，2011：1－3.

② 马克思，恩格斯．马克思恩格斯全集：第 3 卷．北京：人民出版社，1960：544.

工业者和农民的两极分化速度加快，资产者和无产者两支新生的阶级力量登上历史舞台。

【链接】

地理大发现

15世纪到17世纪，欧洲一些国家的船队开始出现于世界各处的海洋上，寻找新的贸易路线和贸易伙伴，以刺激欧洲新生的资本主义的发展。欧洲涌现出了许多著名的航海家，如哥伦布、达·伽马、卡布拉尔、迪亚士、德莱昂、麦哲伦等，他们先后发现了当时不为欧洲人所知的世界许多国家与地区。伴随着新航路的开辟，代表新生资产阶级利益的殖民主义与自由贸易主义肆行于世界，东西方之间的文化交流也开始大量增加。地理大发现对欧洲一些国家经济的快速发展、财富的迅速集聚、资源的大量掠取，以及对欧洲资本主义制度的形成和发展产生了持久的影响。

资本主义生产方式的确立，必须具备两个基本条件：一是大批有人身自由但丧失一切生产资料的无产者，二是开办工厂、矿山等企业所必需的大量货币财富。在封建社会内部，通过自然经济的解体和小商品生产者的分化，已经逐渐形成了这两个条件。然而，单靠这样的途径来积累财富，发展资本主义生产，就会像蜗牛爬行一样，将经历一个相当缓慢的过程，远远不能适应 15 世纪末以来地理大发现所造成的欧洲国家对世界贸易扩张和财富掠夺的需要。新兴的资产阶级和资产阶级化的贵族便使用野蛮的暴力手段，加速了生产者同生产资料相分离的过程，迫使直接生产者转化为雇佣劳动者，并把生产资料和财富迅速地集中到少数人的手中。这个资本的原始积累过程在西欧大致是从 15 世纪末开始的，一直延续到 19 世纪初。

15 世纪末期，资本主义工场手工业在欧洲开始出现。16 世纪，这种工场手工业有了发展。毛纺织业是当时发展最快的一个部门，英国是羊毛原料的最大供应者。欧洲毛纺织业的迅速发展，特别是尼德兰毛纺织业的迅速发展，扩大了对原料的需求。羊毛供不应求，价格上涨，刺激了英国养羊业的发展。养羊业比耕作业更有利可图，贵族、地主争相经营养羊业。他们除了把自己的土地变成牧场以外，还用暴力手段掠夺农民的土地，把农民从土地上赶走，拆除和烧毁农舍和村庄，用栅栏和篱笆把大片土地围起来，在土地的周围挖上壕沟，把耕地改为牧场。这种强制剥夺农民土地的过程，在英国历史上叫作“圈地运动”。

【链接】

圈地运动

英国新兴的资产阶级和新贵族通过暴力把农民从土地上赶走，强占农民份地及公有地，剥夺农民的土地使用权和所有权，限制或取消原有的共同耕地权和畜牧权，把强占的土地圈占起来，变成私有的大牧场、大农场。这就是英国历史上的“圈地运动”。“圈地运动”一直持续到工业革命开始后的19世纪早期。

马克思在研究原始积累时期对农村居民土地的剥夺时指出，这种为资本主义生产方式奠定基础的变革的序幕，是在 15 世纪最后 30 多年和 16 世纪最初几十年揭开的。对农村居民土地的掠夺，延续了几个世纪，手段和方法多种多样。“掠夺教会地产，欺骗性地出让国有土地，盗窃公有地，用剥夺方法、用残暴的恐怖手段把封建财产和克兰财产转化为现代私有财产——这就是原始积累的各种田园诗式的方法。这些方法为资本主义农业夺得了地盘，使土地与资本合并，为城市工业造成了不受法律保护的无产阶级的必要供给。”① 失去土地的农民被迫流浪，沦为乞丐。15 世纪末期和 16 世纪，西欧一些国家进行了惩治流浪者的血腥立法。

【链接】

《资本论》对 15 世纪末“血腥立法”的揭露

由于封建家臣的解散和土地断断续续遭到暴力剥夺而被驱逐的人，这个不受法律保护的无产阶级，不可能像它诞生那样快地被新兴的工场手工业所吸收。另一方面，这些突然被抛出惯常生活轨道的人，也不可能一下子就适应新状态的纪律。他们大批地转化为乞丐、盗贼、流浪者，其中一部人是由于习性，但大多数是为环境所迫。因

① 马克思，恩格斯．马克思恩格斯文集：第 5 卷．北京：人民出版社，2009：842.

> 此，15世纪末和整个16世纪，整个西欧都颁布了惩治流浪者的血腥法律。现在的工人阶级的祖先，当初曾因被迫转化为流浪者和需要救济的贫民而受到惩罚。法律把他们看做“自愿的”罪犯，其依据是：只要他们愿意，是可以继续在已经不存在的旧的条件下劳动的。
>
> 在英国，这种立法是在亨利七世时期开始的。
>
> 亨利八世时期，1530年，年老和无劳动能力的乞丐获得一种行乞许可证。相反地，身强力壮的流浪者则要遭到鞭打和监禁。他们要被绑在马车后面，被鞭打到遍体流血为止，然后要发誓回到原籍或最近三年所居住的地方去“从事劳动”。多么残酷的讽刺！亨利八世二十七年，以前的法令又加以重申，但由于加上了新的条款而更严厉了。如果在流浪时第二次被捕，就要再受鞭打并被割去半只耳朵；如果第三次被捕，就要被当做重罪犯和社会的敌人处死。①

资本原始积累是资本主义生产方式的出发点。在原始积累过程中，一方面，小生产者遭到强制剥夺，失去生产资料，变成一无所有的劳动者；另一方面，生产资料集中在少数人手中，转化为资本。这是一个用暴力手段迫使生产者和生产资料分离的历史过程。马克思指出：“这种剥夺的历史是用血和火的文字载入人类编年史的。”②

在16世纪的西欧，资本主义生产方式刚一破土，就表现出了与封建生产方式的区别。在资本主义生产方式下，无论是新生的资产阶级还是工人阶级，在生产、交换、分配和消费过程中，在工作和生活过程中，都表现出了与过去极不同的特点。广大劳动群众从人身依附的封建关系中走出，这是一种历史的进步。但实际上，在新的生产方式中，工人生产得越多，他们能够消费的却越少；他们创造的价值越多，他们自己却越没有价值、越加低贱；他们生产的产品越完美，他们自己却越畸形；他们创造的对象越文明，他们自己却越陷于“野蛮”；他们的劳动越机巧，他们自己却越显得“愚笨”，越成为受资本支配的奴隶。从活生生的社会现实出发，揭露和批判现实社会存在的

---

① 马克思，恩格斯．马克思恩格斯文集：第5卷．北京：人民出版社，2009：843.

② 同①822.

不合理问题与矛盾，以现实为基础构建新的理想社会，成为当时进步的思想家的任务，16 世纪初兑现这一任务的最重要的思想家就是一批杰出的空想社会主义者。空想社会主义思潮几乎同时出现于西欧主要国家。

英国是资本主义生产方式产生较早的国家，资本主义生产方式一产生，无产阶级和资产阶级的矛盾斗争就开始了。新兴资产阶级用启蒙思想为自己的前行开辟道路，而无产者则把空想社会主义作为战斗的理论武器。莫尔等人的空想社会主义就是伴随早期无产者的斗争而出现并与之相适应的理论表现。

同英国相比，16 世纪初的德国是一个经济上分散落后、政治上封建诸侯割据、社会矛盾尖锐复杂的国家，1517 年爆发了一场披着宗教改革外衣的反封建运动，引发了众多平民和工人的参与并逐步发展成农民起义。空想社会主义思潮在同劳动人民长期接触并深切同情劳动人民疾苦之中，在引导劳苦群众革命实践之中应运而生。

意大利尽管早在 14 世纪就出现资本主义的最初萌芽，但一直到 16 世纪，它却在经济上停滞落后，在政治上四分五裂，大部分领土处于西班牙的蹂躏之下，加之罗马天主教教廷对所谓“异端邪说”的残酷控制和人身迫害，意大利人民的处境异常痛苦，反抗封建统治和外敌入侵的斗争接连发生。正是在这种社会矛盾和民族矛盾十分尖锐复杂的历史环境中，空想社会主义者不仅成了反抗外国入侵和封建教会的英勇斗士，而且成了批判剥削制度和黑暗社会的思想家。

17 世纪 40 年代，英国爆发资产阶级革命。尽管作为主力的城乡人民特别是广大农民的英勇斗争对革命的胜利发挥了决定性作用，但是人民群众的生活处境并没有得到什么改善，广大农民不但没有获得土地，反而在日益扩大的“圈地运动”中不断破产，“羊吃人”现象更加严重。在这次革命中，英国正在无产阶级化的劳动群众试图直接实现自己的阶级利益，展开了历史上著名的掘地派运动。在掘地派运动中，空想社会主义由思潮而向运动急剧发展。

【链接】

掘地派运动

掘地派是17世纪英国资产阶级革命期间代表无地和少地农民的空想社会主义派别。领导人是温斯坦莱和埃弗拉德。1649年4月，退役军人埃弗拉德带领4个农民到伦敦附近圣乔治山岗开垦荒地，人数渐增至二十几人。温斯坦莱加入，并发表题为《真正的平等派举起的旗帜》的宣言。掘地派的活动引起土地私有者的仇视。在政府的示意下，土地私有者进行骚扰和破坏，推倒小屋，践踏庄稼，围打垦荒者，拉走牲畜。掘地派不主张暴力斗争，而想用仁爱感化土地私有者。1650年3月，公社被迫解散。但是在其他许多地区，有不少支持者，出现了贫民耕种村社公地的运动。有的地方参加者达千人之多。由于地主和军队的镇压，到1651年，掘地派运动失败。

此后，随着资本主义大生产地位的确立和资产阶级政治地位的确立，资本主义的基本矛盾逐渐暴露，空想社会主义思想也在不断地产生、发展和变化。

2. 空想社会主义产生的阶级条件

空想社会主义思想的产生，是社会需要的产物。假若社会上没有一个群体或者说阶级的需要，空想社会主义也不可能产生，更不可能延续 300 多年的历史。从总体上看，思想家的责任感促使了空想社会主义理论的创造与形成，但无产者改变自身生存条件的需要，是空想社会主义产生和存在的深层次原因。无产者受压迫、受剥削的生活状况，和无力改变而又强烈要求改变这种地位的愿望，需要有一种代表他们利益的理论做指导。这种理论，一是能够指出现实社会的弊端和不合理的地方，并且能够提供给他们一种与不合理的社会制度做斗争的、在当时能够普遍接受的理性的武器；二是能够指明他们所向往的社会的状况，这种状况规定得越细致，就越有吸引力，越能唤起受压迫者的反抗力量。正是新诞生的无产者这种紧迫而又强烈的需要，使空想社会主义思潮得以产生并且得以传播。

资本主义生产方式从一开始就孕育着自身的阶级矛盾：无产阶级和资产阶级的矛盾。新兴资产阶级的前身是市民等级，早期无产者的前身则是破产的农民和手工业者。无产者和资产者是利益根本对立的两大阶级，一产生就存在着矛盾与斗争。在无产阶级与资产阶级斗争的过程中，无产阶级对于资本主义社会的认识经历了两个不同的时期。在第一个时期，即在破坏机器和自发斗争时期，他们并不理解资本主义的本质，不理解资本主义社会的阶级剥削关系，不理解本阶级所担负的历史使命。但是他们已经认识到资本主义各种现象的片段及其外部联系，他们自发地反抗资本主义的压迫和剥削，希望普遍改造社会。空想社会主义正是在这个时期并且也只是在这个时期从理论上代表了还是“自在阶级”的无产阶级的利益和要求。显然，如马克思所指出的：“这种社会主义只有在无产阶级尚未发展为自由的历史的自主运动的时候，才是无产阶级的理论表现。”①

在第二个时期，即无产阶级已经成为“自为阶级”，已经有意识、有组织地进行经济斗争和政治斗争的时期，空想社会主义便失去了存在的根据。马克思指出：“正如**经济学家**是资产阶级的学术代表一样，**社会主义者**和**共产主义者**是无产者阶级的理论家。在无产阶级尚未发展到足以确立为一个阶级，因而无产阶级同资产阶级的斗争尚未带政治性以前，在生产力在资产阶级本身的怀抱里尚未发展到足以使人看到解放无产阶级和建立新社会必备的物质条件以前，这些理论家不过是一些空想主义者，他们为了满足被压迫阶级的需要，想出各种各样的体系并且力求探寻一种革新的科学。”② 资本主义的基本矛盾是逐步暴露的，无产阶级的斗争也是逐步发展的。所以，资本主义基本矛盾暴露的程度和无产阶级斗争发展的程度，直接决定着社会主义思想的成熟程度。空想社会主义实质上是同早期无产者对资本主义剥削和压迫的自发反抗相适应的，代表了当时还未成熟的无产阶级的利益和要求。

3. 空想社会主义产生的思想渊源

任何理论都不是在空地上建立起来的。空想社会主义“同任何新的学说一样，它必须首先从已有的思想材料出发，虽然它的根子深深

---

① 马克思，恩格斯．马克思恩格斯文集：第2卷．北京：人民出版社，2009：166.

② 马克思，恩格斯．马克思恩格斯文集：第1卷．北京：人民出版社，2009：616.

扎在物质的经济的事实中”①。

从空想社会主义者的思想来看，资产阶级对他们的影响比较深。从他们的出身和经济地位来看，出身于封建贵族或资产阶级家庭并曾在社会上层活动的那些空想社会主义者，同无产阶级有着显著的区别。他们的思想和地位使他们认为自己是超乎阶级对立之上的，因此多数空想社会主义者往往以全人类利益的代表自居，并不是以当时无产阶级利益的代表出现的。

早期空想社会主义从古代哲学家如柏拉图、亚里士多德的思想，以及早期基督教的传说中，吸取了大量的思想素材。16 世纪，开辟美洲和亚洲新航路成为热潮，许多水手和探险家到过一些从未到过的新地方后，常常把在异域的所见所闻写成游记，游记成为一种风行一时的文学体裁。莫尔等人从游记中所描写的尚处在原始公社阶段的土著

【链接】

启蒙思想

启蒙思想是17—19世纪初在欧洲各地先后兴起的反对宗教蒙昧主义、反对封建专制制度的思潮，是继文艺复兴后，在欧洲历史上出现的第二次伟大的思想解放运动时的思想。一般来说，启蒙思想有以下两大特点：一是反对宗教蒙昧主义，宣扬理性与科学；二是反对封建专制制度，宣扬民主与法制。欧洲启蒙思想，特别是18世纪启蒙思想所宣扬的自由、平等、民主和法制的思想，对1775年北美的独立战争、1789年的法国大革命以及19世纪欧洲各地爆发的一系列资产阶级革命都产生了直接和深远的影响。欧洲启蒙思想在政治思想史上和人类历史上都占有重要的地位。18世纪的启蒙思想的主要代表有伏尔泰、孟德斯鸠、卢梭、百科全书派哲学家以及马布利、摩莱里等。启蒙思想家们由于所处的阶级地位不同，他们的思想也有保守和激进之分。例如：伏尔泰和孟德斯鸠代表大资产阶级的利益，主张君主立宪，不主张政治上的剧烈变革；出身第三等级的卢梭，思想激进，民主主义倾向比较突出，蕴含着革命的火种。启蒙思想尽管在历史上起过重大的进步作用，但并没有越出资产阶级的范围。

① 马克思，恩格斯．马克思恩格斯文集：第 3 卷．北京：人民出版社，2009：523.

过着生产资料共有、共同劳动、平均分配的生活中深受启发。

空想社会主义思想家从当时的人文主义著作中吸取了理性论的观点作为自己的指导思想。可以说，启蒙思想是空想社会主义产生的直接思想材料，甚至有的空想社会主义直接吸收了一些宗教伦理思想。空想社会主义思想著作中充满了“理性”“平等”“公平”“正义”“和谐”等词句，这几乎可以看作对启蒙思想的简单承袭。总之，空想社会主义是资本主义生产方式已经出现，但资本主义生产还不发达，资本主义矛盾还未充分暴露，无产阶级和资产阶级的斗争还不发展的时期的产物。各种空想社会主义体系都是在这个时期的各个不同具体发展阶段上出现的，都是适应当时无产阶级对资产阶级斗争的需要而产生的。每一种体系都有其具体的经济根源和阶级根源，都有其由以形成的种种特殊历史条件。

二、16—17 世纪的空想社会主义

16 世纪和 17 世纪，是资本主义产生和资产阶级形成的时期，也是空想社会主义产生和初步发展的时期。当时，资本主义发展正处于资本原始积累和家庭手工业的简单协作时期。这一时期的空想社会主义往往采取文学游记的形式，批判资本主义原始积累给社会带来的各种灾难和罪恶，憧憬于建立一个没有剥削压迫、人人平等的理想社会。

由于无产者的阶级力量和阶级意识还很微弱，这一时期的空想社会主义者往往披上宗教神学的外衣，采用乌托邦形式来表述自己的空想社会主义思想。1516 年莫尔出版的《乌托邦》和 1601 年康帕内拉写的《太阳城》这两本书，集中反映了早期空想社会主义思想的表达形式。这一时期空想社会主义最杰出的代表人物主要有英国的莫尔和温斯坦莱、德国的闵采尔和意大利的康帕内拉等。

1. 莫尔

托马斯·莫尔是 16 世纪初期英国著名的政治家和思想家，空想社会主义的奠基人。莫尔生活的年代在英国正是封建制度解体和资本

原始积累时期，他目睹了英国资本原始积累那一“血与火”的历史过程，对“羊吃人”的“圈地运动”深有感触，《乌托邦》一书所控诉的就是英国资本原始积累时期的社会罪恶。

【链接】

托马斯·莫尔小传

托马斯·莫尔（Thomas More，1478—1535），1478年出生在一个

莫尔

富裕家庭，1492年在牛津大学读古典文学，学习希腊文，后来学习法律。在法学院毕业后，进入伦敦律师界。1510年，成为伦敦代理执行官。1523年，被选为下议院议长。1529年，被任命为大法官。1532年，由于在宗教政策问题上同国王发生分歧，莫尔被迫辞去官职。由于拒绝宣誓承认国王是教会的首领，遭到监禁。1535年，莫尔在伦敦塔中被处以死刑。

在当时暴政统治时代，对现存制度的任何冒犯都很可能惹来杀身之祸，为了巧妙地宣传自己的思想，莫尔借用游记的形式来宣传自己

的主张。当时意大利著名航海家韦斯普奇的游记风靡整个欧洲，他在游记中说在南纬 18 度的地方留下了 24 个人，在那里安家落户。莫尔遂决定假借 24 个人中的一位，讲述自己心目中的理想国，据此而写成了《乌托邦》一书。

《乌托邦》一书的全名是《关于最完美的国家制度和乌托邦新岛的既有益又有趣的金书》，该书是莫尔在佛兰德斯用拉丁文写的，1516 年在比利时卢文城出版。该书由两部分组成。第一部分是作者对当时英国社会的批判，第二部分则是作者对未来理想社会的畅想。莫尔证明，乌托邦人的社会制度无比优越于当时存在于欧洲各国的社会制度。《乌托邦》一问世，就遐迩皆知，先后被译成许多种欧洲文字。《乌托邦》一书的成功，给莫尔带来极大的声誉。

首先，莫尔对“羊吃人”的社会进行了深刻的揭露和批判。《乌托邦》一书有这样生动诙谐的描写：“绵羊本来是那么驯服，吃一点点就满足，现在据说变成很贪婪很凶蛮，甚至要把人吃掉，把……田地、家园、城市要蹂躏完啦。”① 他认为，“羊吃人”的过程就是残酷剥夺农民土地的“圈地运动”的发展过程，其结果是造成劳动者与生产资料相分离，形成社会中的贫富两极对立，“一面穷困不堪，一面又奢侈无度”。而造成这种不平等的根源在于私有制，“假使私有制度存在，假使金钱是衡量一切的标准，我以为国事的进行就不可能公正顺利”。怎样解决这个问题呢？莫尔大胆地指出：“我深信，只有完全废止私有制度，财富才可以得到平均公正的分配，人类才能有福利。”②

【链接】

莫尔对资本原始积累时期“羊吃人”的概述

于是，贪得无厌的人，自己家乡的真正瘟疫，几千英亩土地，统统用篱笆或栅栏圈围起来，或者通过暴力和不正当的手段迫使所有者不得不出卖一切。不择手段地迫使他们迁移——这些贫穷朴实的不幸者！男人、女人，丈夫、妻子，孤儿、寡妇，抱着婴儿的绝望的母亲，以及钱少人多（因为农业需要许多劳动力）的家庭。我是说，他们被

① 莫尔．乌托邦．北京：商务印书馆，1959：36.

② 同①38，55，56.

> 驱逐出熟悉的乡土，找不到安身之处；他们所有的家庭用具虽然不很值钱，但在其他的情况下，还能卖一点钱；可是他们是突然被驱逐出来的，因此只好以极低的价格卖掉。当他们游荡到不名一钱的时候，除了偷盗以致被依法绞死以外，除了行乞以外，还能做什么呢？而他们去行乞，就会被当作流浪者投入监狱，理由是游手好闲、无所事事，虽然他们努力找工作，但没有人愿意给他们工作做。①

“羊吃人”，是莫尔对资本原始积累时期英国社会的概述，是他作为现代无产阶级先驱者的代言人对资本主义罪恶的第一声控诉。这一概述因其简洁明快又鞭辟入里，后来一直成为揭露资本主义血腥发迹史的深刻表达。

其次，莫尔对乌托邦社会进行了生动描述。乌托邦是一个岛国，私有制根本不存在，一切都公有，大家都热心于公事，“每人一无所有，而又每人都富裕”。乌托邦没有职业农民，也没有真正意义上的农村。劳动是每个人应尽的义务，乌托邦没有懒汉，没有游手好闲者，寄生现象已绝迹。乌托邦人都能尽其所能参加劳动，实行按需分配，吃、穿、住、用都统一供给。商品货币关系在乌托邦人之间已经不存在，乌托邦人生产的不是商品，而是直接满足社会全体成员需要的产品。乌托邦社会的生产是按计划组织起来的，产量是在正确估计了需要量的情况下进行的，已经避免了盲目性。乌托邦实行民主的政治制度，最高首领由各区人民选举产生，最高首领如果专制独裁、虐待人民，就会被撤职。乌托邦的法律不多，而且条文明确，解释简单。乌托邦人有宗教信仰，但信仰自由。乌托邦严格实行一夫一妻制，医疗在乌托邦全部免费，他们把快乐当作追求的目标。

在资本主义萌芽之时，莫尔就能够率先站出来，从私有制的角度深层次地揭露资本主义原始积累的罪恶，并在这个基础上，描绘了一个以公有制为基础的新社会制度。莫尔精心设计的乌托邦的经济制度和政治制度是社会主义史上的第一个关于未来社会制度的空想社会主义方案，它对以后的许多空想社会主义方案产生了深刻的影响。无论

---

① 马克思，恩格斯．马克思恩格斯文集：第5卷．北京：人民出版社，2009：845.

是他对资本主义的批判，还是他对新社会制度的设计，都为以后的空想社会主义者提供了丰厚的思想材料，莫尔所阐述的乌托邦思想在近代社会主义思想史上具有开创性的意义，以至于乌托邦社会主义成了此后空想社会主义的同义语。莫尔的《乌托邦》因此成为空想社会主义的奠基之作，在社会主义思想史上产生着持久的、重要的影响。

2. 闵采尔

托马斯·闵采尔是16世纪初德国农民战争的杰出领袖、空想社会主义者。他与莫尔不同的地方在于，他不是运用文学形式曲折地表述自己的社会主义思想，而是运用宗教神学语言，结合社会实践，宣扬他的空想社会主义的各种革命主张。

【链接】

托马斯·闵采尔小传

闵采尔

托马斯·闵采尔（Thomas Münzer，1489—1525），出生在德国哈

茨的施托尔堡的一个铸币工匠家庭。17岁进入莱比锡大学攻读哲学和神学，获得博士学位。由于他深受人文主义和早期基督教平等思想的影响，很早就产生了要为实现社会平等和劳动人民的幸福而奋斗的崇高理想。他全力投入马丁·路德发动的反封建的宗教改革运动，并越来越显示出平民和农民革命派的倾向，积极领导了下层人民的独立斗争。闵采尔在1524年席卷德国大部分地区的伟大农民战争中，成为公认的领袖，于1525年5月24日在战斗中光荣牺牲。闵采尔在短促的一生中写了大量著作，现在已被编印成《政论文集》《托马斯·闵采尔书信集》《闵采尔的一生和他的著作》等出版。

闵采尔强烈地反对私有制，认为把自然界变成私有财产的现象是不可容忍的。他说，在这个世界上，人民是财富的唯一所有者。但是这个唯一的合法所有者的财富被别人巧取豪夺了，被别人霸占去了。因此，被抢走的东西应该从富人手里追回来，私有制应该宣告结束。必须坚决根除私人占有制度，平均分配产品，没收教会、诸侯、僧侣的财产。

闵采尔政治思想的核心是要建立“千载太平天国”。在闵采尔的理想天国中，人人都可以免费从公社领取自己所必需的一切：从面包店领面包，从鞋店领鞋子，从裁缝店领衣服。所有这一切都无代价地免费领用。人人都应实现最完全的平等。“千载太平天国”的一切政权交给人民，它是人民享有民主的政权。人民通过民主投票选举来参与国家大事，政府官员接受人民监督，任何人都不能违反人民的意志进入权力机构。任何进入权力机构的人员都不能擅用职权，或骄傲自大，以“老爷”自居，否则就会被撤换或受刑罚。同时，闵采尔对他设想的民主政权做了宗教上的解释，认为民主政权其实就是按照福音书的要求来生活。

暴力革命思想在闵采尔的政治理论中居于中心地位。他主张举行武装起义，用暴力的方式推翻不合理的社会制度。他认为理想社会的建立要通过“大震荡”，通过被压迫者、被剥削者建立紧密的同盟，要用“铁杖打碎旧壶破罐”，要用武力夺取政权。这实际上反映的是早期无产者对自身解放条件的预见。

总之，闵采尔理想中的“千载太平天国”是一个以公有制为基础的、消灭了阶级压迫和剥削的，人人平等、民主、幸福的新社会。如恩格斯指出的："闵采尔所理解的天国不是别的，只不过是这样一种社会状态，在那里不再有阶级差别，不再有私有财产，不再有对社会成员而言是独立的和异己的国家政权。"[①] 这种社会，不可能是既往的封建社会，也不可能是现实存在的资本主义社会，而应是空想社会主义所追求的理想社会。

3. 康帕内拉

托马索·康帕内拉是 16 世纪末 17 世纪初意大利伟大的爱国者、著名的思想家和空想社会主义者。康帕内拉的著述对资本主义的各种罪恶做了深刻批判，对取代现存社会的那种没有私有制、没有剥削、人人劳动、大家都过幸福生活的理想社会做了生动描述。

【链接】

托马索·康帕内拉小传

康帕内拉

托马索·康帕内拉（Tommaso Campanella，1568—1639），1568年9

① 马克思，恩格斯．马克思恩格斯文集：第 2 卷．北京：人民出版社，2009：248.

月出生于意大利卡莱布里亚省斯提罗城的一个鞋匠家庭，14岁进修道院成为一名修士。在修道院，他博览群书，研读哲学和自然科学著作。因反抗外国入侵和封建教会势力，先后坐牢30多年，备受折磨，1601年在狱中写成空想社会主义名著《太阳城》。1628年7月获释后，继续参与组织家乡人民的反西班牙起义，不幸又因叛徒告密而失败。1634年10月逃亡法国，1639年5月21日卒于法国巴黎。代表作有《太阳城》《论最好的国家》等。

首先，康帕内拉对私有制社会进行了尖锐的批判。康帕内拉对他所生活时代的意大利社会经济衰败、政治腐朽和国家遭到西班牙入侵者的蹂躏极为不满。他把当时的意大利社会比喻为“一所培养罪恶的学校”，在康帕内拉看来，这种腐朽的社会制度是导致意大利经济衰落和使国家灭亡的重要原因。康帕内拉对私有制社会政治制度的批判有其独到之处，在《太阳城》一书中他把批判的矛头指向意大利的政治统治机构。他认为这个世界到处被极端的腐败现象笼罩着，到处陷入灾难之中，“应受尊敬的人受着痛苦，得不到人们的重视，而且受恶人的统治”①。康帕内拉认为现实社会中的各种罪恶现象都是由贫富对立引起的，而根源在于私有制。康帕内拉认为私有制社会不是人类一开始就存在的，也不是永恒的，人类社会在经历了私有制社会的各种罪恶之后，必将进入公有制社会，这个社会也正是他精心构思的“太阳城”。

其次，康帕内拉描述了美好的社会制度。他认为私有制并不是永恒制度，“太阳城”的社会制度是“遵循自然智慧的命令”而建立起来的，人类正在通过流血斗争、暴动和起义，一步一步地走向“太阳城”，全世界必将按照“太阳城”的方式来生活。“太阳城”实行绝对的公有制，没有阶级的区分，没有贫富的对立，由贫富对立而引起的一切恶习也都不再存在。“太阳城”的生产主要是手工业、农业和畜牧业，“太阳城”人重视生产技术的革新和发明创造，利用新的生产技术减轻劳动强度和提高劳动成效，创造更为富裕的生活。在“太阳

① 康帕内拉．太阳城．北京：商务印书馆，1980：53.

城”实现了脑力劳动与体力劳动的结合，劳动是光荣和受人尊重的事，每个人都参加劳动，不存在奴隶和仆人。由于产品极其丰富，居民之间不存在商品货币关系，实行按需分配。

“太阳城”又被称为“共和国”，它的政治制度和政治机构是按照民主原则和“贤人政治”的原则组织起来的。“太阳城”的法律条文很少，既简单又明确，人们一看就懂；社会普遍关心下一代的教育，并且主张教育与生产劳动相结合，消灭体力劳动与脑力劳动的差别，提高全民的科学文化水平；人们之间的关系是一种新型的关系，团结友爱、互相关心、互相爱护。“太阳城”在公有制建立的基础上，要消灭家庭，实行公妻制度等。

康帕内拉设计的“太阳城”是继莫尔和闵采尔之后的又一空想社会主义方案。他没有简单地重复前人的东西，而是在前人的基础上对未来社会做了若干新的探索。康帕内拉比较早地提出普遍的义务劳动制度，注重利用科学技术和发明的思想，提出劳动光荣的思想及劳动没有贵贱之分的思想，在空想社会主义发展史上有着重要的地位。

4. 温斯坦莱

杰拉德·温斯坦莱是 17 世纪英国资产阶级革命时期掘地派运动的领导人和理论家、空想社会主义者。在掘地派运动中，他深入了解城乡民众疾苦，成为城乡贫民的忠实代言人和掘地派运动的领导者。在领导运动中，温斯坦莱论证了掘地派的合理性和正义性，阐述了一系列空想社会主义的思想。

【链接】

杰拉德·温斯坦莱小传

杰拉德·温斯坦莱（Gerrard Winstanley，1609—约1660），出生在英国兰开夏郡，曾在伦敦开过商店。资产阶级革命的内战时期，商店破产，他移居塞利郡，以帮人放牧为生。1649年，温斯坦莱在宣传和领导掘地派运动的过程中，发表了许多著作来阐述掘地派运动的合理性和正义性，以及他的空想社会主义理论。1652年发表的《自由法》是其空想社会主义代表作。

《自由法》是温斯坦莱空想社会主义的代表作，全名为《以纲领形式叙述的自由法，或恢复了的真正管理制度》。在《自由法》中，温斯坦莱为劳动人民所憧憬的共和国拟定了一整套自由法，用制定法律的形式提出了未来社会的基本纲领，首次以法律条文形式来描绘他的空想社会主义的蓝图。

温斯坦莱首先对私有制和英国资产阶级共和国进行了尖锐批判。他认为，私有制“是产生使人民陷于贫困之中的一切战争、流血、偷窃和奴役性法律的原因”①，也是产生贫富差别的根源。他明确指出，刚刚取得胜利的资产阶级革命所建立的共和国，仍然是一个维护剥削制度的国家。

温斯坦莱对他向往的理想社会——“自由共和国”做了详尽描写。在他的“自由共和国”中，土地等财富是公共财产，禁止土地买卖和雇工。家庭仍然是生产单位，但全部劳动产品必须交公共仓库。每个公民必须从小学习一种手艺，40 岁前必须参加劳动。“自由共和国”各级权力机构都由民主选举产生。温斯坦莱强调要发扬民主。他主张，共和国所有公职人员都应选举产生，每年改选一次。

温斯坦莱很注重公职人员的政治标准，他提议，“请选举那些早就用行动证明自己拥护普遍自由的人”“请选举受过国王迫害的人”“请选举那些冒着牺牲自己的财产和生命的危险企图把土地从奴隶制度下解放出来并且始终相信会做到这一点的人”“请选举在制定和平的、组织健全的政府的法律方面有经验的聪明人”“请选举敢于说老实话的勇敢的人”“请选举性情温和、待人接物稳重的人”“请选举四十岁以上的……大胆的、作风正派的、憎恨贪婪的人”②；他还提议，不要选举“所有破坏社会秩序的人”，其中包括“为了怕得罪别人而不敢说实话的愚蠢透顶的人”，更不要选举“所有同君主政权和君主管理制度有关系的人”③。温斯坦莱的这些政治思想超出了他之前的一些空想社会主义者的主张，也超出了他同时代的资产阶级思想家的

① 温斯坦莱．温斯坦莱文选．北京：商务印书馆，1982：35.

② 同①138.

③ 同①136.

主张。

早期空想社会主义已经初步地涉及后来的空想社会主义体系普遍论述的一些基本问题，是对资本主义原始积累过程的反应，是近代无产阶级的先驱者反对早期资本主义的最初的呐喊，在历史上对取代现存社会的未来理想社会制度做了阐释，开辟了社会主义思想史的新时代。

三、18世纪的空想社会主义

18世纪是资本主义手工工场大发展的时期，以18世纪60年代英国产业革命为开端，西欧一些主要国家的资本主义经济，以更快的速度发展起来。资产阶级已成为一支政治、经济力量登上历史舞台，与资产阶级同时壮大起来的，是无产阶级。反映无产阶级和劳动人民愿望的空想社会主义，也进入一个重要的发展时期。

18世纪是空想社会主义第二个发展时期。进入18世纪，法国进入了思想大解放、社会大变动的时代。欧洲革命的中心转移到了法国。这一时期，法国是发展和传播空想社会主义的最适宜的土壤。随着法国资本主义生产方式的发展，资产阶级逐渐控制了国家的经济命脉，并进一步要求冲破封建专制制度的束缚。与此同时，无产者的队伍也日渐壮大起来。他们在积极参加反对封建主义斗争的过程中也不断掀起要求增加工资、改善劳动条件、反对资本主义剥削的独立运动。在法国大革命的暴风雨即将来临的时刻，思想领域的斗争也异常激烈，出现了各种各样的学说和派别。为适应政治斗争的需要，资产阶级思想家发动了一场波澜壮阔的思想启蒙运动。正是在启蒙运动的过程中，一股反映无产者利益和要求的空想社会主义思潮也涌现了出来。这一时期著名的空想社会主义者主要在法国，代表人物在启蒙运动前夕有梅叶，在启蒙运动中有摩莱里和马布利，在资产阶级大革命中有巴贝夫等人。

1. 摩莱里

摩莱里是18世纪法国的一位杰出的空想社会主义者。他出身于平民，当过教员，一生写下了许多著作，其中在空想社会主义史上具有重要地位的是《巴齐里阿达》和《自然法典》。这两部著作，尤其是后一部著作，继承和创造性地发展了前一时期的空想社会主义，对后来的空想社会主义产生了很大的影响。

【链接】

摩莱里小传

摩莱里（Morelly），生活在1700—1780年，18世纪法国学术史上最为神秘的人物之一，一生著述丰富，用不同的笔名发表和出版。“摩莱里”是他的笔名，真实姓名不详。主要著述有《人类理智论》（1743）、《人心论》（1745）、《君主论》（1751）、《自然法典》（1755）等。

摩莱里哲学思想与18世纪法国唯物主义有不少共同之处。然而，他对人类历史的解释却建立在理性论的社会哲学基础之上。他认为，人类社会开始时是理性制度，那时的社会是公有制社会，社会共同占有、共同劳动和共同享用。后来理性制度遭到破坏，出现了非理性制度，非理性制度是以私有制为基础的社会，那里存在着剥削压迫和不平等。但是，人类社会在经过使人类痛苦的非理性制度之后，最终还将回到理性制度。理性——理性的错误——理性的发现和重归理性，这就是摩莱里的社会历史发展的公式。他的社会主义思想，基本上是建立在这样一个哲学思维基础之上的。

第一，摩莱里对私有制社会的批判。摩莱里认为，私有制造成了社会财富的不公平分配和贫富对立，私有制必然会引起道德败坏和贪欲的恶习，私有制产生了封建特权专制统治和不合理的法律制度，建立在私有制基础之上的资产阶级国家政治制度同样具有虚伪和欺骗性。总之，私有制是“一切罪恶之母”，是“一种普遍的瘟疫”，是一切“错误链条上”的“最初的一环”。他认为人类历史的起点是公有制而不是私有制，私有制只是一种历史现象，是在社会发展的一定阶段才出现的，是历史发展偏离理性的产物。人类社会的高级阶段也不是私有制，而是符合理性的公有制。

第二，《自然法典》中对未来社会的规定。摩莱里在《自然法典》中，用法律条文的形式对未来社会做了纲领性的规定，设计出了一幅合乎“自然意图”的共产主义法制蓝图。在那里，私有制已经不存在，一切财产实行公有，统一安排生产，共同劳动，各尽所能，人人平等，生活都由社会统一供养。全国划分为许多城市，如果人数较多，还要划分为省。每个城市都由同等数量的部族构成，每个部族都由数量相等的家庭构成。

具体而言，在摩莱里的共产主义法制蓝图中，财产所有是建立在

【链接】

《自然法典》第四篇：合乎自然意图的法制蓝本

我把这个法律草案只作为附录、作为外加部分提出来，那是因为遗憾得很，现在确实几乎无法建立这样的共和国。

任何一个明理的读者，根据这些无须详加解释的条文，都可以判断这些法律会使人们摆脱多少灾难。我在前面刚证明，最初的立法者们不难使人民不知有其他法律；如果我的证明是充分的话，那么，我就达到了目的。

我没有贸然要求改革整个人类，但是我有充分的勇气宣扬真理，而不顾虑那些害怕真理的人的吵吵嚷嚷。这些人为了自己的利益，不惜欺骗人类，或让人类囿于谬见，而他们自己也受谬误所骗。

总则　可以从根本上消除社会的恶习和祸害的基本的和神圣的法律

第一条　社会上的任何东西都不得单独地或作为私有财产属于任何个人，但每个人因生活需要、因娱乐或因进行日常劳动而于当前使用的物品除外。

第二条　每个公民都是依靠社会供养、维持生计和受到照料的公务人员。

第三条　每个公民都要根据自己的力量、才能和年龄促进公益的增长。据此按分配法规定每个人的义务。①

① 摩莱里．自然法典．北京：商务印书馆，2011：102－103.

公有制基础之上的；劳动是幸福的源泉，他提出要消灭体力劳动与脑力劳动的差别，以及所有公民都要亦工亦农的思想；工农业产品都归公有，一切产品都存入公共仓库或送到公共市场，经过严格统计，然后平均分配，以满足公民的需要；公民之间不得买卖或交换，唯一允许的商业就是对外贸易或援助外国人民；儿童由社会抚养和教育，教育和生产劳动相结合；家庭是未来社会政治上的基层单位，国家实行轮流执政制和终身任职制相结合，各级领导人没有等级和地位高低之分，即使是国家元首也同人民群众完全平等，任何人没有职位高低贵贱之分，享有平等的政治权利。

总之，摩莱里对私有制和私有制为基础的现存社会的批判是比较全面的，特别是他明确地把私有制看作一切政治现象和道德现象的原因，把一切政治现象和道德现象看作私有制的结果，这是他的社会历史观中十分可贵的唯物主义因素。但是，由于摩莱里的历史观总体上是建立在理性论基础之上的，所以，他对存在于社会的一切罪恶的批判，还是以"自然法"为原则的，这种批判仍然没有超出道德谴责的范畴。正如恩格斯指出的："这种诉诸道德和法的做法，在科学上丝毫不能把我们推向前进；道义上的愤怒，无论多么入情入理，经济科学总不能把它看做证据，而只能看做象征。"①

2. 马布利

马布利，全名为加布里埃尔·邦诺·德·马布利，是18世纪法国空想社会主义思想家。马布利的著作既不同于莫尔、康帕内拉等人的文学描写，也不同于温斯坦莱、摩莱里等人的法典规定，他的作品很多都是论战性的，通过同论敌的论战逐步展开自己的观点，富于理论性和逻辑力量。在这些著作中，马布利尖锐地批判了私有制，提出了社会改革纲领，指出只有在以公有制为基础的社会中人们才能得到幸福。

---

① 马克思，恩格斯．马克思恩格斯文集：第9卷．北京：人民出版社，2009：156.

【链接】

加布里埃尔·邦诺·德·马布利小传

加布里埃尔·邦诺·德·马布利（Gabriel Bonnot de Mably，1709—1785），1709年出生于法国格勒诺布市的一个贵族家庭。毕业于

马布利

耶稣会学院，先后担任过神职和外交官，后弃官潜心社会科学研究，1785年病逝。他著述甚多，其中影响较大的社会主义著作有1758年写的《论公民的权利和义务》、1768年写的《哲学家经济学家对政治社会自然的和必然的秩序的疑问》、1776年发表的《论法制或法律的原则》。其著作和手稿被编辑为15卷的《马布利全集》。

首先，马布利深刻地认识到私有制是一切罪恶产生的根源。他认为私有制必然产生经济上的不平等，而财产上的不平等必然导致人们社会地位的不平等，财产私有制还必然引起整个社会的道德败坏。他曾经问道："您知道什么是折磨人类的一切不幸的主要源泉吗？""这是财产私有制。"正是财产私有制，"引起利益的不平等和对立、贫富的罪恶、道德的颓废、智慧的退化、偏见和私欲的产生"，这样"就会出现不公正和暴虐的政府，制定偏袒而具有压迫制性质的法律，一

句话，折磨人民的一切灾难都要降临”[1]。

马布利不仅对私有制社会深恶痛绝，而且以理性为工具详细地分析了私有制产生的原因。他认为，原始社会初期是美好的自然状态，也叫作“黄金时代”，在那里的人们共同劳动，没有“你的”和“我的”之分，人人平等，财产全部公有。但是，接下来由于有了剩余产品，并且剩余产品被用来进行交换，于是出现了商业，私有制便逐步建立了起来。随着私有制的产生，人们才产生了虚荣和贪婪。由于私有制是违反“自然秩序”的社会制度，它必将被财产公有的社会制度所取代。

其次，马布利设计了一个“完美的共和国”方案。马布利提到要建立不同于现实社会的美好的理想社会方案，并且把自己设计的这个理想社会称为“完美的共和国”。在完美的共和国里，要彻底消灭私有制，实行财产公有制度；人们普遍树立起了劳动光荣的道德观念，实行劳动竞赛，调动劳动积极性的不是私有制和它产生的欲念，而是人的各种优良的美德。在完美的共和国里，国家的最高权力属于人民，共和国采取代议制度，人民代表机关是全国最高立法机关；最高行政机关由人民代表机关选举产生，其权力受立法机关约束。共和国有完善的法律制度，法律公正无私，不偏不倚。完美的共和国在本质上是符合“自然秩序”的公有制社会，在那里“人人都是富人，人人都是穷人，人人平等，人人自由，人人是兄弟”[2]。

与大多数空想社会主义者不同，马布利没有对自己理想的共和国进行进一步的描述，而是把重点放在制定社会改革纲领上。马布利拟定的社会改革措施主要包括以下几方面：一是制定新的土地法，改革税制，限制财产私有权；二是取消公务人员的特殊报酬，不准公务人员的需要高于普通人民；三是禁止经商；四是制定“取消豪华法”，提倡过朴素的生活。他认为：“我们要放弃一步登天的念头。”[3] 要通过各项社会改革和立法的方式，来逐步限制和消除私有制造成的罪恶，以便为将来过渡到完美的共和国准备条件。

马布利的空想社会主义学说是在法国封建专制制度的危机日益增

---

① 马布利．马布利选集．北京：商务印书馆，1960：168，95.

② 同①170.

③ 同①172.

长、资产阶级革命的形势渐趋成熟的历史时期形成的。马布利以其敏锐的目光对私有制进行了批判，对“完美的共和国”进行了设计，马克思曾经指出：“马布利也曾为科西嘉岛上的居民草拟过最好的政治制度。”① 然而，马布利并没有真正找到私有制产生的根源，其设计完美的共和国也只是一个“禁欲主义的、禁绝一切生活享受的、斯巴达式的共产主义”② 的典型。

3. 巴贝夫

巴贝夫是18世纪末的法国革命家、平等派密谋的组织者和领导者，著名的空想共产主义者。在法国资产阶级大革命中，为了纪念古罗马护民官格拉古兄弟，他改名为格拉古·巴贝夫。

【链接】

弗朗索瓦·诺埃尔·巴贝夫小传

巴贝夫

弗朗索瓦·诺埃尔·巴贝夫（Francois Noël Babeuf，1760—1797），

---

① 马克思，恩格斯．马克思恩格斯全集：第4卷．北京：人民出版社，1958：348.

② 马克思，恩格斯．马克思恩格斯文集：第3卷．北京：人民出版社，2009：525.

1760年出生于法国毕卡迪省圣康坦城的一个穷苦家庭，15岁开始独立谋生。1789年7月14日法国资产阶级革命爆发，他奔赴巴黎，投入革命斗争。1796年3月，成立了以他为首的“平等派密谋革命委员会”。1797年5月27日第三次被捕后被判处死刑。

巴贝夫的空想共产主义思想初步形成于法国资产阶级革命前夕。对巴贝夫思想的发展具有决定意义的历史阶段，是在法国资产阶级革命爆发以后，大革命的实践推动了巴贝夫空想共产主义思想的形成。以往的空想社会主义者对社会不平等的批判锋芒，集中于封建专制制度和贵族僧侣方面，而巴贝夫的批判直接指向了新建立的资本主义制度。

首先，巴贝夫对资本主义剥削关系进行了批判。巴贝夫对资本主义的批判集中在两方面。一方面是对人剥削人的资本主义经济制度的批判。他认为，新建立的资产阶级共和国并没有改变广大群众受压迫受剥削的境况，相反，广大群众受到的剥削更为残酷，这种制度事实上是一种新的“奴隶制度”“饥饿制度”。劳动者一无所获，两手空空，而不劳动者却过着奢侈逸乐的生活，资本主义社会依然是穷者愈来愈穷、富者愈来愈富的畸形社会。

另一方面，巴贝夫对资产阶级共和国和法律制度进行了批判。他认为，法国大革命后建立起来的资本主义政治制度是一种新的等级制度，它以金钱为标准把社会划分成等级，整个社会出现了利益完全对立的“两个集团”，富有集团和贫穷集团在国家中的地位是完全不平等的，因而两大集团在政治、经济和社会生活中的矛盾必然存在，而且是对立的。新建立的资产阶级共和国实质上是统治阶级用来掩盖政治压迫的手段，它“只是对富人有善意”，它“以毁灭性的方式来讨好一个阶级，支持这一阶级，让它可以吸尽榨干各生产者阶级血汁”。即使资产阶级所极为推崇的《人权宣言》所维护的也是有产者的利益，劳动者的基本权利根本没法得到保障。“在这个宣言里，香饵和圈套紧挨着放在一起，我们仔细地看一看这个‘宣言’，就立刻可以认出，它是危险的、只有那些想哄人民睡觉的人才会制造出来的幻影。”①

其次，巴贝夫提出了“平等共和国”的理想。巴贝夫空想共产主义学说的核心，是建立一个以“自由”“平等”“以劳动为基础的公众福利”的“平等共和国”。巴贝夫所说的自由平等，不只是形式上的平等、表面的平等，而是“真实的平等”，这种平等不仅体现在政治权利方面，而且还要扩大到社会经济的各个领域。针对巴贝夫提出的“真实的平等”的观点，恩格斯发表过积极的评论，他说：“要末是真正的奴隶制，即赤裸裸的专制制度，要末是真正的自由和平等，即共产主义。这二者在法国革命以后都出现过；前者以拿破仑为代表，后者以巴贝夫为代表。”②“以劳动为基础的公众福利”是平等共和国的目标。“公众福利”是把人民的福利或绝大多数人的福利作为社会的目的，而决不像法国革命那样把少数人的福利作为社会的目的。“以劳动为基础”，就是说在平等共和国里，任何形式的人剥削人的制度都必须彻底推翻，不再有富人和穷人、大人物和小人物、老爷和奴仆、统治者和被统治者“这种令人愤慨的区分”。

“平等共和国”将会废除私有制，建立财产公有制。巴贝夫认为私有制是不平等的根源，是最大的社会灾难，是真正的社会罪恶。在“平等共和国”里，资本主义的竞争和无政府状态将被计划经济所代替，整个社会“不再有盲目经营的危险，不再有任意生产或生产过剩的危险”。“平等共和国”实行普遍的劳动制度，一切有劳动能力的公民都要从事劳动，每个人都应当尽自己的能力和技能进行劳动，决不能再容忍绝大多数人为极少数人的享乐而辛勤劳动。“平等共和国”实行绝对平均的分配制度，“福利必须让大家普遍享受，必须均等分配”③。在“平等共和国”，科学、文化和艺术事业将得到充分的发展，并为全社会的利益服务。

“平等共和国”是一座宏伟而瑰丽的大厦，如何建筑起这座大厦呢？围绕这个问题，巴贝夫提出人民革命、武装起义、彻底推翻旧制

---

① 巴贝夫．巴贝夫文选．北京：商务印书馆，1962：34，54.

② 马克思，恩格斯．马克思恩格斯全集：第1卷．北京：人民出版社，1956：576.

③ 同①91，89.

度、劳动者革命专政、过渡阶段等观点。

马克思和恩格斯曾经赞扬巴贝夫的学说是“超出整个旧世界秩序的思想范围的思想”①。但是由于巴贝夫深受资产阶级启蒙思想的影响，他还认为理性是社会发展的动力，教育是改进现实社会的一种可靠的手段。巴贝夫所倡导的共产主义是建立在小农经济基础之上的共产主义，带有明显的平均主义色彩。因此，他的思想也只是早期无产者的不成熟理论。

18 世纪空想社会主义是空想社会主义的一个重要发展阶段。如果说 16—17 世纪的空想社会主义基本上还处于空幻地描写理想社会制度的阶段的话，那么，18 世纪的空想社会主义则已经开始对共产主义进行理论探索，并且取得了一定的理论成果。如恩格斯指出的：“在 18 世纪已经有了直接共产主义的理论（摩莱里和马布利）。”② 它在新的时代进行了许多新的探索，提出了许多新的理论，进一步丰富和发展了早期社会主义者的思想，从而把空想社会主义推进到了一个新的阶段。相对于早期空想社会主义，以摩莱里、马布利和巴贝夫等为主要代表的 18 世纪空想社会主义建立在自然法学说与理性论基础之上，而且已带有明显的理论思辨与理论论证色彩，开始从理论上探讨和论证废除私有制等社会主义的基本原则，其现实感和科学性得到显著增强。

---

① 马克思，恩格斯．马克思恩格斯文集：第 1 卷．北京：人民出版社，2009：320.

② 马克思，恩格斯．马克思恩格斯文集：第 3 卷．北京：人民出版社，2009：525.

第二章

空想社会主义的发展及历史地位

19 世纪初期，资本主义发展已经开始向机器大工业过渡，资本主义的矛盾和阶级对立日益明显。三大空想社会主义者继承已往的空想社会主义思想，吸收 18 世纪法国启蒙学者的理论形式，在批判资本主义社会制度的同时，对未来社会提出了许多积极合理的设想，使空想社会主义的发展达到了极高的水平。

一、19 世纪初期的空想社会主义

空想社会主义之所以能在 19 世纪初期的英法两国发展到巅峰，是由当时英法两国的经济、政治状况决定的。18 世纪后半叶，英国的工业革命和法国的资产阶级革命是具有世界历史意义的重大事件，为 19 世纪初期英法两国空想社会主义的产生提供了丰腴的社会土壤。

18 世纪 60 年代英国开始的工业革命，是以纺织机器的发明和应用为开端的。1765 年，纺织工哈格里夫发明了一种手摇纺纱机，并且用他女儿的名字命名为“珍妮纺纱机”。这一发明推动了工业技术革命的开展。1784 年，瓦特试制成功了第一台联动式蒸汽机，并且很快就推广应用到各个工业部门。纺纱机、蒸汽机的发明和应用，又刺激了其他工业部门的技术革新，从而使整个资本主义工业出现了飞跃发展的局面，使英国一跃成为世界上最强大、最发达的资本主义国家。然而，产业革命并不仅仅是科学技术和工业生产上的革命，它同时也使得社会生产关系、阶级关系发生了深刻的变化。

珍妮纺纱机

工业革命改变了英国的经济状况和人口分布，使机器大工业逐渐占据了统治地位。它给独立的工场、手工业作坊以致命的打击。各种机器的发明和应用，打破了手工业者的饭碗，把他们赖以生存的手艺和产品变得一钱不值，使他们迅速破产。他们被抛向街头，同破产的农民会合，形成了一支无产者大军。他们就是现代无产阶级的前身。产业革命只是肥了资产阶级，使他们攫取了数不尽的高额利润。而对无产阶级来说，工业革命不仅没有给他们带来丝毫利益，反而使他们遭受更加深重的剥削和奴役。由于机器的普遍使用，男工日益受到了女工和童工的排挤，工资水平急剧下降，生活毫无保障。同时，贪婪的资本家为了获得高额利润，还千方百计地加快机器运转，增加劳动强度，延长劳动时间，使工人阶级在肉体上和精神上都受到严重摧残，此外，居住等生活条件极端恶劣，这样便造成了工人阶级的深重灾难。如恩格斯在《英国工人阶级状况》一书中指出的那样，“资产阶级的这种令人厌恶的贪婪造成了这样一大串疾病！妇女不能生育，孩子畸形发育，男人虚弱无力，四肢残缺不全，整代整代的人都毁灭了，他们疲惫而且衰弱，——而所有这些都不过是为了要填满资产阶级的钱袋”①。

在英国工业革命开始不久，1789 年法国爆发了具有重大历史意义的资产阶级革命。法国大革命摧毁了法国的封建关系，不但确立了资产阶级的统治地位，而且有力地推动了整个欧洲的资产阶级革命。

攻占巴士底狱

然而，这次革命像之前发生的英国资产阶级革命一样，只不过是用资本主义的剥削制度代替了封建主义的剥削制度而已。而且它还给劳动人民套上了新的枷锁。尽管法国广大劳动群众曾经为推翻封建专制的压迫进行了长期的英勇斗争，是资产阶级革命的主力军，希望新制度能够给自己带来幸福，然而，他们刚刚从封建统治的桎梏中解放出来，就又陷入资本主义的地狱之中，仍然处于政治上无权、经济上更加贫困、受到更加严重的剥削的艰难境地。新制度表明，资产阶级启蒙学者在法国大革命前和革命中所鼓吹的“自由、平等、博爱”的“理性王国”，实质上只不过是残暴的资产阶级专政。资产阶级的所谓“自由”，就是让农民和小生产者陷于破产的自由，就是使工人阶级遭受残酷剥削和压迫的自由。所谓法律面前的“平等”，更是空话。资

① 马克思，恩格斯．马克思恩格斯全集：第 2 卷．北京：人民出版社，1957：453.

产阶级的法律，对资产阶级来说，是护身符；但对无产阶级来说，则只能是锁链。至于“博爱”，则完全为竞争的诡计和嫉妒所代替。和启蒙学者的辞藻华美的预言相对照，经过资产阶级大革命而建立起来的社会制度和政治制度，只是一幅幅令人极度失望的讽刺画。

【链接】

恩格斯：“理性的胜利”与“令人极度失望的讽刺画”

工业在资本主义基础上的迅速发展，使劳动群众的贫穷和困苦成了社会的生存条件。现金交易，如卡莱尔所说的，日益成为社会的唯一纽带。犯罪现象一年比一年增多。如果说以前在光天化日之下肆无忌惮地干出来的封建罪恶虽然没有消灭，但终究已经暂时被迫收敛了，那么，以前只是暗中偷着干的资产阶级罪恶却更加猖獗了。商业日益变成欺诈。革命的箴言“博爱”化为竞争中的蓄意刁难和忌妒。贿赂代替了暴力压迫，金钱代替刀剑成了社会权力的第一杠杆。初夜权从封建领主手中转到了资产阶级工厂主的手中。卖淫增加到了前所未闻的程度。婚姻本身和以前一样仍然是法律承认的卖淫的形式，是卖淫的官方的外衣，并且还以大量的通奸作为补充。总之，同启蒙学者的华美诺言比起来，由“理性的胜利”建立起来的社会制度和政治制度竟是一幅令人极度失望的讽刺画。①

资产阶级对劳苦大众的残酷剥夺和剥削暴露了资本主义社会的各种矛盾和弊端，正如马克思在《资本论》第一卷指出的：“资本来到世间，从头到脚，每个毛孔都滴着血和肮脏的东西。”② 那个时代，著名作家巴尔扎克的《人间喜剧》、雨果的《巴黎圣母院》和《悲惨世界》、狄更斯的《雾都孤儿》和《大卫·科波菲尔》等作品，都以写实笔法揭露了社会上层和资产阶级的虚伪、贪婪、凶残，描写了下层民众的悲惨处境，反映了劳苦大众的抗争。正是在这种历史条件下，产生了反映无产阶级愿望和要求的社会主义理论，圣西门、傅立叶、欧文等纷纷著文揭露资本主义的罪恶，批判资本主义的统治基础，论证未来社会的必然性、合理性和美好性，对未来社会提出一些积极主

① 马克思，恩格斯．马克思恩格斯文集：第 3 卷．北京：人民出版社，2009：527.

② 马克思，恩格斯．马克思恩格斯文集：第 5 卷．北京：人民出版社，2009：871.

张和有价值的猜测。法国的圣西门、傅立叶和英国的欧文是这一时期空想社会主义三个杰出的代表人物，在社会主义发展史上，他们被称为三大空想社会主义者。

1. 圣西门

圣西门是 19 世纪初期法国杰出的空想社会主义者。他思想丰富、目光远大，为后来的社会主义者留下了丰富的思想材料。恩格斯高度评价说，“如果说我们在圣西门那里发现了天才的远大眼光，由于他有这种眼光，后来的社会主义者的几乎所有并非严格意义上的经济学思想都以萌芽状态包含在他的思想中”①。

【链接】

克劳德·昂利·德·卢夫罗阿·圣西门小传

圣西门

克劳德·昂利·德·卢夫罗阿·圣西门（Claude Henri de Rouvroy

① 马克思，恩格斯．马克思恩格斯文集：第 9 卷．北京：人民出版社，2009：275.

Saint-Simon，1760—1825），法国哲学家、经济学家、空想社会主义者。1760年10月17日生于巴黎一个贵族家庭。早年受启蒙运动影响，曾参加北美人民反对英国殖民统治的独立战争。1803年发表《一个日内瓦居民给当代人的信》，主张应由科学家代替牧师的社会地位。圣西门拥护法国大革命，主动放弃伯爵爵位。为研究和宣传社会主义学说，他倾注了毕生精力。1825年5月19日圣西门逝世于巴黎。圣西门一生著述颇丰，《论实业制度》《实业家问答》《论文学、哲学和实业》《新基督教》等著作是其代表作。

圣西门的自然观基本上是唯物主义的。圣西门认为，世界是由物质构成的，世界的本原是物质。世界上的一切物质都是运动着的，整个宇宙都在发展变化，人类也处于不断的长期演化过程之中。

圣西门提出了人类社会有规律发展的观点，认为历史不是偶然事件的联结和堆积，而是合乎规律的现象。每一个新的社会制度代替旧的社会制度，都是历史发展过程中的一个进步。圣西门提出人类社会历史发展是分阶段的，并且把人类社会分为五个历史时期（人类开化初期、古希腊罗马的奴隶社会、中世纪神学和封建制度、封建制度解体的过渡时期、未来的“实业制度”时期）；提出了判断社会制度优劣的四个标准（好的社会制度是：多数人过着幸福生活，品德高尚的人最受人尊敬、有最多的发展机会，而不论出身如何；把绝大多数人团结在一起；鼓励劳动，导致科学和文明的最大进步）；提出了社会阶级的存在，并试图进行阶级划分；等等。但是，圣西门的社会历史观基本上是唯心主义的。圣西门认为，人类理性的发展是推动社会进步的动力，“只有依靠有天才的人，才能在社会关系方面得到改造”①。

圣西门以犀利的笔锋对资本主义制度进行了有力鞭挞。圣西门提出，人类社会有规律发展，资本主义制度并不是永恒的，它只是人类社会发展过程中的一个阶段，终将会被更加进步的社会制度所代替。圣西门揭露了资本主义社会的本质，认为资本主义社会是一种新的“奴役形式”，在这种新的奴役形式下，整个社会形成了“劳动者”与

① 圣西门．圣西门选集（上卷）．北京：商务印书馆，1962：74.

“游手好闲者”之间的对立。“劳动者”是从事物质财富生产的人，但他们几乎得不到社会的报酬。“游手好闲者”由于家庭出身、阿谀奉承、玩弄阴谋诡计和其他不光彩的行为而有特权，成为统治者。资本主义社会的生产无政府状态是“一切灾难中的最严重的灾难”，资本主义政治体系有“三个主要弊端，即专横、无能和阴谋”。在这种秩序下，社会问题并不能真正解决，“贪婪已成为每个人向上占有统治地位的感情；利己主义这个人类的坏疽，侵害着一切政治机体，并成为一切社会阶级的通病”①。这种坏疽，在资本主义制度下已经发展到了不可救药的地步。

圣西门详细论述了未来的社会制度，即实业制度。圣西门认为，人类社会沿着上升的路线向前发展，最后才会进入黄金时代，黄金时代的理想社会制度，就是实业制度。实业制度的目的是，让一切人得到最大限度的自由和保证社会得到最大的安宁。圣西门指出：“在新的政治制度下，社会组织的唯一的和固定的目的，应当是尽善尽美地运用科学、艺术和手工业所取得的知识来满足人们的需要，推广、发展和尽可能积累这些知识；换句话说，就是把科学、艺术和手工业方面的所有一切工作尽可能有效地结合起来。”② 在实业制度下，农工商业、科学和艺术都将得到迅速发展，无产者也将普遍有很高的文化水平。

实业制度是一种平等的新社会制度。圣西门认为，实业家是社会上最重要的阶级，他们应该掌握社会的经济、政治和文化各方面的权力。他主张，在实业制度下，必须“把选举适当人选充当人类的伟大领袖的权力交给全体人民”。不应该高薪厚禄，而应该提倡“把尊重作为付给统治者的工资”③。

实业制度是按照最有利于社会生产的方式组织起来的制度。圣西门认为，实业制度是建立在大生产基础之上的，因此必须有精良的组织。为此，圣西门把社会权力分为精神权力和世俗权力两部分，要把精神权力交给学者，把世俗权力交给实业家，学者必须为实业家阶级

① 圣西门．圣西门选集（下卷）北京：商务印书馆，1962：39.

② 圣西门．圣西门选集（上卷）．北京：商务印书馆，1962：279.

③ 同②83.

服务，为发展实业贡献出自己的力量。

实业制度要遵循“新基督教”的最高道德准则。圣西门认为，“新基督教”的最高道德准则是“宗教应当引导社会走向最迅速地改进最穷苦阶级的命运的伟大目的”①。他认为，“新基督教”是一种组织和道德力量，是社会各阶级、各阶层之间的凝聚剂，是建立和维护实业制度关键的因素。

实业制度不强迫财产所有者把自己的资本投入实业中，坚持“一切人都要劳动”的基本原则，认为“劳动是一切美德的源泉”，实业活动是每一个人和社会得到幸福的手段，为了促使社会每一个人都能积极地参加劳动，必须保障人的社会劳动权。实业制度坚持有计划地组织整个社会生产的原则，以保证整个社会生产、科学和艺术以及有利于居民的一切公共事业，人们的一切行为都必须在整个社会的安排下进行。实业制度实行按照才能和贡献分配的原则。

实业制度要坚持尽可能完全平等和最大限度自由的原则。圣西门反对各种特权，要求废除世袭权，提出领导的选择要遵循择优任用原则，妇女有权参加选举，保证人们享有同社会状况相适应的最高自由。实现实业制度的方式，只能用和平的手段，也就是宣传和教化的手段，提高广大实业家的觉悟水平，要向国王宣传、向各族人民宣传。他甚至认为：“在法国，为了建立实业制度，只由国王颁布一道敕令，委托最有势力的实业家编制国家预算就可以了。”②

2. 傅立叶

傅立叶是 19 世纪初期法国伟大的空想社会主义者之一。傅立叶批判了现存制度的不合理和不公正性，并指出现存制度不是人类的最后命运，它将被和谐制度所代替。恩格斯认为，剔除傅立叶著作中荒唐的神秘主义色彩以后，剩下来的就是“科学的探讨，冷静的、毫无偏见的、系统的思考”③。

---

① 圣西门．圣西门选集（下卷）．北京：商务印书馆，1962：231.

② 同①142.

③ 马克思，恩格斯．马克思恩格斯全集：第 3 卷．北京：人民出版社，2002：477.

【链接】

夏尔·傅立叶小传

夏尔·傅立叶（Charles Fourier，1772—1837），19世纪初和圣西门齐名的法国伟大的空想社会主义思想家。1772年4月7日出生在法国贝

傅立叶

尚松的一个富商家庭，早年丧父，中学毕业后从事商业。他当过店员、推销员和经纪人，到过里昂、巴黎、卢昂、马赛和德国、荷兰、英国等地经办商务，对资本主义商业的种种丑恶内幕有较深的了解。通过自学著述，他在许多著作中披露和批判资本主义制度，探求改革社会的道路，拟订未来理想社会的计划。1837年病逝于巴黎。代表作有：《全世界和谐》《四种运动和普遍命运的理论》《宇宙统一论》《论商业》。

傅立叶创立了社会运动学说，即“情欲引力的学说”。傅立叶认为，现存的文明制度和以往的社会制度一样，违背了人的本性，使人的情欲不能自然地得到发挥。只有和谐制度才能保证情欲引力畅行无阻地发挥自己的作用。傅立叶认为人类社会发展是分阶段的，他把迄

今为止的社会历史划分为四个时期：蒙昧时期、宗法时期、野蛮时期和文明时期。每个时期包含着旧制度的残余和新制度的萌芽。

傅立叶把对资本主义的批判提到了前所未有的高度，使这种批判具有极大的深刻性。恩格斯曾赞扬说，在马克思主义以前，对资本主义社会“能够进行这种批评的只有傅立叶一人”①。傅立叶在这方面的主要思想有：

（1）资本主义必然要被和谐制度所代替。傅立叶指出，文明制度并不是什么最好的制度，更不是永恒的制度，它目前已经陷入不能自拔的“恶性循环”之中，终将会为更高的社会制度所代替。文明制度“不过是社会发展过程中的一个阶段，……因此，应该怀疑文明制度，怀疑它的必要性、它的优越性，以及怀疑它的永久性”②。“文明制度的工业只能创造幸福的因素，而不能创造幸福。”③ 它必将为更高级的社会制度所代替。

（2）资本主义的各种矛盾昭示着资本主义的寄生性和腐朽性。傅立叶认为，资本主义制度存在着“个人反对大众的普遍战争”，医生希望自己的同胞患寒热病；律师希望每个家庭都发生诉讼；建筑师希望爆发大火使城市的四分之一化为灰烬；安玻璃的人希望下一场冰雹打碎所有的玻璃窗；裁缝和鞋匠希望人们只用容易褪色的料子做衣服和用坏皮子做鞋子，以便多穿破两套衣服和多穿坏两双鞋子……这种矛盾的实质是工厂主阶级和一无所有的阶级的对立。在文明制度下，贫困是由富裕产生的。文明制度发展到资本主义阶段时，已经成为一种寄生性和腐朽性的制度。

（3）资本主义政治制度具有虚伪性。傅立叶强调，资产阶级思想家的美丽词句，掩盖不了资本主义社会的丑恶现实。“社会契约”不能给予穷人起码的生活资料，不能给予穷人劳动的机会。“天赋人权”成为一般公认的“自由”“平等”幌子下的空话。“博爱”是夺取200万条人命的“博爱”。傅立叶愤怒地说：“许多写在纸上的权利，都是不现实的，这些权利赋予那些完全没有办法实现的人，那是对他们的

---

① 马克思，恩格斯．马克思恩格斯全集：第2卷．北京：人民出版社，1957：659.

② 傅立叶．傅立叶选集：第1卷．北京：商务印书馆，1959：51.

③ 傅立叶．傅立叶选集：第3卷．北京：商务印书馆，1964：60.

一种侮辱。"①

（4）资本主义商业就是"说谎和欺骗""破产和掠夺"。在资本主义社会，商业机构使整个社会"服从于寄生的不生产的经理人阶级，即商人"②。政府也愈来愈服从商人，拜倒在他们面前，并根据商业的利益来制定自己的方针，警察和司法机关则成为商人的庇护者，学者们也变成商人最忠实的仆人，并以极华丽的文字和动人的赞美来谈论商业。商人们的所作所为，阻碍了生产的发展，加剧了经济混乱和无政府状态，给广大劳动者带来了无穷的灾难，使他们陷于水深火热之中。

（5）资本主义社会的道德是虚假的道德。傅立叶指出，"文明是欺骗的王国，而道德则是它的工具"③，资产阶级的道德与资产阶级的宗教是一对孪生的怪胎，资产阶级道德家与僧侣都是为同一个任务而工作，即粉饰资本主义丑恶的现实，为富人、统治者效劳。

（6）资本主义罪恶的根源主要是生产的分散性或不协调的劳动。文明制度一方面拥有大规模生产，另一方面生产仍然是分散的，这种矛盾必然引起生产的无政府状态，引起各企业主之间的激烈竞争，产生垄断。竞争又通过商业造成"经济生活周期地陷入混乱"，从而使经济危机的爆发不可避免。傅立叶形象地把经济危机叫作"多血症的危机"，解决问题的办法，只能用自然的、协作的、诚恳的、诱人的生产代替"虚伪的、分散的、欺诈的、令人厌恶的生产"。傅立叶强调说，自己谈论资本主义制度的罪恶目的"不在于改善文明制度，而在于消灭这个制度"④。

傅立叶认为，人类要最终摆脱一切苦难和折磨，必须具备两个条件："第一，要创造大规模的生产、高度的科学和优美的艺术，因为这些动力是建立与贫苦和愚昧无知不相容的协作制度所必需的；第二，要发明这种与分散经营相反的协作结构，即经济的新世界。"⑤ 第

① 傅立叶．傅立叶选集：第1卷．北京：商务印书馆，1959：154.
② 同①137.
③ 傅立叶．傅立叶选集：第4卷．北京：商务印书馆，1964：203.
④ 同①231.
⑤ 傅立叶．傅立叶选集：第3卷．北京：商务印书馆，1964：27-28.

一个条件已经具备，第二个条件还没有具备。傅立叶把创造第二个条件作为自己的历史使命，为了完成这个使命，他提出了一整套学说，描述了心目中的理想社会——和谐制度，即“把整个社会变成各个自愿的组合”①。

傅立叶对和谐制度进行了详细系统的论述。傅立叶把和谐制度的基本单位称为“法郎吉”。

“法郎吉”既是生产单位，又是消费单位，是生产—消费协作社组织。“法郎吉”以普遍的协作代替文明社会的个人竞争，使人们摆脱贫困、痛苦、灾难和不幸，充分满足自己的情欲，得到最大的幸福，从而实现普遍的和谐。在和谐制度下，国家政权实际上已不再存在。各个法郎吉之间是一种平等友好的关系。它们相互交换自己的产品，进行大范围的劳动协作，来完成大型公共工程，如开凿运河、治理沙漠等。法郎吉是一个新型的工农业结合和城乡结合的组织形式，法郎吉的成员既要从事农业劳动，又要从事工业劳动，工农差别和城乡差别已经消失。在资本主义制度下的劳动是“充斥着欺骗和令人厌恶的劳动”，而法郎吉内的劳动则是建立在“以诚实和诱人的劳动为基础的正面世界”的协作制度之上的。② 劳动权是最主要的天赋人权，在情欲引力推动下，人们从事各种劳动，创造出巨额财富，满足人们的各种欲望和一切需要。

法郎吉的分配和消费反对按需分配和平均主义；在消费领域反对普遍的禁欲主义，提倡过幸福的生活。傅立叶说，“协作制度绝不是平均主义的”，“在和谐制度下，任何平均主义都是政治的毒药”③。他认为，分配应该在劳动、资本、才能这三个方面，“按比例分配”④。傅立叶把资本、劳动和才能统称为生产资料，按这三个方面分配得到的收入，统称为红利。在消费方面，节制嗜好、欲望和需要是对人的本性的歪曲，人们应当得到“无限满足”和“十足幸福”。

---

① 马克思，恩格斯．马克思恩格斯全集：第3卷．北京：人民出版社，1960：487.

② 傅立叶．傅立叶选集：第3卷．北京：商务印书馆，1964：19.

③ 同②23，154.

④ 同②18.

法郎吉的家庭、婚姻和教育问题十分重要。傅立叶认为，妇女问题的性质随着社会制度的变化而有所不同，资本主义的婚姻制度是一种使妇女受压迫受苦难的制度，婚姻之中并无爱情，而在和谐制度下，男女平等，婚姻完全建立在两性相互爱慕的基础上，两性结合或离异都是完全自由的。傅立叶关于妇女解放的思想，得到了马克思和恩格斯的高度评价，他们指出，傅立叶“第一个表述了这样的思想：在任何社会中，妇女解放的程度是衡量普遍解放的天然尺度”①。

傅立叶还提出了“教育的目的在于实现体力和智力的全面发展”② 的思想，认为教育要与生产劳动相结合，只有这样才能使文化科学事业高度繁荣，使人们的道德水平也得到极大的提高，并进而消灭脑力劳动同体力劳动的差别。和谐制度将是人才辈出、群星灿烂的时代。

傅立叶认为，变革现存社会制度和实现和谐制度，决不能通过暴力革命的道路，而应该采用和平的方式逐步实现。在改造文明制度的途径选择方面，傅立叶提出的方案就是：“改造工作只要从一平方法里和一千八百人的小范围的试验做起。”③ 他天真地以为，即使在一个小村庄中建立一个法郎吉，经过四五年的时间，就不仅会吸引本国的广大居民，而且也会吸引全世界的居民群起效仿，从而和平完成改造资本主义社会，建立和谐社会的历史任务。

3. 欧文

罗伯特·欧文是 19 世纪初叶英国伟大的空想社会主义者、空想共产主义的实践家。马克思和恩格斯称，欧文是“英国共产主义的代表”④，“社会主义者运动的创始人”⑤。

---

① 马克思，恩格斯．马克思恩格斯文集：第 9 卷．北京：人民出版社，2009：276.

② 傅立叶．傅立叶选集：第 3 卷．北京：商务印书馆，1964：217.

③ 同②268.

④ 马克思，恩格斯．马克思恩格斯全集：第 3 卷．北京：人民出版社，1960：236.

⑤ 马克思，恩格斯．马克思恩格斯全集：第 1 卷．北京：人民出版社，1956：568.

【链接】

罗伯特·欧文小传

罗伯特·欧文（Robert Owen，1771—1858），1771年出生于英国北威尔士蒙哥马利郡，是一位马具匠的儿子，7岁开始参加劳动，10岁离

罗伯特·欧文

家谋生，当过缝衣工学徒，18岁就显露出善于经营企业的才华，用短短的十几年时间，一举成为欧洲著名的大企业家。1799年在苏格兰新拉纳克创办工厂，1824年前往美国试办一个社会主义“新协和村”，破产后于1829年返回英国，在工人中组织生产合作社和工会。晚年明确提出共产主义的主张，但反对工人进行政治斗争，不赞成宪章运动。欧文的主要著作有《新社会观，或人类性格的形成》《致拉纳克郡报告》《新道德世界书》等。

在认识论上，欧文不承认“天赋观念”，认为只有以事实为根据的知识，才是真正的知识，经验是检验真理的标准，是“万能的真理之镜”。从环境决定人的性格理论出发，欧文认为社会上存在的一切罪恶都是由社会不合理的制度产生出来的，制度就是社会环境。因

此，要消灭这些社会罪恶，就应该消灭其赖以产生的这种不合理的社会制度。

欧文生活在英国工业革命迅速发展的时代，他对资本主义制度的批判，具有产业革命时代的鲜明特征。他认为，私有制、宗教和婚姻形式是阻碍社会改造的三大障碍，是“三位一体的祸害”，其中最主要的是私有制。私有制“过去和现在都是人们所犯的无数罪行和所遭的无数灾祸的原因”①，私有制造成了竞争和敌视、嫉妒、不和、奢侈和贫困、专横和奴役，私有制是隔阂、仇视、欺骗、敲诈、卖淫等各种丑恶现象的根源。在私有制度下，“雇主把雇工只看成获利的工具”②。私有制“是各国的一切阶级之间的纷争的永久根源”③，是人类整个历史上发生战争的原因，它引起了无数次的屠杀。这样，“私有制使人变成魔鬼，使全世界变成地狱”，它“在理论上是那样不合乎正义，而在实践上又同样不合乎理性”④，它必将被先进的社会制度所代替。

资产阶级政治制度具有虚伪性、欺骗性。欧文认为，资产阶级政府是掠夺、暴虐和欺骗的集合体，它使用暴力和欺骗手段“掠夺和折磨生产阶级，并为他们制造低劣、有害和罪恶的条件”⑤。它经常宣称“保证人民得到持久的福利”，实际上为人民谋利的事一件也不肯做。资产阶级所鼓吹的议会民主和选举制度“对选举人和被选举人都起败坏道德的作用，并给社会带来无数的灾祸”⑥。资产阶级各政党进行竞选活动，总是怀着最坏的欲念进行各种欺骗，互相之间明争暗斗，尔虞我诈。资产阶级国家法律的本质是支持万恶的旧制度、保护富人利益、凌辱和压迫穷人的工具。

宗教迷信和私有制一样是人类生存的严重灾祸，是阻碍社会改造的主要障碍之一。欧文指出，“一切所谓宗教，都纯粹是妄诞无稽的

---

① 欧文．欧文选集（下卷）．北京：商务印书馆，1965：13.

② 欧文．欧文选集（上卷）．北京：商务印书馆，1965：139.

③ 同①144.

④ 同①14.

⑤ 同①105.

⑥ 同①151.

胡说”，一切所谓神学，不过是“全世界僧侣的欺骗和胡说八道”①。他认为：“迷信、怕超自然的东西和怕死，是人类生存的灾祸，引起人类智力的衰退；全世界的宗教权力依靠它们确立起来。”② 任何宗教神学体系历来都是为不合理的社会制度辩护的，各种僧侣势力是剥削阶级维护其统治的重要工具。只有“经验知识”，即科学才能驱散迷信、怕超自然的东西和怕死所造成的恐怖之夜的黑暗。

建立在资本主义私有制基础上的婚姻制度是扭曲的。欧文提出，建立在资本主义私有制基础上的婚姻制度，根本不是以两性的纯洁的爱情为基础的，而是在私有财产和宗教信仰的基础上形成的许多极为离奇的结合，是以图谋财产为目的的。通奸和卖淫是这种制度的必然产物。这种制度给家庭，特别是给妇女和儿童带来无穷的灾难。欧文指出，这种资本主义婚姻制度和资本主义私有制一样必须加以消灭。

欧文所设计的未来理想社会的方案，是建立在公有制基础上的合作公社。这种合作公社，也称为新和谐公社等。欧文在他的著作中对合作公社制度有详细的描述。

新和谐公社

① 欧文．欧文选集（下卷）．北京：商务印书馆，1965：174，11.

② 同①9.

一是规定了合作公社的基本原则和组织形式。欧文认为，“在合理组织起来的社会里，私有财产将不再存在”，而“有科学根据的财产公有制度”是未来社会的基础。[①] 由于合作公社废除了私有制，也就消灭了阶级、特权、剥削和压迫，从而不再有资本家和工人，不再有贫富差别。由于生产资料公有，生产力将可以无限发展，产品将迅速增加。按照欧文的方案，公社是“全新的人类社会组织的细胞”，是“人类社会整个组织的基石”。在合作公社里，“每个成员各尽所能，彼此团结互助，而公社与公社之间也用同样方式彼此往来”[②]。合作公社把城市和农村的一切优点都集中在一起，使它既有城市现代化生产和生活设施，又有农村的自然风光，成为一个城乡和谐的完美整体。根据合作公社的组织法规定，公社的最高权力属于全体社员大会，一切重大问题都由社员大会讨论决定，公社废除国家机器，没有军队、警察、法庭和监狱。

二是对合作公社制度下的生产、分配和交换做了充分的论证。合作公社制度下的生产，是在公有制的基础上有计划地组织集体生产，主要生产是农业，同时兼营工业。公社实行义务劳动、联合劳动，没有享受脱离生产劳动特权的人，也没有游手好闲的人，每个公社成员都担负适应自己年龄和特长的工作。由于实行公有制和大规模的集体生产，由于科学技术的进步和广泛地应用于生产之中，机器不再是奴役人的工具，生产劳动将变成轻松愉快的活动，社员的生产积极性将大大提高，从而可以促进生产力的无限发展，产品将极大地增加。由于生产目的是直接满足需要，所以丰裕不再会造成贫困，不再会出现生产过剩的经济危机。欧文阐明了两种分配方式：一种是作为过渡措施的劳动公平交易市场中所采取的分配原则，另一种是公社制度下的分配原则。这两种是有所不同的，第一种分配是按照劳动分配，第二种分配是以生产力的高度发展和产品的极大丰富为基础的按需要分配。他认为，在公社制度下，分配不再是什么复杂的问题，而是“将变为分发每日所使用和所消费的物品的简单工作”。合作公社内部不存在交换关系，废除商品，废除买卖。但是在公社与公社之间，还进

---

① 欧文．欧文选集（下卷）．北京：商务印书馆，1979：14，15.

② 同①20，318.

行商品交换。交换的原则是等劳交换，相交换的产品所包含的劳动量要相等，交换工具是代表一定数量劳动的凭证。“货币对于生活在组织合理的社会中和受合理的原则管理的有理性的人来说，是毫无用处的。”①

三是对合作公社制度下的社会生活提出了崭新的观点。欧文主张在合作制度下，应该把城市和乡村结合起来，把工业和农业结合起来，把脑力劳动和体力劳动结合起来，消灭三者之间的差别；要把教育同生产劳动结合起来，培养全面发展的新人；要把婚姻建立在爱情基础之上，实行自由的婚姻制度；要把人口的生产与节制结合起来，制定必要的制度，以防止人口过剩。

四是设计了一条新社会制度的建立途径。欧文坚信，新制度一定会代替旧制度，新制度代替旧制度既不能采用慢慢地、逐步地改变原则和实践的方式，也不能通过暴力推翻现有的政府的方式来进行。他认为，旧社会制度到新社会制度之间要经过一个从前者到后者的转变时期，这个时期被称为过渡时期，只有用和平的方法才能完成这一过渡：“只有用和平的方法，并依靠英明的远见，才能完成这一过渡。试图用暴力来改革政府或社会的性质，都是不能容许的。”其具体的实现办法是，用合作工厂来组织生产，用公平市场来进行分配和交换。先试点，建立模范公社；然后逐步推广到全地区、全郡、全州或全邦；建立公社联盟，使公社联盟“普及整个欧洲，随后再普及世界其他各洲，最后把全世界联合成为一个只被共同的利益联系起来的伟大共和国”②。

欧文对资本主义制度进行了有力而且深刻的批判，他把资本主义比作罪恶之树，主张用斧头砍掉这棵罪恶之树；对新社会制度进行了大胆的设计和实践，坚信资本主义制度必将为合作公社制度所代替。马克思、恩格斯对欧文有过高度的评价，认为欧文猜到了“文明世界的基本缺陷”，并且“对现代社会的**现实**基础进行了深刻的**批判**”③。

“欧文不仅宣传了‘明确的共产主义’，而且还在汉普郡的‘和谐

---

① 欧文．欧文选集（下卷）．北京：商务印书馆，1965：34，63.

② 同①107，148.

③ 马克思，恩格斯．马克思恩格斯文集：第1卷．北京：人民出版社，2009：290.

大厦’这一移民区实行了为期五年（30 年代末 40 年代初）的共产主义，那里的共产主义就其明确性来说是没有什么可挑剔的。”①

【链接】

恩格斯论欧文

转向共产主义是欧文一生中的转折点。当他还只是一个慈善家的时候，他所获得的只是财富、赞扬、尊敬和荣誉。他是欧洲最有名望的人物。不仅社会地位和他相同的人，而且连达官显贵、王公大人们都点头倾听他的讲话。可是，当他提出他的共产主义理论时，情况就完全变了。在他看来，阻碍社会改革的首先有三大障碍：私有制、宗教和现在的婚姻形式。他知道，他向这些障碍进攻，等待他的将是什么：官方社会的普遍排斥，他的整个社会地位的丧失。但是，他并没有却步，他不顾一切地向这些障碍进攻，而他所预料的事情果然发生了。他被逐出了官方社会，报刊对他实行沉默抵制，他由于以全部财产在美洲进行的共产主义试验失败而变得一贫如洗，于是他就直接转向工人阶级，在工人阶级中又进行了30年的活动。当时英国的有利于工人的一切社会运动、一切实际进步，都是和欧文的名字联在一起的。②

19 世纪 30 年代之后，空想社会主义进入最后时期。这一时期空想社会主义的主要代表人物是法国的布朗基、卡贝、德萨米和德国的魏特林。在 19 世纪 40 年代随着马克思主义的诞生和科学社会主义的传播，空想社会主义逐渐失去市场，甚至走向了反面，成为提高无产阶级觉悟的障碍。通过创立唯物史观和剩余价值学说，马克思和恩格斯使社会主义由空想变为科学。

二、空想社会主义的历史地位

空想社会主义人物众多，而且每一个空想社会主义者的思想都涉

---

① 马克思，恩格斯．马克思恩格斯文集：第 9 卷．北京：人民出版社，2009：282.

② 马克思，恩格斯．马克思恩格斯文集：第 3 卷．北京：人民出版社，2009：535－536.

及哲学、经济、政治、历史、宗教、道德、教育以至家庭等各个领域。特别是后期一些空想社会主义者，都企图建立一个属于自己的庞大理论体系。

1. 对资本主义社会弊端的揭露和批判

空想社会主义者批判资本主义制度的历史功绩，首先在于他们在资本主义制度刚刚确立之后，就揭露了这个制度在当时所显现出来的几乎一切弊病，把这个制度日益加深而又不可克服的矛盾提到了人们的面前。他们都抱着深切同情无产阶级的态度，暴露了上层统治阶级的腐败、残暴和无能，诉说了无产阶级和广大劳动人民遭受剥削和奴役的重重苦难。他们在资产阶级欢庆资本主义制度胜利的时候，就对资本主义制度发出了有力的控诉，这是非常发人深省的。例如，马克思在《资本论》中曾三次引用莫尔在《乌托邦》中的论述。圣西门、傅立叶和欧文对资本主义制度的批判，是他们学说中最有价值的部分。马克思、恩格斯非常重视他们的这种批判，并且给予很高的评价。马克思、恩格斯在初期的共产主义宣传中，以及在他们的许多著作里，充分利用了这种批判所提供的材料。例如，1845 年马克思、恩格斯在同“真正社会主义”反动思潮的斗争中，就曾拟订过出版英法两国空想社会主义优秀著作的计划。当时出版的、由恩格斯翻译并写了前言和结束语的《傅立叶论商业的片断》，就是该计划的一部分。马克思、恩格斯之所以特别重视圣西门、傅立叶和欧文所做的这种批判，是因为这种批判抨击了资本主义社会的全部基础，“提供了启发工人觉悟的极为宝贵的材料”①。

【链接】

恩格斯论傅立叶

我们在傅立叶那里就看到了他对现存社会制度所作的具有真正法国人的风趣的、但并不因此就显得不深刻的批判。傅立叶抓住了资产阶级所说的话，抓住了他们的革命前的狂热预言者和革命后得到利益的奉承者所说的话。他无情地揭露资产阶级世界在物质上和道德上的

① 马克思，恩格斯．马克思恩格斯文集：第 2 卷．北京：人民出版社，2009：63.

> 贫困，他不仅拿这种贫困同以往的启蒙学者关于只应由理性统治的社会、关于能给所有的人以幸福的文明、关于人类无限完善化的能力的诱人的诺言作对比，而且也拿这种贫困同当时的资产阶级意识形态家的华丽的词句作对比；他指出，同最响亮的词句相对应的到处都是最可怜的现实，他辛辣地嘲讽这种词句的无可挽救的破产。傅立叶不仅是批评家，他的永远开朗的性格还使他成为一个讽刺家，而且是自古以来最伟大的讽刺家之一。他以巧妙而诙谐的笔调描绘了随着革命的低落而盛行起来的投机欺诈和当时法国商业中普遍的小商贩习气。他更巧妙地批判了两性关系的资产阶级形式和妇女在资产阶级社会中的地位。他第一个表述了这样的思想：在任何社会中，妇女解放的程度是衡量普遍解放的天然尺度。①

圣西门指出，在资本主义社会里，“黑白颠倒”，暗无天日，统治阶级昏庸无能，有才能的人被压制，善良的公民遭涂炭。剥削阶级骄奢淫逸，巧取豪夺，不断增加“多余的财富”，而劳动人民则朝不保夕，挣扎在死亡线上。欧文通过对资本主义企业赢利的计算，揭露了资本家对工人的残酷剥削。在资本主义制度下，劳动者创造的巨额财富，大部分落入了资本家的私囊，造成了工人阶级挨饿受冻，日益贫困。欧文痛斥英国资本主义社会是“知识与无知的结合，富贵与贫困的结合，奢侈与忍辱受苦的结合”。傅立叶不仅把资本主义制度造成的沉重灾难同革命前启蒙学派的华美诺言相对照，同革命后资本主义制度卫道士的颂词相对照，机智有力地戳穿了这些华美诺言和颂词的虚伪，深刻地暴露了资本主义社会的惊人矛盾，而且还把资本主义制度同先前的剥削制度相对照，在一定程度上洞察到了资本主义制度的实质。傅立叶一针见血地指出，贫困是由富裕本身产生的。资产阶级的文明不过是“复活的奴隶制”。正是这种制度，使得“贫困、失业、竞相欺诈、海上掠夺、商业垄断、把人拐去当奴隶”等灾难层出不穷。但是，傅立叶最了不起的地方表现在他对社会历史的看法上。

空想社会主义者尽管没有科学揭示资本主义制度产生的种种罪恶

① 马克思，恩格斯．马克思恩格斯文集：第3卷．北京：人民出版社，2009：531-532.

的根本原因，但是，他们从不同角度进行了努力探索和思考，给人以启发。例如，圣西门分析了造成资本主义社会无数灾祸的原因主要是，人们的活动都是分散孤立进行的，指出社会有两个值得畏惧和仇视的敌人——无政府状态和专横霸道。傅立叶尖锐地抨击了资本主义生产无政府状态所造成的生产力浪费和无穷的灾难，并由此得出了资本主义危机不可避免的结论。正是在对资本主义进行这种批判的基础上，傅立叶进一步论证了协作的优越性和必然性。欧文认为，造成资本主义社会无穷灾难的主要原因是私有制，他尖锐地指出，私有制使人变成魔鬼，使全世界变成地狱。对于欧文的这种批判，马克思、恩格斯非常赞赏，认为他在这里猜到了“文明世界”的根本缺陷。

空想社会主义者对资本主义制度批判的积极意义，还在于他们由此得出了必须否定资本主义制度的结论。在他们看来，既然资本主义制度是如此丑恶，如此令人失望，那么，对资本主义制度加以否定，就是自然而然的结论了。因此，圣西门指出，资本主义时代是“过渡时代”；傅立叶郑重提出，应该怀疑资本主义制度，怀疑它的必要性、它的优越性以及它的永久性；欧文则宣布，资本主义制度已经过时，迫切要求进行人类事业中的巨大变革。

总之，三大空想社会主义者对资本主义制度的批判，无情地抹掉了资本主义的绚丽油彩，在这个制度刚刚诞生，就预示了它必然灭亡。但是，这种批判还停留在感性认识阶段，没有揭露出资本主义制度的本质。因此，它虽然为工人阶级觉醒提供了启蒙教材，却不能为工人阶级的解放指明真正的出路。

2. 对未来社会的设想和主张

尽管空想社会主义者在资本主义还不发达的时代“不得不从头脑中构想出新社会的要素”①，但是他们“处处突破幻想的外壳而显露出来的天才的思想萌芽和天才的思想”②，体现了不少“共产主义思想的微光”。列宁曾指出，马克思学说的产生“正是哲学、政治经济学和

① 马克思，恩格斯．马克思恩格斯文集：第9卷．北京：人民出版社，2009：282.

② 马克思，恩格斯．马克思恩格斯文集：第3卷．北京：人民出版社，2009：529.

社会主义极伟大的代表人物的学说的直接**继续**”[①]。空想社会主义者的哲学思想，基本上体现了旧唯物主义的精神。马克思、恩格斯曾经指出，18 世纪的巴贝夫主义者是粗鲁的、不文明的唯物主义者，19 世纪初期的傅立叶、欧文等人是直接从法国唯物主义者出发的，19 世纪 30—40 年代的空想社会主义者德萨米等把唯物主义学说当作现实的人道主义学说和共产主义的逻辑基础加以发展。“**费尔巴哈**在**理论**领域体现了和**人道主义**相吻合的**唯物主义**，而法国和英国的**社会主义**和**共产主义**则在**实践**领域体现了这种和人道主义相吻合的唯物主义。”[②]

在政治思想方面，空想社会主义者批判了建立在私有制基础上的社会政治制度，特别是批判了封建专制制度和资产阶级民主制度，揭露了资产阶级的“自由”、“平等”和“博爱”的虚伪性，指出资产阶社会的法律只是统治阶级意志的体现。他们在设计未来的社会经济制度的同时，也设计了未来社会的政治制度；在描述理想国度中人们的经济生活的同时，也描述了理想国度中人们的政治生活。从未来社会的国体和政体、国家职能、民主和法制问题直到国家消亡问题，空想社会主义者都提出了不少有价值的见解。特别值得注意的是，当莫尔式的空想社会主义者反对阶级斗争、拒绝政治行动和幻想通过和平途径改造社会的时候，闵采尔式的空想社会主义者却对阶级斗争问题、建立革命组织问题、暴力革命和武装夺取政权问题、专政问题等提出了不少独到的见解。为建立“平等共和国”，巴贝夫提出了人民革命、武装起义推翻旧制度、劳动者革命专政、人民政权、建立“平等共和国”需要过渡阶段等思想。

在历史是否不断进步和历史发展有没有规律的问题上，圣西门不仅提出了历史不断进步和有规律可循的思想，而且用史实驳斥了认为奴隶社会比原始社会退步、中世纪落后于古希腊罗马的错误观点。在傅立叶看来，历史是一个有规律的发展过程，每一个阶段都不会停止下来，而力求发展到一个更高的阶段。社会运动像空气和水一样，如果停止运动，就会变臭。人类历史发展的每个阶段都有上升时期和下降时期，整个人类历史也有上升阶段和下降阶段，这在一定程度上猜

---

① 列宁．列宁专题文集·论马克思主义．北京：人民出版社，2009：67.

② 马克思，恩格斯．马克思恩格斯文集：第 1 卷．北京：人民出版社，2009：327.

测到了历史辩证法的特征。从历史的发展和有规律的思想出发，傅立叶辛辣地嘲笑了鼓吹资本主义制度永存的观点。他指出，在历史上，蒙昧制度、宗法制度、野蛮制度和文明制度不过是痛苦多难的一些荆棘丛生的小道，不过是上升到更完美的社会制度的阶段而已，而资本主义制度已经处于文明制度的衰落阶段，把衰落的东西看成永恒存在的东西，是太可笑的。恩格斯对此给予高度的评价，指出“傅立叶最伟大的地方是表现在他对社会历史的看法上”，傅立叶“巧妙地掌握了辩证法”，“正如康德在自然科学中提出了地球将来要归于灭亡的思想一样，傅立叶在历史研究中提出了人类将来要归于灭亡的思想”。在什么是决定历史发展的动力这个根本问题上，圣西门试图从生产发展的需求中寻找答案，提出把对人的统治变成对自然界的支配的思想，主张“政治学就是关于生产的科学，也就是目的在于建立最有利于各种生产的事物秩序的科学”[①] 等，在一定程度上猜测到了物质生活资料的生产对于历史发展的决定作用。傅立叶把历史划分为蒙昧制度、宗法制度、野蛮制度和文明制度。他在分析这些社会制度时表明，不同的社会制度是和生产发展的不同阶段相联系的。

虽然空想社会主义者不懂得阶级斗争是阶级社会发展的动力，但是他们有的也看到了无产阶级与资产阶级的对立和斗争。在他们对历史事件的客观叙述中，关于阶级和阶级斗争的存在及意义，也有一些有价值的论述。早在 1802 年，圣西门就曾看到，在法国大革命中，不仅存在着资产阶级反对封建贵族的斗争，而且还存在着无产阶级反对封建贵族和资产阶级的斗争。他指出，当时雅各宾专政的“恐怖统治是无财产的群众统治”。恩格斯对此极为称赞，指出这是“极为天才的发现”。

【链接】

恩格斯论圣西门

认识到法国革命是阶级斗争，并且不仅是贵族和资产阶级之间的，而且是贵族、资产阶级**和无财产者**之间的阶级斗争，这在1802年是极为天才的发现。在1816年，圣西门宣布政治是关于生产的科学，

---

① 圣西门．圣西门选集（上卷）．北京：商务印书馆，1962：211.

并且预言政治将完全溶化在经济中。如果说经济状况是政治制度的基础这样的认识在这里仅仅以萌芽状态表现出来，那么对人的政治统治应当变成对物的管理和对生产过程的领导这种思想，即最近纷纷议论的“废除国家”的思想，已经明白地表达出来了。同样比他的同时代人高明的是：在1814年联军刚刚开进巴黎以后，接着又在1815年百日战争期间，他声明，法国和英国的同盟，其次这两个国家和德国的同盟，是欧洲的繁荣和和平的唯一保障。在1815年向法国人鼓吹去和滑铁卢会战的胜利者建立同盟，这确实既要有勇气又要有历史远见。①

在批判资本主义制度的基础上，对未来社会改革，空想社会主义者提出了各自的主张方案。他们的方案，虽然都是“空中楼阁”，都有许多想入非非的东西，但是，正如马克思指出的，其中也包含有“对新世界的预测和幻想的描述”，即他们对未来社会所提出的一系列积极主张。

康帕内拉在空想社会主义者中第一次提出了劳动没有贵贱之分、劳动光荣的思想，强调教育与劳动相结合，重视科技在社会中的作用。摩莱里提出了要消灭脑力劳动和体力劳动的差别，劳动是幸福的事业，“同心协力使劳动变成了有趣和轻松的活动”。圣西门提出了一切人都应当劳动的积极主张，实际上提出了不劳动者不得食的思想。关于未来社会的分配原则，圣西门提出，“要各按其能，各按其劳”。这里，已经隐约反映出他对社会主义“各尽所能，按劳分配”原则的猜测。

傅立叶提出未来社会要以自由劳动和协作为出发点，要求取消雇佣劳动，把劳动和享受统一起来。在未来社会里，当人们都能按照自己的兴趣劳动，劳动就恢复了它本身的面貌，变成一种享受。傅立叶的这些思想是非常深刻、非常宝贵的。他在这里所表述的，实际上就是要求最终消灭分工、把劳动变成人们生活的第一需要的思想。恩格斯对此极为称赞，把傅立叶的这种理论称为“第一个确立了社会哲学的伟大原理”。

---

① 马克思，恩格斯．马克思恩格斯文集：第3卷．北京：人民出版社，2009：530-531.

欧文提出了消灭工农、城乡、体力劳动和脑力劳动之间三大差别的思想，以及教育与生产劳动相结合的思想。欧文的这种思想，受到马克思的高度评价，指出："正如我们在罗伯特·欧文那里可以详细看到的那样，从工厂制度中萌发出了未来教育的幼芽，未来教育对所有已满一定年龄的儿童来说，就是生产劳动同智育和体育相结合，它不仅是提高社会生产的一种方法，而且是造就全面发展的人的唯一方法。"①

欧文还提出了消灭货币和实行按需分配的思想，播撒了创办合作工厂的种子。曾经在英国出现的合作工厂、合作社的试验，都是欧文合作制思想的产物。马克思对此十分称赞，指出对这些伟大的社会试验的意义不论给予多么高的估价都是不算过分的。

新拉纳克外景，公社的模型

空想社会主义模糊地认识到社会发展是有规律可循的，并初步探索了社会发展的规律性和特点。空想社会主义者在对资本主义进行批判和对新社会进行设计的时候，对人类社会从低级到高级的发展过程有一个直观的认识，他们初步认识到了人类社会发展的规律性，并且

① 马克思，恩格斯．马克思恩格斯文集：第5卷．北京：人民出版社，2009：556-557.

明确地指出了资本主义社会不是永恒的社会，只是向更为美好的社会进步的一个暂时阶段，并且还试图从经济方面说明人类历史发展的原因。空想社会主义者的这些思想包含了辩证法和唯物论的某些因素，在对人类社会发展过程的论述中还萌发了一些微弱的历史唯物主义幼芽。

马克思、恩格斯对空想社会主义有过高度的评价，特别是对 19 世纪三大空想社会主义者进行了高度的赞扬。恩格斯指出："德国的理论上的社会主义永远不会忘记，它是站在圣西门、傅立叶和欧文这三个人的肩上的。虽然这三个人的学说含有十分虚幻和空想的性质，但他们终究是属于一切时代最伟大的智士之列的，他们天才地预示了我们现在已经科学地证明了其正确性的无数真理。"①

三、空想社会主义的历史局限性

空想社会主义者在理论上的根本缺陷，首先表现在他们坚持理性支配世界的唯心史观。这种历史观，颠倒了政治制度、法律同经济条件的关系。他们认为，一个国家的政治制度、法律决定其经济状况，而政治制度、法律的好与坏，又取决于人的理性。因此，在他们看来，只有进行完善的道德教育，改善人们的理性，才能保证有好的政治制度和法律，才能最终实现理想的社会。这样，他们便把决定历史发展的最终动力归结为理性了。圣西门认为，决定历史发展和构成每一时代历史主要内容的东西，是知识、科学的理性；而把握历史发展的实质就是概括人类理性发展的级数的各项。因此，在他看来，理性是推动历史进步的最终动力。不难看出，圣西门的历史观，就其实质来说，完全是启蒙学者的"意见支配世界"的翻版。从这种观点出发，必然陷入唯心论的泥坑，从而背离他曾提出的历史发展有规律的正确见解。

无论是对资本主义社会的批判还是对未来新社会的构想，空想社

---

① 马克思，恩格斯．马克思恩格斯文集：第 2 卷．北京：人民出版社，2009：218.

新拉纳克遗址

会主义者依据的都是人类的理性和正义等普遍原则，他们更倾向于从道德上揭露资本主义社会的弊端和设计未来社会的蓝图，而不了解社会发展的客观规律和资本主义的本质，更不能科学地得出社会主义代替资本主义的历史必然性结论。空想社会主义者从理性支配世界和天才论的唯心史观出发，认为变革资本主义制度的根本障碍是理性的迷误和先前没有出现解除这种迷误的天才人物。莫尔的乌托邦中的乌托普，康帕内拉的太阳城中的“太阳”，维拉斯的塞瓦兰中的塞瓦利斯，摩莱里的巴齐里阿达中的“仁慈的君主”，卡贝的伊加利亚中的伊加尔，魏特林的和谐与自由社会中的耶稣基督第二，都是这一类救世主。即使是坚持暴力革命思想的闵采尔，其理论体系也带有浓厚的神学和神秘主义色彩。温斯坦莱宣扬非暴力主义，主张建立自由共和国不用刀剑和战斗，而是应该忍耐。巴贝夫、摩莱里、马布利等人从小生产者思想出发，“倡导普遍的禁欲主义和粗陋的平均主义”①。

圣西门不仅鼓吹在资本家和封建贵族之间实行阶级合作，而且鼓吹在劳动者和剥削者之间实行阶级合作。欧文认为，对于人性的正确认识将消除人间的一切仇恨和愤怒，并为新的社会制度铺平道路。因

① 马克思，恩格斯．马克思恩格斯文集：第2卷．北京：人民出版社，2009：62.

第三章

马克思和恩格斯科学社会主义的创立

自16世纪初到19世纪40年代，空想社会主义走过了300多年的历程。犹如探索需要曙光那样，伴随资本主义社会的发展，空想社会主义赖以存在的社会历史条件发生了重大改变，无产阶级解放运动热切期盼新的思想理论，社会主义从空想走向科学成为时代的召唤。19世纪40年代，资本主义的发展和无产阶级反对资产阶级斗争的实践提出的重大课题，是把社会主义和工人运动结合起来，并为社会主义奠定科学的理论基础。回应这一需要，马克思和恩格斯积极参加工人运动，进行艰苦的理论探索和研究，坚持辩证唯物主义和历史唯物主义的世界观和方法论，科学分析资本主义社会的内在矛盾，深刻揭示历史发展的客观规律，在创立唯物史观和剩余价值学说的基础上，把社会主义从空想变为科学，完成了社会主义思想史上的伟大变革。

一、科学社会主义创立的社会历史条件

科学社会主义并非凭空产生。它基于特定的社会历史条件和客观的社会历史需要，经马克思和恩格斯积极参加革命实践和进行艰苦卓绝的理论创造而形成。科学社会主义理论诞生的标志是1848年2月

《共产党宣言》的发表。

1. 科学社会主义创立的历史条件

科学社会主义产生于19世纪40年代，它是当时西欧资本主义制度矛盾激化的产物。19世纪三四十年代，资本主义生产方式已经在英、法等欧洲国家占据统治地位。资本主义制度的确立和巩固，进一步促进了资本主义大工业的发展。随着资本主义大工业的发展，资本主义制度的基本矛盾日益显露。资本主义基本矛盾当时突出的表现，就是被马克思、恩格斯称为“社会瘟疫”的周期性的经济危机。1825年英国爆发了第一次全国性经济危机，1836年再次爆发经济过剩的危机并波及美国。1847年的经济危机则席卷了整个资本主义世界。周期性的经济危机使社会生产力遭到巨大破坏，给无产阶级和劳动群众带来了深重的灾难。

【链接】

资本主义基本矛盾的激化

在我们这个时代，每一种事物好像都包含有自己的反面。我们看到，机器具有减少人类劳动和使劳动更有成效的神奇力量，然而却引起了饥饿和过度的疲劳。财富的新源泉，由于某种奇怪的、不可思议的魔力而变成贫困的源泉。技术的胜利，似乎是以道德的败坏为代价换来的。随着人类愈益控制自然，个人却似乎愈益成为别人的奴隶或自身的卑劣行为的奴隶。甚至科学的纯洁光辉仿佛也只能在愚昧无知的黑暗背景上闪耀。我们的一切发明和进步，似乎结果是使物质力量成为有智慧的生命，而人的生命则化为愚钝的物质力量。现代工业和科学为一方与现代贫困和衰颓为另一方的这种对抗，我们时代的生产力与社会关系之间的这种对抗，是显而易见的、不可避免的和毋庸争辩的事实。①

工业革命引起社会经济变革，使社会阶级关系发生剧烈变动，伴随着经济危机而来的无产阶级与资产阶级之间的矛盾和斗争加剧。恩格斯指出：“工业革命创造了一个大工业资本家的阶级，但是也创造

① 马克思，恩格斯．马克思恩格斯文集：第2卷．北京：人民出版社，2009：580.

了一个人数远远超过前者的产业工人的阶级。随着工业革命逐步波及各个工业部门，这个阶级在人数上不断增加；随着人数的增加，它的力量也增强了。”①

工业革命产生了工人阶级，也给工人阶级带来了苦难。在工厂里，工人只是机器的简单的附属品，完全失去了人的尊严和自由，失去了劳动的主动性、创造性；大量的妇女和儿童被卷进劳动力市场，破产的手工业者源源不断地流入无产者的行业，庞大的失业大军形成，工人的工资被压得很低，居住条件和工作条件十分恶劣。工人阶级所遭受的无法忍受的苦难，迫使其走上反抗的道路。

由于资本主义社会基本矛盾不断激化，无产阶级与资产阶级的矛盾也日趋尖锐，到 19 世纪三四十年代，西欧社会的主要矛盾已由人民大众与封建势力的矛盾转化为无产阶级与资产阶级的矛盾，无产阶级在政治斗争中已经从资产阶级反对封建势力的同盟军，成长为独立的政治力量而登上历史舞台，成为继封建主阶级和资产阶级之后第三个争夺统治权的斗士。

工人阶级反对资产阶级的斗争，经历了从产业革命初期破坏机器的自发斗争到自觉斗争的过程。到 19 世纪三四十年代，西欧的工人阶级思想中，逐步有了关于阶级斗争、大罢工、摆脱议会民主幻想等新因素，开始发展到有组织的、大规模的政治罢工和武装起义，其中最著名的是：1831 年和 1834 年法国里昂纺织工人起义、1836—1848 年英国工人掀起的宪章运动、1844 年 6 月德国西里西亚纺织工人起义。

这三次大规模的工人起义和工人运动虽然都失败了，但却开辟了无产阶级反对资产阶级斗争的新纪元。它表明无产阶级作为一种新的政治力量，迫切需要一种能够代表它的利益、反映它的主张的新的革命的理论。

2. 科学社会主义的思想来源

科学社会主义的根源虽然深藏在物质的经济的事实之中，但它必

---

① 马克思，恩格斯．马克思恩格斯文集：第 3 卷．北京：人民出版社，2009：516.

须首先从已有的思想材料出发。应该说，人类全部优秀文化成果都是马克思主义的思想来源，而德国古典哲学、英国古典政治经济学、英法空想社会主义和法国复辟时期的历史学，则是科学社会主义主要的、直接的理论来源。

产生于 18 世纪末 19 世纪初的德国古典哲学，反映了德国资产阶级的愿望和要求，它的主要代表是黑格尔和费尔巴哈。黑格尔是德国著名的唯心主义哲学家，对辩证法做出了重要贡献。他认为整个世界处于不断运动、变化和发展之中，矛盾是发展的内在根源。这种辩证法思想是黑格尔哲学中的“合理内核”。但是，在黑格尔哲学中，辩证运动的主体不是客观存在的物质，而是“绝对精神”。他的辩证法是为论证他的唯心主义哲学体系服务的。费尔巴哈批判了黑格尔的唯心主义哲学体系，使唯物主义重新登上王座。他认为自然界是人类赖以生存的基础，它不依赖于任何精神而独立存在；精神是物质的产物，人的意识和思想不过是物质的器官即人脑的产物。这种唯物主义观点是费尔巴哈的“基本内核”。但他的唯物主义是机械的、形而上学的；在解释社会历史现象时，从人性论的观点出发，这就陷入了唯心主义。马克思和恩格斯批判地吸收了德国古典哲学中黑格尔的辩证法和费尔巴哈的唯物主义的合理部分，抛弃了黑格尔的唯心主义体系和费尔巴哈的形而上学及其唯心史观，创立了无产阶级的世界观——辩证唯物主义和历史唯物主义。

关于对资本主义社会阶级关系的经济分析，马克思曾指出：“无论是发现现代社会中有阶级存在或发现各阶级间的斗争，都不是我的功劳。在我以前很久，资产阶级历史编纂学家就已经叙述过阶级斗争的历史发展，资产阶级经济学家也已经对各个阶级作过经济上的分析。”① 这里的“资产阶级经济学家”指的就是英国古典政治经济学家。英国古典政治经济学由威廉·配第创立，经过亚当·斯密的发展，到大卫·李嘉图完成。“他们代表着一个还在同封建社会的残余进行斗争、力图清洗经济关系上的封建污垢、提高生产力、使工商业获得新的发展的资产阶级。”② 他们最积极的成果是提出并论证了劳动

① 马克思，恩格斯．马克思恩格斯文集：第 10 卷．北京：人民出版社，2009：106.

② 马克思，恩格斯．马克思恩格斯文集：第 1 卷．北京：人民出版社，2009：615.

价值论。英国古典政治经济学说明了商品的价值是由生产商品的劳动量（时间）决定的，劳动是价值的源泉，劳动所创造的价值是工资、地租和利润的源泉，这为人们研究资本主义经济规律、揭露资本主义剥削的秘密，研究资本主义社会阶级状况提供了有益的材料。虽然他们没有形成“剩余价值”的概念，但对剩余价值的具体形态所做的详细探讨，为研究剩余价值提供了一些有价值的思想。但由于时代和阶级的局限，他们不能科学地说明资本家利润的真正来源，错误地认为商品的价值是由工人和资本家共同创造的，从而掩盖了资本主义剥削的本质。马克思在他们的劳动价值论基础上，提出了剩余价值学说，揭露了资本家剥削的秘密，创立了马克思主义政治经济学。

19 世纪空想社会主义的积极思想成果，在社会主义思想史上占有重要的地位，是科学社会主义的直接思想来源。三大空想社会主义者对资本主义的批判在广度和深度上都达到了前所未有的水平，成为空想社会主义思想中最突出、最精彩、最有生命力的一部分。马克思和恩格斯把他们的学说称为“批判的空想的社会主义和共产主义”。他们的主张和预测尽管在当时很不现实，但显示了他们天才的智慧和远大的眼光，预示了马克思和恩格斯后来“科学地证明了其正确性的无数真理”①。他们的批判，对于人们认识资本主义的本质，对于提高工人的思想觉悟，起到了积极的作用。空想社会主义是社会主义理论的初级形态，是人类思想史上进步的思想体系。它在资本主义社会阶级矛盾尖锐化以前，在无产阶级进入有意识、有组织的经济斗争和政治斗争以前，是无产阶级的“征兆、表现和先声”②，为科学社会主义的创立在客观上做了理论准备。

此外，法国复辟时期历史学家在用资产阶级自由主义观点解释历史时，用阶级斗争观点撰写的有关法国大革命的历史著作，也为科学社会主义的创立提供了理论的前提。

总之，德国古典哲学、英国古典政治经济学、英法空想社会主义和法国复辟时期的历史学关于阶级和阶级斗争的杰出思想构成了 19 世纪上半叶欧洲特殊的理论环境。它们在理论上取得的成就和所犯的

---

① 马克思，恩格斯．马克思恩格斯文集：第 2 卷．北京：人民出版社，2009：218.

② 列宁．列宁专题文集·论资本主义．北京：人民出版社，2009：74.

错误、已经解决和尚未解决的问题，都成为孕育科学社会主义诞生的沃土。

3. 马克思和恩格斯的早期实践

工人运动的发展需要科学的理论指导。作为资本主义初期无产阶级和资产阶级的斗争还不发展的时候的理论表现，空想社会主义不能起到这种指导作用。它认识不到工人阶级的革命性和历史使命，也不能揭示社会主义代替资本主义的历史规律。适应新的时代需要，为无产阶级锻造新的理论武器和提供科学指导的任务，历史性地落在了马克思和恩格斯身上。

马克思（1818—1883）出身于颇有名望的律师家庭，受到了很好的家庭和学校教育。早在中学时代，马克思就树立了为人类幸福而奋

马克思（1866 年）

斗的理想信念。他在中学毕业论文《青年在选择职业时的考虑》中就抒发了自己的这种理想信念："如果我们选择了最能为人类而工作的职业，那么，重担就不能把我们压倒，因为这是为大家作出的牺牲；那时我们所享受的就不是可怜的、有限的、自私的乐趣，我们的幸福将属于千百万人，我们的事业将悄然无声地存在下去，但是它会永远发挥作用，而面对我们的骨灰，高尚的人们将洒下热泪。"① 到大学毕业时，他的哲学世界观是唯心主义，政治立场则是资产阶级民主主义。

马克思大学毕业后到《莱茵报》工作，有机会接触普鲁士的社会现实。封建统治者对贫苦农民的仇视态度使他们陷入悲惨的生活境地，这样的事实深深触动了马克思，他奋不顾身地为贫苦农民申辩。由于与封建统治者的矛盾不可调和，马克思被迫退出了《莱茵报》。

后来，马克思流亡巴黎，与他人合办《德法年鉴》。马克思发表在《德法年鉴》上的两篇论文即《〈黑格尔法哲学批判〉导言》和《论犹太人问题》，标志着马克思完成了从唯心主义向唯物主义、从革命民主主义向共产主义的转变。这两篇论文既是马克思完成立场转变的标志，又是马克思创立科学社会主义的开端。在《〈黑格尔法哲学批判〉导言》中，马克思首次提出了关于无产阶级历史使命的观点，而这一观点是科学社会主义的主要的一点。马克思写道："批判的武器当然不能代替武器的批判，物质力量只能用物质力量来摧毁；但是理论一经掌握群众，也会变成物质力量。""哲学把无产阶级当做自己的物质武器，同样无产阶级也把哲学当做自己的精神武器。"人的"解放的**头脑**是**哲学**，它的**心脏**是**无产阶级**。哲学不消灭无产阶级，就不能成为现实；无产阶级不把哲学变成现实，就不可能消灭自身"②。列宁指出："马克思学说中的主要的一点，就是阐明了无产阶级作为社会主义社会创造者的世界历史作用。"③

与马克思相比，恩格斯哲学立场和阶级立场的转变具有自己的特点。他中学尚未毕业就遵从父命到商行当实习生，后来到英国的曼彻

---

① 马克思，恩格斯．马克思恩格斯全集：第1卷．北京：人民出版社，1995：459.

② 马克思，恩格斯．马克思恩格斯文集：第1卷．北京：人民出版社，2009：18.

③ 列宁．列宁专题文集·论马克思主义．北京：人民出版社，2009：61.

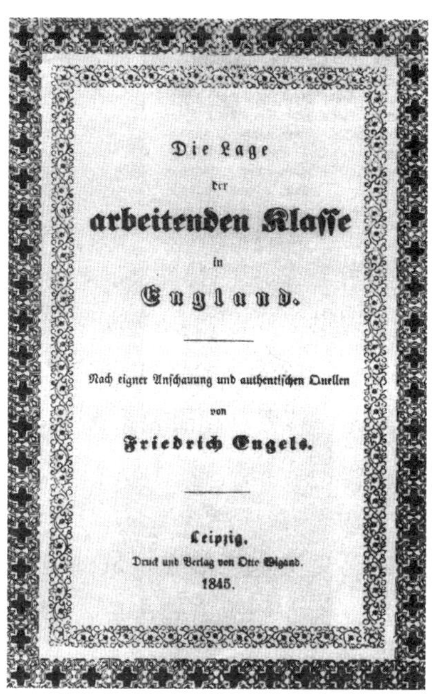
Die Lage
der
arbeitenden Klasse
in
England.

Nach eigner Anschauung und authentischen Quellen
von
Friedrich Engels.

Leipzig.
Druck und Verlag von Otto Wigand.
1845.

《英国工人阶级状况》

斯特从事商务工作。这里是工业革命的发源地，资产阶级对无产阶级的剥削压迫因贪婪、残酷和刻薄而屡遭后世诟病。这样的客观情势对年轻的恩格斯深有触动，促使他的哲学世界观和阶级立场发生急剧的变化。加上英国唯物主义经验论哲学的影响，恩格斯很快便能以哲学唯物主义立场看待英国的社会历史现实，这在他此时写作的系列论文《英国工人阶级状况》中明显地表现出来。生活的国度和工作性质使然，恩格斯较早地以批判的态度接触英国的古典政治经济学，写出了第一篇从无产阶级立场出发的政治经济学文献《国民经济学批判大纲》，这对马克思转向经济学研究有很大启发。恩格斯还实地调查英国无产阶级的生存状况，写出了被马克思一再称赞的《英国工人阶级状况》一书。这部著作的独特价值在于，结论基于客观的经验事实而来，有偏见的资产阶级学者难以辩驳，使科学社会主义理论体系的经验事实基础凸显出来。

1842 年至 1844 年 8 月，马克思和恩格斯在进行科学研究和参加革命的实践中，各自完成了从唯心主义到唯物主义、从革命民主主义到共产主义的转变。

二、科学社会主义理论的创立

1. 唯物史观的创立

1844 年 8 月底，恩格斯从英国曼彻斯特回国的途中，在巴黎第二次会见了马克思。在实现世界观和政治立场彻底转变的基础上，马克思和恩格斯开始了创立崭新世界观科学体系的进程。

1844 年 9 月至 11 月，马克思和恩格斯合著《神圣家族》，开始了他们创立唯物史观的新时期。1845 年春天马克思写的《关于费尔巴哈的提纲》以及 1845—1846 年马克思和恩格斯合作撰写的《德意志意识形态》手稿，是标志马克思主义基本形成的著作。特别是《德意志意识形态》手稿，虽然在他们生前未能出版，但它在科学社会主义创立过程中占有极其重要的地位。

《德意志意识形态》手稿

《德意志意识形态》系统地阐述了唯物主义历史观，科学揭示了人类社会历史发展的规律。这个规律说明，决定和推动人类社会向前发展的，并不是历史唯心主义所宣扬的什么绝对精神，也不是什么天才人物的思想动机，而是社会的生产力和生产关系的矛盾运动。生产力是最活跃、最革命的因素，它总是经常不断地向前发展的。而当生产力发展到一定阶段时，生产力与生产关系之间的矛盾就会激化起来。在阶级社会中，这种矛盾激化的结果，就会引起激烈的阶级斗争，就会引起革命，从而引起生产关系、经济基础的变革。随着经济基础的变革，全部社会的上层建筑必定要或快或慢地变革。至此，一种社会形态就会被更高级的社会形态所代替。

唯物史观发现了人类社会发展的运动规律，为正确认识自然和社会现象、正确认识社会历史发展规律提供了科学的世界观和方法论。在《德意志意识形态》中，马克思和恩格斯在唯物史观基础上对共产主义的论证，已经使他们关于阶级斗争、无产阶级革命以及共产主义代替资本主义的必然性的认识达到了一个新的科学高度。他们通过对社会基本矛盾即生产力与生产关系辩证运动的分析，深刻地揭示了生产力的发展与资本主义私有制之间的尖锐对立，指出资本主义生产关系已成为生产力发展的桎梏，由此导致了阶级斗争的空前激化，这样社会革命就成为不可避免的了。这种科学认识使马克思和恩格斯与空想社会主义以及其他各种资产阶级、小资产阶级的社会主义思潮划清了原则界限。马克思和恩格斯正是从这一唯物史观出发，科学地说明了共产主义代替资本主义的历史必然性，为科学社会主义理论奠定了哲学基础。

与唯物史观的发现相比，剩余价值的发现稍晚一些。在写于 1847 年的《哲学的贫困》和同年为工人群众所做的题为《雇佣劳动与资本》的演讲中，马克思已初步提出了剩余价值思想。

在 1847 年上半年，马克思为批判小资产阶级思想家蒲鲁东而写的《哲学的贫困》一书，以及同年 12 月所做的题为《雇佣劳动与资本》的演说等，在科学社会主义产生史上占有重要地位。他在这部著作和这个演说中，虽然还没有完全形成科学的劳动价值论和剩余价值学说，也没有把“劳动”和“劳动力”、“价值”和“交换价值”等概念完全区别开来，但已经“知道‘资本家的剩余价值’是从哪里‘产生’的”，“已经非常清楚地知道它是**怎样**‘产生’的”[①]。正是由于马克思的经济思想取得了如此重要的进展，他的社会政治理论获得了更

① 马克思，恩格斯．马克思恩格斯文集：第 6 卷．北京：人民出版社，2009：12.

加科学的基础。正如他后来回顾自己的思想发展过程时说的："我们见解中有决定意义的论点，在我的 1847 年出版的为反对蒲鲁东而写的著作《哲学的贫困》中第一次作了科学的、虽然只是论战性的概述。"[①] 马克思认为，劳动力是商品，但它并不向来是商品，只有在资本主义社会，劳动力才成为商品。用于购买这一商品的资本是直接劳动的创造物，决定劳动力商品价格的是劳动力生产和再生产的费用。劳动力商品具有特殊性，独特之处在于它能使购买劳动力的资本家获得额外收入，即在劳动过程中增加的超过劳动者工资的余额，这个余额被马克思称为"劳动剩余"。马克思用统计数据说明，"劳动剩余"客观存在，劳动者的劳动是这一剩余产生的唯一原因。劳动剩余就是剩余价值。发现剩余价值的意义非同小可，它使科学社会主义理论有了客观事实根据，有了基于当下社会生活现实的经验基础。

唯物史观和剩余价值的发现为社会主义从空想到科学的发展提供了前提条件，但更根本和更重要的是发现无产阶级的革命性质。空想社会主义只把无产阶级看作受苦受难的阶级，认为它要摆脱自己的苦难境况只能盼望统治者发善心或空想社会主义者提供的救世良方。马克思批判空想社会主义者看不到无产阶级能够推翻旧社会的革命性的一面，认为无产阶级具有革命性的一面，生活境况、社会地位和自身素质等方面的情况决定了它要获得解放的唯一途径是革命。

2. 共产主义者同盟的建立

19 世纪三四十年代，随着工人运动的发展，欧洲各国出现了一些具有政治性质的工人群众组织。这些组织不同程度上受到各种小资产阶级社会主义等思潮的影响和控制，不能适应工人运动发展的要求。马克思和恩格斯为了改变这种状况，于 1846 年建立了布鲁塞尔共产主义通讯委员会，他们开展了反对魏特林空想社会主义、反对"真正社会主义"、反对蒲鲁东改良主义的斗争，为建立无产阶级政党在组织上和理论上做准备，并使他们已经形成的新世界观和社会斗争学说成为国际性工人革命组织正义者同盟的指导思想。

---

① 马克思，恩格斯．马克思恩格斯文集：第 2 卷．北京：人民出版社，2009：593.

1847 年 1 月，正义者同盟邀请马克思和恩格斯加入并改组同盟，马克思和恩格斯欣然同意。1847 年 6 月，正义者同盟在伦敦举行了第一次代表大会，恩格斯参加了大会。大会决定将“正义者同盟”改名为“共产主义者同盟”，并使用了新的战斗口号：“全世界无产者，联合起来!”

共产主义者同盟是世界上第一个国际性的无产阶级政党。恩格斯受托制定同盟纲领，他以当时工人团体容易接受的教义问答形式写出

马克思和恩格斯（素描）

了《共产主义信条草案》。会后共产主义者同盟各支部对《共产主义信条草案》进行了大讨论。1847 年 11 月，恩格斯又写出《共产主义原理》，以此为同盟的新纲领草案。1847 年 11 月底，共产主义者同盟召开第二次代表大会，马克思和恩格斯都出席了会议，并在关于纲领的讨论中捍卫了科学社会主义原则。受大会委托，他们会后以《共产主义原理》为基础，起草了《共产党宣言》，从而完成了为共产主义

者同盟制定纲领的任务。《共产党宣言》于 1848 年 2 月发表。马克思和恩格斯合著的《共产党宣言》是第一个国际性无产阶级政党——共产主义者同盟的政治纲领，是科学社会主义诞生的标志。

3.《共产党宣言》与科学社会主义基本原理

马克思和恩格斯在《共产党宣言》这部光辉著作中，通过运用他们在哲学、政治经济学以及历史科学等领域里获得的新认识，运用他们所创立的唯物史观，对人类社会特别是资本主义社会进行了科学研究并总结了工人运动的新经验，从而全面阐述了科学社会主义的基本原理。它深刻地揭示了资本主义社会的发展规律，论证了实现社会主义的历史必然性，深刻地揭示了无产阶级的伟大历史使命，论证了阶级斗争、无产阶级革命和无产阶级专政的重要作用，深刻地揭示了共

Manifest

der

Kommunistischen Partei.

Veröffentlicht im Februar 1848.

Proletarier aller Länder vereinigt Euch!

London.

Gedruckt in der Office der „Bildungs-Gesellschaft für Arbeiter"
von J. E. Burghard.
46, Liverpool Street, Bishopsgate.

1848 年《共产党宣言》德文第 1 版

产党的性质和特点，论证了党的领导是无产阶级解放事业走向胜利的根本保证，深刻地批判了各种社会主义流派，从而在国际共产主义运动中真正地树立起了科学社会主义的理论旗帜。

第一，被压迫阶级反对压迫阶级的斗争，是阶级社会发展的直接动力。《共产党宣言》运用唯物史观，阐述了马克思主义关于阶级斗争的理论。它指出，在一切剥削阶级统治的社会里，各个对立阶级之间不断地进行有时隐蔽的、有时公开的斗争，正是这种斗争推动着社会向前发展，并提出了“一切阶级斗争都是政治斗争”的著名原理。

【链接】

《共产党宣言》：阶级斗争是阶级社会发展的直接动力

至今一切社会的历史都是阶级斗争的历史。

自由民和奴隶、贵族和平民、领主和农奴、行会师傅和帮工，一句话，压迫者和被压迫者，始终处于相互对立的地位，进行不断的、有时隐蔽有时公开的斗争，而每一次斗争的结局都是整个社会受到革命改造或者斗争的各阶级同归于尽。

在过去的各个历史时代，我们几乎到处都可以看到社会完全划分为各个不同的等级，看到社会地位分成多种多样的层次。在古罗马，有贵族、骑士、平民、奴隶，在中世纪，有封建主、臣仆、行会师傅、帮工、农奴，而且几乎在每一个阶级内部又有一些特殊的阶层。①

第二，资本主义必然灭亡和共产主义必然胜利，是世界历史发展的必然规律。马克思和恩格斯在阐述资本主义发展过程的基础上，进一步揭示了资本主义灭亡的历史必然性，证明资本主义灭亡是社会基本矛盾运动的必然结果。

【链接】

《共产党宣言》：资产阶级用来推翻封建制度的武器，现在却对准资产阶级自己了

现在，我们眼前又进行着类似的运动。资产阶级的生产关系和交换关系，资产阶级的所有制关系，这个曾经仿佛用法术创造了如此庞

① 马克思，恩格斯．马克思恩格斯文集：第2卷．北京：人民出版社，2009：31－32.

> 大的生产资料和交换手段的现代资产阶级社会，现在像一个魔法师一样不能再支配自己用法术呼唤出来的魔鬼了。几十年来的工业和商业的历史，只不过是现代生产力反抗现代生产关系、反抗作为资产阶级及其统治的存在条件的所有制关系的历史。只要指出在周期性的重复中越来越危及整个资产阶级社会生存的商业危机就够了。在商业危机期间，总是不仅有很大一部分制成的产品被毁灭掉，而且有很大一部分已经造成的生产力被毁灭掉。在危机期间，发生一种在过去一切时代看来都好像是荒唐现象的社会瘟疫，即生产过剩的瘟疫。社会突然发现自己回到了一时的野蛮状态；仿佛是一次饥荒、一场普遍的毁灭性战争，使社会失去了全部生活资料；仿佛是工业和商业全被毁灭了。这是什么缘故呢？因为社会上文明过度，生活资料太多，工业和商业太发达。社会所拥有的生产力已经不能再促进资产阶级文明和资产阶级所有制关系的发展；相反，生产力已经强大到这种关系所不能适应的地步，它已经受到这种关系的阻碍；而它一着手克服这种障碍，就使整个资产阶级社会陷入混乱，就使资产阶级所有制的存在受到威胁。资产阶级的关系已经太狭窄了，再容纳不了它本身所造成的财富了。资产阶级用什么办法来克服这种危机呢？一方面不得不消灭大量生产力，另一方面夺取新的市场，更加彻底地利用旧的市场。这究竟是怎样的一种办法呢？这不过是资产阶级准备更全面更猛烈的危机的办法，不过是使防止危机的手段越来越少的办法。①

第三，埋葬资本主义和建设社会主义，是无产阶级的伟大历史使命。马克思和恩格斯在《共产党宣言》中分析了无产阶级的历史地位，深入论证了无产阶级充当资产阶级掘墓人的历史使命。《共产党宣言》指出，无产阶级是机器大工业的产物，是先进生产力的代表，是最有组织性和纪律性的阶级。在资本主义制度下，无产阶级处于社会的最底层，受剥削压迫最深重，这决定了无产阶级是最革命的阶级。无产阶级的历史使命是领导受压迫的劳苦群众，推翻资本主义制度和建立新社会。

---

① 马克思，恩格斯．马克思恩格斯文集：第2卷．北京：人民出版社，2009：37.

【链接】

《共产党宣言》：资产阶级的灭亡和无产阶级的胜利是同样不可避免的

我们已经看到，至今的一切社会都是建立在压迫阶级和被压迫阶级的对立之上的。但是，为了有可能压迫一个阶级，就必须保证这个阶级至少有能够勉强维持它的奴隶般的生存的条件。农奴曾经在农奴制度下挣扎到公社成员的地位，小资产者曾经在封建专制制度的束缚下挣扎到资产者的地位。现代的工人却相反，他们并不是随着工业的进步而上升，而是越来越降到本阶级的生存条件以下。工人变成赤贫者，贫困比人口和财富增长得还要快。由此可以明显地看出，资产阶级再不能做社会的统治阶级了，再不能把自己阶级的生存条件当做支配一切的规律强加于社会了。资产阶级不能统治下去了，因为它甚至不能保证自己的奴隶维持奴隶的生活，因为它不得不让自己的奴隶落到不能养活它反而要它来养活的地步。社会再不能在它统治下生存下去了，就是说，它的生存不再同社会相容了。

资产阶级生存和统治的根本条件，是财富在私人手里的积累，是资本的形成和增殖；资本的条件是雇佣劳动。雇佣劳动完全是建立在工人的自相竞争之上的。资产阶级无意中造成而又无力抵抗的工业进步，使工人通过结社而达到的革命联合代替了他们由于竞争而造成的分散状态。于是，随着大工业的发展，资产阶级赖以生产和占有产品的基础本身也就从它的脚下被挖掉了。它首先生产的是它自身的掘墓人。资产阶级的灭亡和无产阶级的胜利是同样不可避免的。①

第四，开展无产阶级革命和无产阶级专政，是实现无产阶级历史使命的道路。《共产党宣言》指出，无产阶级要完成自己的伟大使命，必须用暴力推翻资产阶级，建立自己的政治统治的思想。无产阶级的社会革命是为绝大多数人谋利益的运动。用暴力推翻全部现存的社会制度，进行社会革命，是无产阶级实现自己的历史使命、获得解放的根本道路。

---

① 马克思，恩格斯．马克思恩格斯文集：第2卷．北京：人民出版社，2009：43.

【链接】

《共产党宣言》：开展无产阶级革命和无产阶级专政是实现无产阶级历史使命的道路

工人革命的第一步就是使无产阶级上升为统治阶级，争得民主。

无产阶级将利用自己的政治统治，一步一步地夺取资产阶级的全部资本，把一切生产工具集中在国家即组织成为统治阶级的无产阶级手里，并且尽可能快地增加生产力的总量。①

共产党人不屑于隐瞒自己的观点和意图。他们公开宣布：他们的目的只有用暴力推翻全部现存的社会制度才能达到。让统治阶级在共产主义革命面前发抖吧。无产者在这个革命中失去的只是锁链。他们获得的将是整个世界。②

第五，无产阶级政党的正确领导，是实现无产阶级历史使命的根本保证。马克思和恩格斯在《共产党宣言》中第一次阐明了无产阶级政党的基本思想，第一次系统地论述了无产阶级政党的性质和特点，并且为它规定了任务和策略原则，指出：无产阶级政党是由无产阶级中的先进分子组成的，始终代表整个无产阶级的利益，代表整个工人运动的利益；共产党人坚持最高纲领和最低纲领的统一，在为工人阶级的最近目的和利益斗争的同时代表运动的未来，党的最终目的是消灭阶级对立和阶级差别，最终实现共产主义。为了实现社会主义和共产主义，无产阶级政党必须坚持国际主义原则，制定正确的策略，团结一切民主政党，支持一切反对现存社会制度的革命运动。

【链接】

《共产党宣言》：无产阶级政党的正确领导是实现无产阶级历史使命的根本保证

共产党人不是同其他工人政党相对立的特殊政党。

他们没有任何同整个无产阶级的利益不同的利益。

他们不提出任何特殊的原则，用以塑造无产阶级的运动。

共产党人同其他无产阶级政党不同的地方只是：一方面，在无产

① 马克思，恩格斯．马克思恩格斯文集：第2卷．北京：人民出版社，2009：52.

② 同①66.

> 者不同的民族的斗争中，共产党人强调和坚持整个无产阶级共同的不分民族的利益；另一方面，在无产阶级和资产阶级的斗争所经历的各个发展阶段上，共产党人始终代表整个运动的利益。
>
> 因此，在实践方面，共产党人是各国工人政党中最坚决的、始终起推动作用的部分；在理论方面，他们胜过其余无产阶级群众的地方在于他们了解无产阶级运动的条件、进程和一般结果。①
>
> 共产党人为工人阶级的最近的目的和利益而斗争，但是他们在当前的运动中同时代表运动的未来。②

此外，《共产党宣言》还驳斥了资产阶级对共产党人的攻击和诽谤，论证了共产主义革命的一系列重大问题；批判了各种反动的社会主义思潮，并对批判的空想的社会主义和共产主义学说做了科学的评价，分析了各种社会主义流派的阶级实质、产生条件及历史作用；提出了共产党人对各种反对党派的态度；等等。最后，《共产党宣言》提出了充满无产阶级国际主义精神的伟大口号："全世界无产者，联合起来!"

《共产党宣言》对五种社会主义思潮进行了批判。第一种是"封建的社会主义"。这种社会主义之所以是"封建的"，根本原因在于它的眼睛向后看，理论的实质"半是挽歌，半是谤文，半是过去的回音，半是未来的恫吓……它由于完全不能理解现代历史的进程而总是令人感到可笑"③。第二种是"小资产阶级的社会主义"。这种社会主义对资本主义社会有严苛猛烈的批判，但标示的未来发展方向"是反动的，同时又是空想的"④，因为它的主张是回复到旧社会中去。第三种是"德国的或'真正的'社会主义"。这种社会主义是德国历史发育程度低和哲学思维发达的产物。它不是基于历史和现实，而是把英、法两国的社会主义和共产主义思想翻译为抽象难解的哲学概念，实际的社会历史性内容"被完全阉割"，剩下的是"哲学

① 马克思，恩格斯．马克思恩格斯文集：第2卷．北京：人民出版社，2009：44.
② 同①65.
③ 同①54－55.
④ 同①56－57.

幻想”。[①] 第四种是“保守的或资产阶级的社会主义”。这种社会主义的实质是不触动资产阶级的根本制度，在极度狭小的范围内搞一些小打小闹的改良，蒲鲁东《贫困的哲学》可做例证。[②] 第五种是“批判的空想的社会主义和共产主义”。这种社会主义和共产主义的空想性质与其产生时社会历史条件不成熟有直接关系，但其批判性内容极有价值，因而成为科学社会主义理论体系的直接思想资源。

《共产党宣言》第一次比较全面地阐述了科学社会主义的基本理论，体现了科学社会主义形成时期马克思和恩格斯在理论上的最高成就。恩格斯在《共产党宣言》“1890 年德文版序言”中指出：“它无疑是全部社会主义文献中传播最广和最具有国际性的著作。”《共产党宣言》又是一部开创历史新时代的著作。列宁在谈到《共产党宣言》时指出：“这部著作以天才的透彻而鲜明的语言描述了新的世界观，即把社会生活领域也包括在内的彻底的唯物主义、作为最全面最深刻的发展学说的辩证法以及关于阶级斗争和共产主义新社会创造者无产阶级肩负的世界历史性的革命使命的理论。”[③] 《共产党宣言》所阐明的理论和策略为新的时代增添了光辉。列宁在 1895 年评价《共产党宣言》时指出：“这本书篇幅不多，价值却相当于多部巨著：它的精神至今还鼓舞着、推动着文明世界全体有组织的正在进行斗争的无产阶级。”[④]

三、科学社会主义理论的丰富和发展

科学社会主义产生以后经受了 1848—1849 年欧洲革命实践的检验。马克思和恩格斯对无产阶级革命理论和策略思想、对殖民地问题和民族解放运动的理论，有了很大发展。特别是在欧洲革命失败后的十多年里，马克思在极其艰苦的条件下从事政治经济学的研究，并于

---

① 马克思，恩格斯．马克思恩格斯文集：第 2 卷．北京：人民出版社，2009：57－58.

② 同①60－61.

③ 列宁．列宁专题文集·论马克思主义．北京：人民出版社，2009：5.

④ 同③57.

1867 年出版了《资本论》第一卷，为科学社会主义奠定了更加坚实的基础。从 1848 年 2 月欧洲革命爆发到 1867 年《资本论》第一卷出版和其他各卷手稿的完成，是科学社会主义从诞生走向成熟的阶段，科学社会主义理论得到丰富和发展。

1. 1848 年欧洲革命及其经验总结

几乎在《共产党宣言》正式发表的同时，1848 年欧洲资产阶级性质的革命爆发。这场革命席卷了全欧洲。在法国，革命的目标是消灭封建残余以便更快地发展资本主义；德国革命的任务是推翻封建专制，实现国家统一；在意大利，革命的目标是建立统一的民族国家；匈牙利和波兰等国家的革命任务则是反对民族压迫，实现民族独立，为发展资本主义确立基本的历史前提。虽然革命的性质是资产阶级的，但无产阶级积极地参加革命，不少人甚至为此献出了生命，但当无产阶级提出独立的阶级性要求时，取得统治权的资产阶级进行残酷和疯狂的镇压，大量无产阶级革命志士倒在血泊中。1848 年 2 月，以工人为主体的巴黎人民反对金融贵族把持的法国政府，由游行示威发展到武装起义，起义取得胜利，资产阶级共和派掌权。这一政权利用一切手段，刁难、压制和排挤工人阶级。在忍无可忍的情况下，巴黎的无产阶级于 1848 年 6 月 22 日上街游行，23 日举行起义，提出的要求是在人民的参与下制定宪法，建立“民主的社会共和国”。4 万名极端缺少武器的起义者迎战 20 万装备精良的政府军，他们视死如归，浴血奋战，到 26 日，起义终归失败，1 万多人被杀，2 万多人被判刑或流放。与法国接壤的德国于 1848 年 3 月爆发革命。

马克思和恩格斯认真研究了德国革命中的重大问题，并为共产主义者同盟起草了《共产党在德国的要求》。3 月下旬到 4 月初，马克思和恩格斯同 300 多名德国工人分散地秘密潜回德国参加革命。为了指导革命，他们创办了大型日报，即副标题为“民主派机关报”的《新莱茵报》，由马克思任主编。这份报纸成为德国革命中号召和组织群众进行斗争的舆论阵地。恩格斯直接参加了武装斗争，如参加爱北斐特、巴登和普法尔茨等地的武装起义。直接参加革命对马克思和恩格斯来说具有不可替代的重要意义，他们对资产阶级的本质、资本主义社会的内在矛盾和无产阶级革命的道路等问题有了刻骨铭心的理解。他们将这种理解转化为科学社会主义的理论，在革命失败后流亡国外时期写作的一系列文献中表达出来。

Neue
Rheinische Zeitung
Organ der Demokratie.

左图为恩格斯和马克思在《新莱茵报》上发表的文章，
右图为《新莱茵报》终刊号

革命失败后，马克思又开始了流亡生活。他和恩格斯分别于1849年8月和11月到达伦敦。他们组建了共产主义者同盟新的中央委员会，成立了救济流亡者委员会，开展救助工作并推动各地同盟支部恢复工作。他们还筹办了《新莱茵报·政治经济评论》，以便为总结革命经验和开展理论宣传提供阵地。

马克思和恩格斯总结革命经验的论著主要有：他们合写的《共产主义者同盟中央委员会告同盟书》，马克思写作的《1848—1849年》和《路易·波拿巴的雾月十八日》，恩格斯写作的《德国的革命和反革命》。在这些著作中，他们运用唯物史观总结了欧洲1848—1849年革命的经验，进一步发展了马克思主义的国家学说，论述了无产阶级革命必须打碎旧的国家机器的思想，阐发了无产阶级专政的理论，提出了不断革命和工农联盟的思想。

革命是历史的火车头，无产阶级的立场应是将资产阶级民主革命不失时机地转变为无产阶级革命。马克思明确提出了“**革命是历史的火车头**”[①] 的科学论断。他指出：“我们的利益和我们的任务却是要不断革命，直到把一切大大小小的有产阶级的统治全都消灭，直到无产阶级夺得国家政权，直到无产者的联合不仅在一个国家内，而且在世界一切举足轻重的国家内都发展到使这些国家的无产者之间的竞争停止，至少是发展到使那些有决定意义的生产力集中到了无产者手中。对我们说来，问题不在于改变私有制，而只在于消灭私有制，不在于掩盖阶级对立，而在于消灭阶级，不在于改良现存社会，而在于建立新社会。”[②] 鉴于欧洲当时的社会历史情势，无产阶级和农民阶级获得解放唯一正确的途径是革命，这种革命不能仅仅停留于资产阶级反对封建主义的阶段，而是要不断革命，一直到无产阶级获得真正意义的解放。

无产阶级革命的首要任务是打碎资产阶级的国家机器，建立无产阶级专政。欧洲1848年革命的经验教训表明，一旦无产阶级独立地表达自己的阶级意志，资产阶级政权会毫不迟疑地实行“资产阶级恐怖”。鉴于此，马克思后来在一封信中说，无产阶级革命的首要任务是打碎资产阶级的国家机器。马克思在批判“把现代社会理想化”的空论式社会主义时说，科学“社会主义就是**宣布不断革命**，就是无产阶级的**阶级专政**，这种专政是达到**消灭一切阶级差别**，达到消灭这些差别所由产生的一切生产关系，达到消灭和这些生产关系相适应的一切社会关系，达到改变由这些社会关系产生出来的一切观念的必然的过渡阶段”[③]。1852年，马克思在致魏德迈的一封信中，着重强调且系统化了这一极为重要的思想。

【链接】

马克思致魏德迈的信：阶级斗争必然导致无产阶级专政

……至于讲到我，无论是发现现代社会中有阶级存在或发现各阶级间的斗争，都不是我的功劳。在我以前很久，资产阶级历史编纂学

① 马克思，恩格斯．马克思恩格斯文集：第2卷．北京：人民出版社，2009：161.

② 同①192.

③ 同①166.

家就已经叙述过阶级斗争的历史发展，资产阶级经济学家也已经对各个阶级作过经济上的分析。我所加上的新内容就是证明了下列几点：（1）**阶级的存在**仅仅同**生产发展的一定历史阶段**相联系；（2）阶级斗争必然导致**无产阶级专政**；（3）这个专政不过是达到**消灭一切阶级**和进入**无阶级社会**的过渡……①

无产阶级革命胜利的条件之一是建立工农联盟。当欧洲的 1848 年革命爆发时，农民人数还在总人口中占有相当大的比例。在无产阶级革命中，如何认识和对待这一庞大的人口群体？这一群体对于无产阶级革命的胜利具有怎样的影响？这是极为现实又相当重要的问题。马克思总结欧洲 1848 年革命的经验教训，得出的结论是一个伟大的思想：在革命过程中无产阶级的任务之一是与农民结成联盟。马克思以德国的情况为例强调这一思想："德国的全部问题将取决于是否有可能由某种再版的农民战争来支持无产阶级革命。"② 就是说，无产阶级革命胜利的条件之一是建立工农联盟。

虽然上述著作与《共产党宣言》的写作时间相隔较短，但其中蕴含的一系列科学社会主义原理既是《共产党宣言》中相关观点的进一步验证，又是新的革命经验教训的总结和理论升华。

2. 国际工人协会的创立及其影响

1848 年欧洲革命为资产阶级扫清了资本主义发展的障碍，无产阶级的反抗遭到残酷镇压，无产阶级革命运动陷入低潮。这样的时期持续了 10 年左右。1857 年爆发了猛烈冲击资产阶级统治的经济危机。经济危机加剧了各种各样的社会矛盾，无产阶级的生活境况更加困苦不堪，于是无产阶级争取解放的斗争形势重又高涨起来。例如，英国的建筑工人为争取九小时工作制于 1859 年 7 月举行罢工，打破了宪章运动失败以来的沉寂局面。1864 年，法国工人的数次罢工斗争迫使政府废除了禁止工人罢工、集会和结社的反动法令。在德国，无产阶

① 马克思，恩格斯．马克思恩格斯文集：第 10 卷．北京：人民出版社，2009：106.

② 同①131.

级的政治组织全德工人联合会于 1863 年 5 月成立。与此相类似，美国、意大利、比利时、瑞士和西班牙等国的工人群众相继建立了自己的组织。在这样的形势下，1864 年 10 月 11 日，国际工人协会在英国成立。

国际工人协会史称“第一国际”。马克思在国际工人协会的创立过程中发挥了核心作用，是国际工人协会的灵魂和实际领导者。他不仅为这一协会起草了《国际工人协会成立宣言》和《国际工人协会共同章程》，而且协会后来的重要文件均出自马克思之手。

国际工人协会做了大量卓有成效的工作，首先是支持和帮助各国工人阶级的斗争。例如，1868 年 1 月，瑞士日内瓦的建筑工人为实行十小时工作制和增加工资而罢工。资本家以同盟歇业的形式相威逼，关闭建筑工地，使大量工人连同家庭成员陷入衣食无着的境地。在“第一国际”的号召下，各国工人组织纷纷寄来捐款，帮助了日内瓦建筑工人的罢工斗争，迫使资本家答应工人的部分要求。这样的事例还有许多，如英国和法国的工人进行反抗资本家的斗争时就曾得到“第一国际”的实际帮助。

“第一国际”还支持被压迫民族争取民族解放的斗争。在《国际工人协会成立宣言》中马克思指出：工人阶级的责任是面对强权国家的侵略行径时要“洞悉国际政治的秘密，监督本国政府的外交活动，在必要时就用能用的一切办法反抗它；在不可能防止这种活动时就团结起来同时揭露它，努力做到使私人关系间应该遵循的那种简单的道德和正义的准则，成为各民族之间的关系中的至高无上的准则”①。这一原则在协会活动中得到了贯彻。例如，1863—1864 年，波兰人民举行反抗沙皇俄国统治的武装起义，但以失败告终。1865 年初“第一国际”在伦敦举行纪念波兰人民起义两周年大会，声援波兰人民反抗异族统治和争取民族解放的斗争。

与此同时，不少机会主义派别也企图利用国际工人协会达到自己的目的，改变这一组织的发展方向。概括地说，国际工人协会在马克思和恩格斯的指导下先后与蒲鲁东主义、工联主义和巴枯宁主义进行

① 马克思，恩格斯．马克思恩格斯文集：第 3 卷．北京：人民出版社，2009：14.

了斗争。这三种机会主义各有特点，但在本质上都与国际工人协会的指导思想——科学社会主义理论相违背，并且不遗余力和不择手段地反对这一理论。蒲鲁东主义派别以蒲鲁东的思想为旗帜，试图通过“和平改良”的方法，用小生产者的私有制代替资本主义私有制，在政治上则是要求不要政党和政权的所谓绝对自由，实质上是无政府主义。蒲鲁东主义派别以这样的思想为依据，不断地在国际工人协会的代表会议上制造事端，极力排斥马克思和恩格斯的影响，但最终都以失败告终。

3.《资本论》的创作及其对科学社会主义的论证

在积极有效地指导国际工人协会的革命活动和与各种机会主义派别进行斗争的同时，马克思还进行着另一项极其重要的工作，即《资本论》的创作和出版。从 19 世纪 40 年代初开始，马克思一直孜孜不倦地从事政治经济学研究。19 世纪 50 年代和 60 年代，为了迎接无产阶级革命，为无产阶级锻造理论之剑，马克思把主要精力投入这项重要工作上。

1857—1858 年间，马克思以《政治经济学批判》为题写了一部篇幅巨大的经济学手稿，现在被统称为《经济学手稿（1857—1858年)》。在这部手稿中他实现了劳动价值论的科学革命，创立了剩余价值理论，从而实现了他一生科学研究中的第二个伟大发现。剩余价值学说的创立具有“划时代的功绩”，“这个问题的解决使明亮的阳光照进了经济学的各个领域，而在这些领域中，从前社会主义者也曾像资产阶级经济学家一样在深沉的黑暗中摸索。科学社会主义就是以这个问题的解决为起点，并以此为中心的”①。1859 年，他出版了《政治经济学批判·第一分册》，并在这部著作的序言中对他的第一个伟大发现——唯物史观做了经典表述。

1861 年 8 月，马克思以“《政治经济学批判》续”为标题开始写作，到 1863 年 7 月，马克思实际完成的是一部包括 23 个笔记本的内容丰富、卷帙浩繁的手稿。这部手稿现在被称为《经济学手稿

---

① 马克思，恩格斯．马克思恩格斯文集：第 9 卷．北京：人民出版社，2009：212.

Das Kapital.

Kritik der politischen Oekonomie.

Von

Karl Marx.

Erster Band.

Buch I: Der Produktionsprocess des Kapitals.

Hamburg

Verlag von Otto Meissner.

1867.

New-York: L. W. Schmidt, 24 Barclay-Street.

1867 年在汉堡出版的《资本论》德文版第一卷

(1861—1863 年)》。在这部手稿的写作中，1862 年底马克思决定以“资本论”为标题、“政治经济学批判”为副标题发表自己的著作。1863 年 8 月到 1865 年底，马克思以“资本论”为标题，撰写了有关资本主义的生产过程、资本主义的流通过程和总过程的各种形式的《资本论》的第一、二、三册的手稿。从 1866 年开始，马克思着手进行《资本论》第一册即第一卷的最后修改、润色工作。1867 年《资本论》第一卷德文第 1 版由汉堡迈斯纳出版社出版。《资本论》第一卷德文第 1 版出版后，马克思在 1872 年 7 月至 1873 年 4 月以分册形式出版了德文第 2 版，对第 1 版的内容和篇章结构做了修订、完善。马克思还亲自校订并修改出版了具有独立的科学价值的《资本论》第一卷法文版。

马克思为创作《资本论》付出了毕生心血。在长达数十年的辛勤工作中，他克服了常人无法想象的困难。反动当局的迫害、物质生活的窘困、各种疾病的困扰，使他在研究和写作中遇到了重重障碍。为了无产阶级和人类解放事业，马克思以坚韧不拔的毅力迎接挑战。他自始至终一丝不苟，精益求精，使这部巨著成为革命性和科学性完美结合的"艺术的整体"。

【链接】

马克思为创作《资本论》牺牲了健康、幸福和家庭

"我的妻子终于分娩了，可是孩子没有生存能力，当即死去了。这事本身并不算不幸。但是一方面，与这事直接关连的情况在我的幻觉里产生了可怕的印象；另一方面，招致这个后果的情况使我回忆起来极为痛苦。"①

"我的肝病还从来没有这样厉害地发作过，一度曾耽心肝硬化。医生要我去旅行，但是，第一，经济情况不许可，第二，天天希望能够再坐下来工作。总是渴望着手工作而又不能做到，结果倒使得情况恶化了。不过一星期来已有好转，但还不能工作。要是坐上几个钟头，写写东西，过后就得躺好几天不能动。我焦急地盼望这种状况到下星期能够结束。这事来得太不是时候了。显然是我在冬季夜里工作过度所致。"②

"我一直在坟墓的边缘徘徊。因此，我不得不利用我还能工作的**每**时**每**刻来完成我的著作，为了它，我已经牺牲了我的健康、幸福和家庭。"③

"我必须对党负责，不让这部著作为肝病期间出现的那种低沉、呆板的笔调所损害。"④

《资本论》是一部具有划时代意义的巨著。马克思在这部著作中用唯物史观和唯物辩证法揭示了资本主义社会的经济运动规律和资本主义产生、发展、灭亡的规律，阐述了劳动价值理论和剩余价值理论，揭露了资本主义剥削的秘密，根据对资本主义内在矛盾的分析论证了资本主义为共产主义所取代的历史必然性，为科学社会主义奠定

---

① 马克思，恩格斯. 马克思恩格斯全集：第29卷. 北京：人民出版社，1972：143.

② 同①310.

③ 马克思，恩格斯. 马克思恩格斯文集：第10卷. 北京：人民出版社，2009：253.

④ 同③167－168.

了牢固的理论基础。

《资本论》是科学社会主义理论的基础性著作。《资本论》对资本主义生产方式的科学阐释，既为科学社会主义理论提供了资本主义社会生活的经验基础，又为科学社会主义理论提供了逻辑严密因而难以辩驳的科学论证。从这一意义上说，《资本论》的具体内容绝不外在于科学社会主义理论，而是这一理论的有机组成部分。《资本论》中的剩余价值理论是马克思政治经济学的核心理论，揭示了资本主义经济制度的本质。马克思论述了剩余价值生产的起点是货币转化为资本，这种转化的决定性条件是劳动力成为商品，劳动力商品的出现是历史发展的结果；劳动力的价值等于生产和再生产工人及其家属的生活资料的价值；劳动力的使用价值是劳动，它是价值的源泉；雇佣工人在劳动中创造的价值除补偿劳动力的价值外还有剩余，这些剩余价值被资本家无偿占有。马克思认为，资本是能带来剩余价值的价值，是一种特殊历史阶段上的社会生产关系。剩余价值理论科学地揭露了资本主义剥削的秘密，成为科学社会主义理论的有机组成部分。

与此同时，《资本论》也是名副其实的科学社会主义著作。它阐发了科学社会主义的基本原理：

第一，资本主义能比其他社会形态更有效地推动生产力的发展和进步，但它不是生产力发展的绝对形式，它必将被能更有效推动生产力发展的社会形态所代替。马克思在讲到这一点时指出："资本的文明面之一是，它榨取这种剩余劳动的方式和条件，同以前的奴隶制、农奴制等形式相比，都更有利于生产力的发展，有利于社会关系的发展，有利于更高级的新形态的各种要素的创造。因此，资本一方面会导致这样一个阶段，在这个阶段上，社会上的一部分人靠牺牲另一部分人来强制和垄断社会发展（包括这种发展的物质方面和精神方面的利益）的现象将会消灭；另一方面，这个阶段又会为这样一些关系创造出物质手段和萌芽，这些关系在一个更高级的社会形式中，使这种剩余劳动能够同物质劳动一般所占用的时间的更大的节制结合在一起。"①

---

① 马克思，恩格斯．马克思恩格斯文集：第 7 卷．北京：人民出版社，2009：927－928.

【链接】

《资本论》与科学社会主义理论体系的内在联系

社会主义现在已经不再被看做某个天才头脑的偶然发现，而被看做两个历史地产生的阶级即无产阶级和资产阶级之间斗争的必然产物。它的任务不再是构想出一个尽可能完善的社会制度，而是研究必然产生这两个阶级及其相互斗争的那种历史的经济的过程；并在由此造成的经济状况中找到解决冲突的手段……以往的社会主义固然批判了现存的资本主义生产方式及其后果，但是，它不能说明这个生产方式，因而也就不能对付这个生产方式；它只能简单地把它当做坏东西抛弃掉。它越是激烈地反对同这种生产方式密不可分的对工人阶级的剥削，就越是不能明白指出，这种剥削是怎么回事，它是怎样产生的。但是，问题在于：一方面应当说明资本主义生产方式的历史联系和它在一定历史时期存在的必然性，从而说明它灭亡的必然性；另一方面应当揭露这种生产方式的一直还隐蔽着的内在本质。这已经由于**剩余价值**的发现而完成了。已经证明，无偿劳动的占有是资本主义生产方式和通过这种生产方式对工人进行的剥削的基本形式；即使资本家按照劳动力作为商品在商品市场上所具有的全部价值来购买他的工人的劳动

《资本论》第一卷俄译本、法译本和英译本

力，他从这种劳动力榨取的价值仍然比他对这种劳动力的支付要多；这种剩余价值归根到底构成了有产阶级手中日益增加的资本量由以积累起来的价值量。这样就说明了资本主义生产和资本生产的过程。①

第二，资本主义社会发展生产力的过程是为未来的共产主义社会准备物质基础的过程。马克思对这一原理的表述是：资本主义生产方式"是造成毁灭和奴役的祸根，但在适当的条件下，必然会反过来转变成人道的发展的源泉"②。

第三，资本主义必然灭亡是不可逆转的历史趋势。马克思说："生产资料的集中和劳动的社会化，达到了同它们的资本主义外壳不能相容的地步。这个外壳就要炸毁了。资本主义私有制的丧钟就要响了。剥夺者就要被剥夺了。"③

第四，代替资本主义社会的共产主义社会是人与自然和谐的社会。在这里，人的自由真正得到了实现。这种结果的出现源于共产主义社会"合乎自然规律地改造和利用自然"。马克思表述这一原理时说出的话，现在读来仍会让人激动不已。在共产主义社会，"社会化的人，联合起来的生产者，将合理地调节他们和自然之间的物质变换，把它置于他们的共同控制之下，而不让它作为一种盲目的力量来统治自己；靠消耗最小的力量，在最无愧于和最适合于他们的人类本性的条件下来进行这种物质变换"④。

恩格斯在谈到《资本论》时认为："任何人，不管他对社会主义采取什么态度，都不能不承认，社会主义在这里第一次得到科学的论述。"⑤正是由于上述原因，恩格斯将《资本论》称为"工人阶级的圣经"⑥。国际工人协会在《资本论》第一卷正式出版的第二年（1868年）做出决议："建议所有国家的工人都来学习去年出版的卡尔·马克思的《资本论》。"

---

① 马克思，恩格斯．马克思恩格斯文集：第3卷．北京：人民出版社，2009：545.

② 马克思，恩格斯．马克思恩格斯文集：第5卷．北京：人民出版社，2009：563.

③ 同②874.

④ 马克思，恩格斯．马克思恩格斯文集：第7卷．北京：人民出版社，2009：928.

⑤ 马克思，恩格斯．马克思恩格斯全集：第16卷．北京：人民出版社，1964：411-412.

⑥ 同②34.

第四章

科学社会主义理论体系的完善

自19世纪70年代起，资本主义开始由自由竞争阶段向垄断阶段过渡，资本主义制度的内部矛盾以及各主要资本主义国家之间的争夺也不断加剧和激化。1871年巴黎公社革命标志着资产阶级反对封建专制的历史作用已经结束，国际共产主义运动新时期已经来临。在这一阶段，各国建立社会主义政党，教育、训练和组织工人阶级队伍，以准备对资产阶级的斗争，这一任务被提到国际共产主义运动的首要议程。同时，反对各种非无产阶级的社会主义思潮和流派，确立和巩固科学社会主义在工人运动中的领导地位，也是一项迫切的任务。

马克思和恩格斯在参加和指导国际工人阶级革命实践的活动中，在深入地研究资本主义发展的新情况、总结社会主义运动的新经验和批判各种非无产阶级的社会主义流派的过程中，一方面总结了科学社会主义自诞生以来的社会主义运动的新经验和科学研究的新成就，对科学社会主义基本原理进行系统、连贯的阐述和论证；另一方面，考察和回答了资本主义的新发展中工人运动中出现的新情况和新问题，对科学社会主义做出了重要补充和新的阐释，进一步丰富和完善了科学社会主义理论体系。

一、对巴黎公社经验教训的理论总结

1. 巴黎公社革命

1871年3月18日，法国巴黎的工人阶级举行武装起义，建立了世界历史上第一个工人阶级的政权——巴黎公社。巴黎公社革命的伟大实践证明了马克思和恩格斯创立的科学社会主义学说的强大生命力。巴黎公社关于打碎旧的国家机器、建立无产阶级专政、建立无产阶级政党以及无产阶级革命等一系列伟大尝试，为国际共产主义运动提供了宝贵经验，对丰富和发展科学社会主义理论做出了重要贡献。

1870年7月，法兰西第二帝国皇帝路易·波拿巴为了争夺欧洲霸权和转移国内社会矛盾发动了对普鲁士的战争。外强中干的法国军队一战即溃，普鲁士军队很快便反攻入法国，路易·波拿巴被迫率军投降，签订《停战和巴黎投降协定》。根据这一协定，法国向普鲁士支付50亿法郎的战争赔款，还要把阿尔萨斯和洛林两个地区割让给普鲁士。与此同时，普鲁士军队长驱直入，兵临巴黎城下，占领了法国三分之一的国土。法国政府的投降分子无意保卫国家，于是巴黎的工人和市民不得不武装自己，建立“法国国民自卫军”，借以保卫巴黎，保卫国家。然而，卖国政府却要解除国民自卫军的武装，这就激起了巴黎人民的极大愤慨，爆发了1871年3月18日的武装起义。起义取得了暂时性胜利，卖国的资产阶级政府逃离巴黎，3月28日巴黎公社宣告成立。巴黎公社诞生后立即采取一系列措施维持这一新生政权的存在，如摧毁资产阶级的国家机构，以新的政府形式取而代之；镇压反革命；执行灵活的经济政策，组织和恢复生产，征用资本家等的房产；发展文化和教育事业；实行男女平等的社会政策；等等。法国的卖国政府与普鲁士占领军相互勾结，对巴黎公社进行极为残酷的镇压，致使无产阶级专政的第一次伟大尝试以失败告终，公社战士共有7.29万人在作战中牺牲。随后，反动派对起义者进行疯狂报复，近3万人被枪杀，6万多人被投入监狱或流放。这就是震惊世界的“五月流血周”。1871 年 5 月 28 日，巴黎公社最终失败。

虽然马克思和恩格斯不赞成在条件不成熟时贸然举行起义，但当武装起义爆发时，他们就明确站在公社一边，密切关注革命的整个过程。在得知巴黎爆发革命的消息后，马克思和恩格斯就坚决站在“冲天的巴黎人”一边。马克思对这一伟大壮举给予了高度评价：“这是使工人阶级作为唯一具有社会首创能力的阶级得到公开承认的第一次革命”，所以，“工人的巴黎及其公社将永远作为新社会的光辉先驱而为人所称颂。它的英烈们已永远铭记在工人阶级的伟大心坎里。那些扼杀它的刽子手们已经被历史永远钉在耻辱柱上，不论他们的教士们怎样祷告也不能把他们解脱”①。恩格斯的评价同样使人难以忘怀：“先生们，你们想知道无产阶级专政是什么样子吗？请看巴黎公社。这就是无产阶级专政。”②

2. 巴黎公社革命的经验

马克思和恩格斯总结巴黎公社革命的经验教训，深刻论述了一系列科学社会主义的基本原理。

第一，无产阶级革命成功并保住胜利果实的首要条件是无产阶级要有革命的武装。巴黎公社失败两天后，1871 年 5 月 30 日，马克思在国际工人协会总委员会的会议上宣读了他撰写的总委员会宣言《法兰西内战》。这部著作科学地总结了巴黎公社的经验教训，进一步阐述和发展了马克思主义关于阶级斗争、国家、无产阶级革命和无产阶级专政的理论。1871 年 9 月 24 日，马克思在《纪念国际成立七周年》的讲话中指出：“最近的运动就是巴黎公社，这是迄今最伟大的运动……只要把一切劳动资料转交给从事生产的劳动者，从而消灭现存的压迫条件，并由此促使每一个身体健康的人为生存而工作，这样，阶级统治和阶级压迫的唯一的基础就会消除。但是，在实行这种改变以前，必须先建立无产阶级专政，其首要条件就是无产阶级的大军。

① 马克思，恩格斯．马克思恩格斯文集：第 3 卷．人民出版社，2009：181.

② 同①111－112.

工人阶级必须在战场上赢得自身解放的权利。”[①] 一年之后，恩格斯在《论权威》一文中旧话重提，对这一原理的论述更加直白：“革命无疑是天下最权威的东西。革命就是一部分人用枪杆、刺刀、大炮，即用非常权威的手段强迫另一部分人接受自己的意志……要是巴黎公社面对资产者没有运用武装人民这个权威，它能支持哪怕一天吗？反过来说，难道我们没有理由责备公社把这个权威用得太少了吗？”[②] 这表明，无产阶级革命成功并保住胜利果实的首要条件是无产阶级的革命武装。

第二，无产阶级革命要获得成功，就必须打碎旧的国家机器，建立无产阶级专政的国家机器。马克思在讲到巴黎公社时说：“这次革命的新的特点还在于人民组成了**公社**，从而把他们这次革命的真正领导权握在自己手中，同时找到了在革命胜利时把这一权力保持在人民自己手中的办法，即用他们自己的政府机器去代替统治阶级的国家机器、政府机器。”[③] 马克思把自己的思想以原理的形式表述出来：“工人阶级不能简单地掌握现成的国家机器，并运用它来达到自己的目的。奴役他们的政治工具不能当成解放他们的政治工具来使用。”[④] 因为，“这个拥有令人倾心的官职、金钱和权势的国家机器的最高管理权……一直是一种维护秩序，即维护现存秩序从而也就是维护占有者阶级对生产者阶级的压迫和剥削的权力”[⑤]。

第三，无产阶级专政的国家是为人民服务的机关，机关工作人员是人民的勤务员。马克思指出：“公社必须由各区全民投票选出的市政委员组成（因为巴黎是公社的首倡者和楷模，我们应引为范例），这些市政委员对选民负责，随时可以罢免。其中大多数自然会是工人，或者是公认的工人阶级代表。它不应当是议会式的，而应当是同时兼管行政和立法的工作机关。警察不再是中央政府的工具，而应成为公社的勤务员，像其他所有行政部门的公职人员一样由公社任命，

---

① 马克思，恩格斯．马克思恩格斯文集：第3卷．北京：人民出版社，2009：619.

② 同①338.

③ 同①207.

④ 同①218.

⑤ 同①219.

而且随时可以罢免；一切公职人员像公社委员一样，其工作报酬只能相当于工人的工资。法官也应该由选举产生，可以罢免，并且对选民负责。一切有关社会生活事务的创议权都由公社掌握。总之，一切社会公职，甚至原应属于中央政府的为数不多的几项职能，都要由公社的勤务员执行，从而也就处在公社的监督之下。”① 马克思的话蕴含了极为宝贵的无产阶级政权为谁运行和如何运行的原则性思想。这样的思想可以划分为两类：一类是无产阶级政权的宗旨性内容，如官员是人民的勤务员，其根本职责是为人民服务，即马克思所说的“对选民负责”；另一类是无产阶级政权运行的程序性内容，如“全民投票”“随时可以罢免”和议行合一的权力结构。这些实际上就是无产阶级政权为谁运作和如何运作的伟大思想。

第四，无产阶级解放的形式并非只有暴力革命一种途径，途径选择要与具体的国情相结合。1871 年 7 月初，巴黎公社失败刚刚过去一个多月，马克思在接受美国《世界报》记者采访时说：“协会并不规定政治运动的形式；它只要求这些运动保证朝向一个目标。国际是遍布整个劳动世界的联合起来的团体的网络，在世界上的每一地区，问题的某个特殊方面都会出现，这要由那里的工人以他们自己的方式去解决。……例如，在英国，显示自己政治力量的途径对英国工人阶级是敞开的。在和平的宣传鼓动能更快更可靠地达到这一目的的地方，举行起义就是发疯。在法国，迫害性的法律成百上千，阶级对立你死我活，这使得社会战争这种暴力解决办法成为不可避免。选择这种解决办法是这个国家工人阶级自己的事。”②

马克思的论述表明，国际无产阶级革命的目标是单一的，即无产阶级进而人类的解放，但解放的形式是多种多样的，基本的形式有两种：合法斗争或暴力革命。具体国家的无产阶级解放到底采取何种形式，要依国情而定，英、法两国间仅隔窄窄的海峡，但选择的形式却具有根本性的区别就是例证。在科学社会主义发展史上，起码与 1848 年初发表的《共产党宣言》相比，马克思的相关思想是对科学社会主义理论的新贡献，也是新发展。

---

① 马克思，恩格斯．马克思恩格斯文集：第 3 卷．北京：人民出版社，2009：222.

② 同①611.

第五，无产阶级解放目标的实现取决于无产阶级革命政党的建立，这一政党要发挥政治领导作用。早在巴黎公社革命前夕，即1871年2月13日，恩格斯就明确指出："各地的经验都证明，要使工人摆脱旧政党的这种支配，最好的办法就是在每一个国家里建立一个无产阶级的政党，这个政党要有它自己的政策，这种政策显然与其他政党的政策不同，因为它必须表现出工人阶级解放的条件。"① 恩格斯的话告诉人们，无产阶级革命成功与否，取决于无产阶级革命政党的领导，巴黎公社失败的教训之一是缺乏无产阶级革命政党的领导。

二、科学社会主义基本原理的系统阐述

19世纪70年代中期以后，马克思和恩格斯的思想在国际工人运动中得到进一步传播，成为工人运动的指导思想。适应国际工人运动向纵深发展的趋势，系统地阐述和宣传马克思主义学说成为迫切需要。随着马克思和恩格斯理论研究的深化，马克思主义进入了一个以系统化为特征的更为成熟的时期。

1.《哥达纲领批判》对科学社会主义的进一步阐释

马克思和恩格斯对科学社会主义系统化的工作，直接原因是为了指导德国工人阶级政党的健康发展，反对机会主义思想对德国工人的腐蚀。1869年成立的德国社会民主工党是在民族国家范围内成立的第一个无产阶级政党。马克思和恩格斯给予直接理论指导，并寄予厚望。为了维护党的纯洁性，坚持科学社会主义对德国工人政党的指导，他们同拉萨尔主义和杜林主义进行了斗争。作为这种斗争的理论成果，马克思的《哥达纲领批判》和恩格斯的《反杜林论》等著作，实现了科学社会主义基本原理的系统化。

拉萨尔是德国工人运动的重要活动家。他受到马克思影响并自称

---

① 马克思，恩格斯．马克思恩格斯文集：第3卷．北京：人民出版社，2009：92.

是马克思的学生，在德国工人中开展鼓动，唤醒了因1848年革命失败而沉寂多年的德国工人运动，具有历史的功绩。但是他并不真正理解和掌握科学社会主义理论，在工人运动中形成并推行一套机会主义思想，并形成了拉萨尔主义宗派。1875年5月，德国社会民主工党与拉萨尔派合并，成立了德国社会民主党。马克思发现该党制定的纲领即《哥达纲领》中充斥着拉萨尔主义谬误，就对其进行了逐条批判，这就是著名的《哥达纲领批判》。马克思通过批判拉萨尔教条，科学预见了未来共产主义社会，提出了共产主义社会发展阶段的理论，为科学社会主义走向系统化迈出了关键的一步。

在科学社会主义的理论体系中，关于未来社会即共产主义社会的基本原理具有特殊重要的意义。缺少了这一环，科学社会主义的系统化就不能实现。但是，做出这些科学预见又是最难的。与空想社会主义热衷于描绘未来图景不同，马克思和恩格斯对预见未来社会一直持十分谨慎的态度，不愿多谈。而《哥达纲领批判》恰好从正面科学地阐述了未来社会的问题，这对于科学社会主义系统化具有关键性意义。

在这部著作中，马克思第一次明确提出了共产主义社会发展的两个阶段的理论。共产主义的第一阶段“是这样的共产主义社会，它不是在它自身基础上已经**发展了的**，恰好相反，是刚刚从资本主义社会中**产生出来的**，因此它在各方面，在经济、道德和精神方面都还带着它脱胎出来的那个旧社会的痕迹”①。马克思认为：“在共产主义社会高级阶段，在迫使个人奴隶般地服从分工的情形已经消失，从而脑力劳动和体力劳动的对立也随之消失之后；在劳动已经不仅仅是谋生的手段，而且本身成了生活的第一需要之后；在随着个人的全面发展，他们的生产力也增长起来，而集体财富的一切源泉都充分涌流之后，——只有在那个时候，才能完全超出资产阶级权利的狭隘眼界，社会才能在自己的旗帜上写上：各尽所能，按需分配！”②

---

① 马克思，恩格斯．马克思恩格斯文集：第3卷．北京：人民出版社，2009：434.

② 同①435－436.

共产主义社会两个阶段的区别在于发展程度和成熟程度的不同。第一阶段刚刚从资本主义社会中产生出来，还带有旧社会的痕迹，主要表现在：存在旧的社会分工，存在脑力劳动和体力劳动的差别，劳动还是谋生的手段，个人消费品的分配实行“按劳分配”的原则。这种等量劳动领取等量产品的平等权利，与资本主义的分配原则相比无疑是一个历史性进步，但仍有历史局限性。因为劳动者个人的能力不同，家庭负担不同，如果完全按劳动量来分配，就会造成人与人之间在实际收入和生活水平方面相当大的差异。但这在共产主义第一阶段是无法避免的，随着生产力的高度发展，在共产主义高级阶段上，按劳分配的原则就会被按需分配的原则所取代。可见，这两个阶段在发展程度和成熟程度上不同，属于同一个社会形态，但又有重大区别。后来，列宁分别将马克思所说的这两个阶段称为社会主义社会和共产主义社会。

马克思还提出了向共产主义过渡的理论。早在 19 世纪 40 年代末，马克思和恩格斯就曾提出在资本主义社会和共产主义社会之间存在着一个过渡时期的设想，并在后来的一系列论著中逐步深化了这一思想。在《哥达纲领批判》中，马克思在深刻总结无产阶级革命的历史经验，特别是巴黎公社革命实践经验的基础上，明确提出并系统论证了关于过渡时期的理论，特别是过渡时期无产阶级专政的理论。马克思写道：“在资本主义社会和共产主义社会之间，有一个从前者转变为后者的革命转变时期。同这个时期相适应的也有一个政治上的过渡时期，这个时期的国家只能是**无产阶级的革命专政**。”[①] 就是说，取得政权的无产阶级，必须以自己的革命专政来巩固革命成果，并实现对旧社会的改造，建立起新的社会制度。

马克思还提出并初步探讨了共产主义社会的国家制度问题。他批评《哥达纲领》只是空谈“自由国家”和“人民国家”，而不谈夺取政权和进入共产主义社会后所应采取的国家制度这一实质问题。“在共产主义社会中国家制度会发生怎样的变化呢？换句话说，那时有哪些同现在的国家职能相类似的社会职能保留下来呢？这个问题只能科

① 马克思，恩格斯．马克思恩格斯文集：第 3 卷．北京：人民出版社，2009：445.

学地回答。”[①] 马克思提出，要“把国家由一个高踞社会之上的机关变成完全服从这个社会的机关”[②]，变成社会管理的机关。如果说马克思关于过渡时期所强调的是国家政权的“革命专政”和镇压职能，那么在共产主义社会第一阶段，则强调国家制度的社会职能和管理职能了。

2.《反杜林论》等著作对马克思主义的系统阐述

19 世纪 70 年代，德国工人阶级处于国际工人运动的前列，然而由于 1875 年实现爱森纳赫派与拉萨尔派的合并时，爱森纳赫派的主要领导人李卜克内西等人不顾马克思和恩格斯的批评与反对，对拉萨尔派做了原则性的让步，导致党的思想理论水平大大下降，从而使各种错误思潮在党内的流行具备了条件。德国无产阶级政党在受到拉萨尔主义影响的同时，又受到了杜林主义的影响。杜林主义就是在这种情况下渗透到了德国党内，迷惑了许多党员和知识分子，造成了严重的思想混乱。

杜林是一个小资产阶级社会主义者，他以“天才的”社会主义理论的“行家”“改革家”自居，在 19 世纪 70 年代上半期连续发表多部著作，构造了一个以折中主义哲学和庸俗经济学为基础的、小资产阶级的空想社会主义的理论体系，引起了德国党内一些人的关注和崇拜。杜林公开攻击马克思主义，企图以杜林主义取代马克思主义在德国工人运动中的指导地位。为了捍卫党的理论基础，端正党的思想路线，应党的领导人李卜克内西的再三请求，在马克思坚定支持下，恩格斯放下手头的研究工作，全力以赴地投入批判杜林主义的斗争。从 1876 年至 1878 年，恩格斯用了两年多的时间，写了《反杜林论》这部马克思主义理论巨著，取得了清算杜林主义斗争的胜利。在该著作中，恩格斯对马克思主义的三个主要组成部分做了系统阐述。因此正如列宁所说的那样，《反杜林论》是马克思主义的“百科全书”，是每一个觉悟工人必读的书籍。

---

① 马克思，恩格斯．马克思恩格斯文集：第 3 卷．北京：人民出版社，2009：444－445.

② 同①444.

【链接】

《反杜林论》

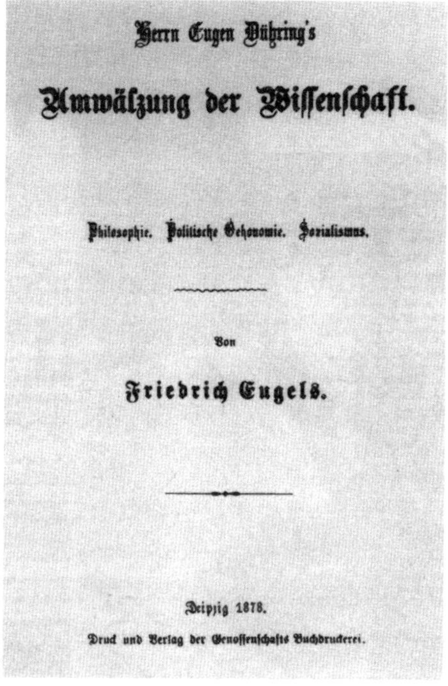
Herrn Eugen Dühring's
Umwälzung der Wissenschaft.
Philosophie. Politische Oekonomie. Sozialismus.
Von
Friedrich Engels.
Leipzig 1878.
Druck und Verlag der Genossenschafts Buchdruckerei.

《反杜林论》第一版扉页

《反杜林论》是恩格斯为批判欧根·杜林在哲学、政治经济学和社会主义领域宣扬的错误观点，回击杜林对马克思学说的进攻，并清除杜林思想在德国社会民主党内的影响而写的一部马克思主义重要著作。恩格斯通过对杜林观点的批判，第一次全面系统地阐明了马克思主义的三个组成部分——哲学、政治经济学和科学社会主义的基本原理以及它们之间的内在联系，阐明了辩证唯物主义和历史唯物主义是唯一科学的世界观和方法论，是马克思主义政治经济学和科学社会主义的理论基础。

"科学社会主义"具有广义和狭义两种含义。从广义上讲，科学社会主义就是马克思主义；而从狭义上讲，科学社会主义指马克思主义的三个组成部分之一。在对"科学社会主义"范围的把握上，既要从广义着眼，又要从狭义着手，而不宜机械割裂。不论从广义上还是狭义上说，《反杜林论》都是科学社会主义系统化的集中体现和代表作。

在《反杜林论》中，恩格斯阐明了马克思主义哲学的根本性质。他指出，现代唯物主义是对两千年来哲学和自然科学发展的全部思想内容，以及历史本身的概括和总结，特别是对现代自然科学的最新成果和现代社会现实进行深入研究的结果。它的本质特征是唯物辩证的自然观和历史观的有机统一，它是关于自然、社会和人类思维运动和发展一般规律的科学。

恩格斯全面阐述了马克思主义哲学的基本观点。他论述了世界的统一性在于它的物质性，运动是物质的存在方式，时间和空间是运动着的物质的存在形式；阐述了唯物辩证法的基本规律，即对立统一规律、量变质变规律、否定之否定规律；阐述了马克思主义认识论，论述了人的思维的矛盾运动，论述了真理的绝对性和相对性；阐述了唯物史观关于生产力与生产关系辩证关系的原理，经济基础与上层建筑的辩证关系的原理，分析论述了国家等政治上层建筑，以及道德观、平等观等观念上层建筑。马克思去世后，恩格斯又在关于历史唯物主义的一系列通信中，进一步系统阐述了上层建筑特别是观念上层建筑对经济基础和生产力发展的反作用，使唯物史观关于社会基本矛盾运动的阐述更加完善。

恩格斯阐述了马克思主义政治经济学的基本原理。他明确提出，政治经济学是研究人类社会中支配物质生活资料的生产和交换的规律的科学，论述了生产、交换和分配的相互关系，阐述了劳动价值论和剩余价值论的基本内容。他还指明了剩余价值学说的伟大意义："由于马克思以这种方式说明了剩余价值是怎样产生的，剩余价值怎样只能在调节商品交换的规律的支配下产生，所以他就揭露了现代资本主义生产方式以及以它为基础的占有方式的机制，揭示了整个现代社会制度得以确立起来的核心。"①

恩格斯在与《反杜林论》同时期及其以后写作的其他论著中，进一步发展和完善了马克思主义理论体系。《在马克思墓前的讲话》中，恩格斯首次概括了马克思的"两大发现"——唯物史观和剩余价值学说及其意义。在《家庭、私有制和国家的起源》中，恩格斯研究了史

① 马克思，恩格斯．马克思恩格斯文集：第9卷．北京：人民出版社，2009：214.

前社会的历史，丰富和发展了唯物史观，并通过分析私有制文明时代的特征，论证了共产主义新文明出现的历史必然性。在《路德维希·费尔巴哈和德国古典哲学的终结》中，恩格斯论述了哲学的基本问题，并进一步丰富和发展了唯物史观。

在未完成的《自然辩证法》著述中，恩格斯深刻阐述了马克思主义自然观，提出了一些对于正确把握科学社会主义原则十分重要的哲学观点，如合乎自然规律地改造自然等。恩格斯指出，我们不要过分陶醉于我们对自然界的胜利，对于每一次这样的胜利，自然界都进行

【链接】

《自然辩证法》：正确处理人与自然的关系

我们不要过分陶醉于我们人类对自然界的胜利。对于每一次这样的胜利，自然界都对我们进行报复。每一次胜利，起初确实取得了我们预期的结果，但是往后和再往后却发生完全不同的、出乎预料的影响，常常把最初的结果又消除了。美索不达米亚、希腊、小亚细亚以及其他各地的居民，为了得到耕地，毁灭了森林，但是他们做梦也想不到，这些地方今天竟因此而成为不毛之地，因为他们使这些地方失去了森林，也就失去了水分的积聚中心和贮藏库。阿尔卑斯山的意大利人，当他们在山南坡把那些在山北坡得到精心保护的枞树林砍光用尽时，没有预料到，这样一来，他们就把本地区的高山畜牧业的根基毁掉了；他们更没有预料到，他们这样做，竟使山泉在一年中的大部分时间内枯竭了，同时在雨季又使更加凶猛的洪水倾泻到平原上。在欧洲推广马铃薯的人，并不知道他们在推广这种含粉块茎的同时也使瘰疬症传播开来了。因此我们每走一步都要记住：我们决不像征服者统治异族人那样支配自然界，决不像站在自然界之外的人似的去支配自然界——相反，我们连同我们的肉、血和头脑都是属于自然界和存在于自然界之中的；我们对自然界的整个支配作用，就在于我们比其他一切生物强，能够认识和正确运用自然规律。①

了报复，并以历史上许多民族因开发耕地而毁灭森林造成的生态后果为例加以说明。

---

① 马克思，恩格斯．马克思恩格斯文集：第 9 卷．北京：人民出版社，2009：559－560.

正是在对马克思主义哲学和政治经济学进行全面阐述的基础上，恩格斯系统阐述了科学社会主义的基本原理。

3.《社会主义从空想到科学的发展》与科学社会主义系统阐述

《反杜林论》虽然是针对德国杜林机会主义思潮而写的论著，其影响却远远超越了德国一国范围。在当时的欧洲工人运动中，指导思想上的混乱并不是个别现象。法国工人运动内部也存在不少问题。1871 年巴黎公社失败后，在马克思和恩格斯的关怀下，法国工人运动并没有因为挫折而停滞不前，相反却在 19 世纪 70 年代后期得到进一步发展，并于 1879 年建立了法国工人党。但是，党内受到无政府主义、小资产阶级社会主义和空想社会主义等各种思潮的影响。为了帮助刚刚成立一年的年轻的法国工人党划清同各种非马克思主义思潮的界限，使其在政治和思想上成熟起来，1880 年，恩格斯应法国著名工人运动活动家保尔·拉法格的邀请，将不久前发表的《反杜林论》引论中的第一章“概论”、第三编中的第一章“历史”和第二章“理论”等阐述科学社会主义产生过程和基本原理的三章抽取出来，摘编成一本独立的通俗小册子。该小册子先以《空想社会主义和科学社会主义》为题发表在法国的《社会主义评论》杂志上。1883 年出版德文版时，书名改为《社会主义从空想到科学的发展》。当时，《德意志意识形态》《共产主义原理》《资本论》第二卷和第三卷、《哥达纲领批判》等重要的马克思主义著作还没有公开发表，因此《社会主义从空想到科学的发展》就成了工人们学习社会主义理论的重要文献和教科书。由于这部著作深入浅出，通俗易懂，一经发表就受到工人们的热烈欢迎。该书先后以法文、德文、英文等 10 多种欧洲文字出版。其版本之多，发行量之大，流传之广，在当时是少见的。马克思对这部著作评价很高，誉之为“科学社会主义入门”。

恩格斯在《社会主义从空想到科学的发展》中全面阐述了科学社会主义的基本原理。

《社会主义从空想到科学的发展》的中心内容，就是阐述社会主义怎样从空想发展成为科学的。恩格斯着重强调了唯物史观和剩余价值理论在社会主义从空想到科学的发展过程中的基石作用，指出了三大空想社会主义是科学社会主义的直接思想来源，阐明了科学社会主义与空想社会主义的根本区别。

首先，揭示了资本主义生产方式基本矛盾及其表现。恩格斯指出，资本主义生产方式的基本矛盾，就是生产的社会化和生产资料的私人占有之间的矛盾。随着资本主义的发展，**“社会化生产和资本主义占有的不相容性，也必然越加鲜明地表现出来”**[①]。这一基本矛盾表现在两个方面：一是资产阶级和无产阶级的对立，二是**“个别工厂中生产的组织性和整个社会中生产的无政府状态之间的对立”**[②]。

其次，恩格斯揭示了社会主义代替资本主义的历史必然性。随着资本主义生产的发展，资本主义生产方式的基本矛盾也不断发展和趋向尖锐化，导致的直接结果就是周期性的经济危机。恩格斯指出：“在危机中，社会化生产和资本主义占有之间的矛盾剧烈地爆发出来。……经济的冲突达到了顶点：**生产方式起来反对交换方式，生产力起来反对已经被它超过的生产方式。”**[③] 资本主义生产方式基本矛盾的激化，经济危机的周期性爆发，表明社会生产关系已不适应生产力发展的需要，甚至成为生产力发展的桎梏。

再次，论述了无产阶级反对资产阶级的革命斗争。恩格斯指出：**“社会化生产和资本主义占有之间的矛盾表现为无产阶级和资产阶级的对立。”**[④] 而这种阶级对立的发展，特别是无产阶级反对资本家阶级的斗争从自发向自觉的发展，是社会主义从空想转变为科学的现实基础，也是消灭资本主义剥削和建立没有阶级的新社会的根本途径。

最后，预见了未来社会主义社会的基本特征。恩格斯主要从五个方面做了概括：第一，生产资料归全社会所有，国家以社会的名义占有物质生产资料；第二，整个社会生产自觉地按计划进行，消除了社会生产的无政府状态；第三，消除商品生产，消灭商品规律对生产者的统治；第四，消灭阶级和阶级差别，国家逐步走向消亡；第五，消

---

① 马克思，恩格斯．马克思恩格斯文集：第9卷．北京：人民出版社，2009：287.

② 同①290.

③ 同①293.

④ 同①288.

灭城乡差别等旧式分工，实现人的全面发展和人类从必然王国向自由王国的飞跃。

【链接】

《社会主义从空想到科学的发展》：共产主义社会的实现是人类从必然王国向自由王国的飞跃

人们周围的、至今统治着人们的生活条件，现在受人们的支配和控制，人们第一次成为自然界的自觉的和真正的主人，因为他们已经成为自身的社会结合的主人了。人们自己的社会行动的规律，这些一直作为异己的、支配着人们的自然规律而同人们相对立的规律，那时就将被人们熟练地运用，因而将听从人们的支配。人们自身的社会结合一直是作为自然界和历史强加于他们的东西而同他们相对立的，现在则变成他们自己的自由行动了。至今一直统治着历史的客观的异己的力量，现在处于人们自己的控制之下了。只是从这时起，人们才完全自觉地自己创造自己的历史；只是从这时起，由人们使之起作用的社会原因才大部分并且越来越多地达到他们所预期的结果。这是人类从必然王国进入自由王国的飞跃。①

此外，恩格斯在晚年通信中提出了一些重要观点，也是科学社会主义系统化的重要成果。比如，向共产主义经济过渡，必须大规模地采取合作生产作为中间环节。在共产主义社会的一定阶段上，人们将像已经对物的生产进行调节那样，同时也对人的生产进行调节，合理控制人口规模。他还明确提出：社会主义社会不是一成不变的，而是经常变化和改革的社会。

总之，马克思和恩格斯在批判旧世界的基础上，对未来社会主义社会的发展过程、发展方向和一般特征做了科学预测和设想。他们认为，社会主义社会和资本主义社会具有决定意义的差别主要包括：一是在生产资料公有制基础上组织生产，满足全体社会成员的需要是社会主义生产的根本目的；二是对社会生产进行有计划的指导和调节，实行等量劳动领取等量产品的按劳分配原则；三是合乎自然规律地改造和利用自然；四是无产阶级革命是无产阶级进行斗争的最高形式，

① 马克思，恩格斯．马克思恩格斯文集：第3卷．北京：人民出版社，2009：564.

必须由无产阶级政党领导，以建立无产阶级专政的国家为目的；五是通过无产阶级专政和社会主义高度发展最终实现向消灭阶级、消灭剥削、实现人的全面而自由发展的共产主义社会的过渡；等等。这些构成了科学社会主义的基本原则。

当然，马克思和恩格斯对未来社会主义社会的设想主要是理论上的，至于如何付诸实践，还有待后人来解答。马克思和恩格斯对实践中可能遇到的问题是十分清醒的，他们反复强调，要从最顽强的事实出发预测未来社会，坚决反对教条式预测未来和规定未来社会的具体细节，强调科学社会主义原则的运用随时随地都要以具体的历史条件为转移。马克思和恩格斯的关于未来社会特征的论述，经受了 100 多年来社会主义革命、建设与改革的检验。今天，我们对这些论述的认识也更为深化了。

三、研究资本主义新变化，探求社会主义革命新策略

1. 关注和剖析资本主义经济的新变化

19 世纪的最后 30 年，欧美主要资本主义国家发生了以电力的应用为特点的第二次产业革命。电力被运用于动力、照明和通信，使汽车制造业、钢铁工业、冶炼工业、化学工业等新兴工业部门不断涌现，推动了生产力的巨大发展。生产力的迅速发展引起了资本主义生产关系的深刻调整。从 19 世纪 70 年代起，资本主义开始从自由竞争阶段向垄断阶段过渡。这是一个充满动荡的过程，经济危机频繁发生，冲击着资本主义经济。但是，严重的经济危机并没能导致资本主义生产方式的崩溃，欧洲无产阶级革命也没有爆发。相反，资产阶级通过建立卡特尔、托拉斯、辛迪加等垄断组织，力求使资本主义生产关系与生产力发展协调起来。这些情况的出现，引起了马克思和恩格斯的密切关注和深入思考。马克思去世后，恩格斯曾于 1888 年 8 月至 9 月间去美国和加拿大旅行，对美国资本主义最新发展做了近距离观察。

马克思和恩格斯揭示了资本主义由自由竞争向垄断过渡的必然

性。《资本论》中已提出资本集中必然导致垄断，特别是第三卷考察了股份公司这种新的组织形式。恩格斯进一步明确论述了这一问题，指出资本和生产的集中必然导致垄断组织的出现，而造成这种现象的根本原因，则是资本主义生产方式内在矛盾的发展和激化。生产力的迅猛发展，增强了生产社会化的趋势，迫使资产阶级建立起规模日益增大的垄断组织以适应生产社会化发展的要求。这表明，资本主义正从自由竞争阶段走向垄断阶段。

关于资本主义垄断阶段的基本特征，恩格斯指出，随着垄断的不断发展，交易所对整个国民经济的支配作用越来越大，并逐渐把包括工业和农业在内的全部生产，包括交通工具和交换职能在内的全部流通，都集中在交易所经纪人手里。“交易所就成为资本主义生产本身的最突出的代表。”① 同时，随着垄断的发展，资本主义国家的资本输出在不断扩大，并由此导致了列强对殖民地的瓜分。

马克思和恩格斯分析了资本主义垄断组织的出现对于未来社会主义的意义。恩格斯认为，垄断组织的出现并没有改变生产社会化与生产资料资本主义占有之间的矛盾，因此，卡特尔、托拉斯、辛迪加等垄断组织的建立，以及某些国有化现象，其目的虽是为了调节生产，从而调节价格和利润，但从根本上说，它们并不能完成这个使命。真正能对社会生产进行合理调节的只能是建立在公有制基础上的社会主义制度。但垄断组织的出现，却为未来的社会主义创造了必要的物质基础。恩格斯指出：“竞争已经为垄断所代替，并且已经最令人鼓舞地为将来由整个社会即全民族来实行剥夺做好了准备。”②

当然，由于历史条件的局限，马克思和恩格斯并没有能形成关于垄断资本主义的系统理论，这一历史任务由列宁在 20 世纪初接力完成。

2. 探索欧洲无产阶级革命的新策略

马克思和恩格斯是无产阶级革命家，他们一生致力于无产阶级革命事业，期盼着通过革命建立新的社会。如果说，无产阶级夺取政权是他

---

① 马克思，恩格斯．马克思恩格斯文集：第 7 卷．北京：人民出版社，2009：1028.

② 同①497.

们不变的革命目标，那么，对无产阶级革命形势的判断，夺取政权所采取的途径、形式和手段，则不是一成不变的。在革命斗争的不同时期，马克思和恩格斯根据社会条件的变化，适时调整革命的策略。巴黎公社失败以后，在资本主义经济、政治得到发展的新条件下，他们探索了无产阶级利用和平手段和议会民主进行斗争的可能性。

在 19 世纪 70 年代中期以前，马克思和恩格斯更强调暴力革命。这是与当时的革命环境相联系的，因为历次无产阶级的斗争都受到资产阶级的暴力镇压。但是，在巴黎公社失败后，随着资本主义经济的发展和资产阶级统治的稳固，资本主义民主政治也得到了发展。以普选制为基础的代议制开始显示出重要作用。马克思和恩格斯在强调暴力革命的同时，也指出了用和平手段取得政权的可能性。特别是进入 80 年代以后，他们对普选制更加重视，甚至提出了普选制是测量工人阶级成熟性标尺的重要论断。

90 年代中期，恩格斯去世前夕写下了他一生中最后一篇文章，即为马克思《1848—1850 年的法兰西阶级斗争》一书写的长篇导言。在这篇导言中，恩格斯根据对西方国家政治、经济新变化的分析，系统探索了无产阶级革命的新策略。

恩格斯总结了 1848 年和 1871 年革命的经验教训，反思了他和马克思当时对革命形势的判断。马克思和恩格斯积极投身 1848—1849 年的欧洲革命，他们虽然清醒地认识到这是一场资产阶级性质的革命，但他们有感于无产阶级力量的增长，也希望发起无产阶级革命的冲击。革命失败后，他们一度期待新的危机和革命很快到来。1850 年夏天后，他们经过仔细研究，看到西欧资本主义国家出现了工业繁荣，认为在这种普遍繁荣的情况下还谈不到什么真正的革命。在资本主义仍有扩张能力的情况下，尽管无产阶级革命队伍有了很大发展，甚至后来爆发了巴黎公社这样的无产阶级革命，但想把资产阶级革命直接转变为无产阶级革命，想通过一次暴力袭击就取得社会主义革命胜利，只是一种幻想。对此，恩格斯以深刻的自我批判精神写道："历史表明，我们以及所有和我们有同样想法的人，都是不对的。历史清楚地表明，当时欧洲大陆经济发展的状况还远没有成熟到可以铲除资本主义生产的程度。”① 不仅在 1848 年欧洲革命时期，就是在 1871 年的巴黎公社时期，资本主义的发展也都没有达到这样的程度。

恩格斯根据自己对军事的研究，阐述了革命斗争的形式问题，认为以往的革命斗争形式随着社会的发展而过时了。巴黎公社革命失败后 20 多年来，战斗的无产阶级并没有随公社革命的失败而被埋藏，相反，它得到了最强有力的发展。但与此同时，由于军事技术的迅速发展，资产阶级军队的武器装备得到了很大的改进，数量也大为增加，资产阶级暴力机构空前加强了。在这种历史条件下，“旧式的起义，在 1848 年以前到处都起过决定作用的筑垒巷战，现在大大过时了”②。历史的发展已完全改变了无产阶级借以进行斗争的条件，因此“1848 年的斗争方法，今天在一切方面都已经过时了”③。

恩格斯明确阐述并强调了无产阶级利用资产阶级议会进行合法斗争的新策略。在这种情况下，无产阶级的斗争策略也应发生相应变化。恩格斯认为，在议会制的国家，无产阶级充分利用资产阶级民主和普选权就具有了十分重要的意义。1890 年德国工人运动出现了新的高潮，在当年 2 月的议会选举中，德国社会民主党获得了四分之一以上的选票。恩格斯深受鼓舞，并以此为例说明了无产阶级改变斗争策略的必要性。他指出，德国工人的一个伟大贡献在于：“他们给了世界各国的同志们一件新的武器——最锐利的武器中的一件武器，向他们表明了应该怎样使用普选权。”④

德国工人阶级由于充分利用了普选权，并将它作为自己的一种崭新的斗争方式发挥了作用。资产阶级和政府害怕工人政党的合法活动，害怕工人政党在选举中取得的成就。于是，恩格斯告诫无产阶级及其政党，务必要警惕反动势力的挑衅，千万不要上敌人的当，在条件不具备的情况下轻易发动必遭失败的街头起义。他说，无产阶级利用普选权已取得重大胜利，我们的主要任务就是不停地促使这种力量

---

① 马克思，恩格斯．马克思恩格斯文集：第 4 卷．北京：人民出版社，2009：540.

② 同①545－546.

③ 同①538.

④ 同①544.

增长到超出现政府制度的控制能力，不让这支日益增强的突击队在前哨战中被消灭掉，而是要把它好好地保存到决战的那一天。

需要注意的是，恩格斯在论述合法斗争形式的重要作用和意义时，并不是主张完全放弃暴力革命，而是深刻认识到革命权的重要，要求无产阶级保留在一定条件下举行暴力革命的权利。他指出："须知革命权是唯一的**真正**'历史权利'——是所有现代国家无一例外都以它为基础建立起来的唯一权利。"①

可见，恩格斯并没有把普选权和参加议会这些合法斗争形式绝对化，把它们看作无产阶级在任何时候的主要斗争形式，而是要说明，无产阶级的斗争策略应当随着历史环境和斗争条件的变化而变化，只有从实际出发，才能制定出正确的革命斗争策略。

3. 探求俄国革命和走向社会主义的可能性

在马克思和恩格斯的时代，资本主义发展已开始表现出某种全球化的趋势。大多数理论家对此无动于衷，而马克思和恩格斯则以极其敏锐的眼光揭示出这一趋势，并在《共产党宣言》中做了明确的阐述。此后，他们始终自觉地以全球的视野来观察社会现实，思考和谋划无产阶级革命事业的发展。

在马克思和恩格斯的无产阶级革命大战略中，有一个欧美先进的资本主义国家的革命和相对落后国家特别是东方国家的革命的关系问题。他们认为，无产阶级的社会主义革命不是一国的革命，而是世界性的革命。在世界无产阶级革命中，欧美先进资本主义国家尤其是英、法、德以及美国的革命具有决定性意义。而且，由于这几个国家资本主义相对发达，因此革命很可能首先在这几个国家大体上同时爆发并取得胜利。西方国家革命的胜利，将带动其他相对落后国家的革命，并帮助他们取得胜利，走向社会主义。这可以说是他们的主要思路。

同时，马克思和恩格斯还有一个思想，就是东方国家的革命有可能成为刺激西方国家革命爆发的导火索。这实际上涉及革命突破口的

---

① 马克思，恩格斯．马克思恩格斯文集：第4卷．北京：人民出版社，2009：551.

问题。革命发生的根据和突破口不是一回事。革命发生的根据在于社会自身的矛盾，但其突破口和导火线则可能来自外部。马克思在思考英国革命时曾想从爱尔兰找突破口，在思考俄国革命时也曾想从波兰找突破口。这样的思路，也使他在重点考察欧美无产阶级革命的同时，密切关注着东方国家的革命。

早在19世纪50年代，马克思和恩格斯就把探索的目光投向东方，关注着俄国、中国、印度等国家的变动。马克思为美国的《纽约每日论坛报》撰写的文章中，至少有十篇是关于中国问题的，涉及英国对华的鸦片贸易和鸦片战争，俄国对华贸易和对华战争，以及中国革命等。马克思关注中国的太平天国革命及其对欧洲的影响，在《中国革命和欧洲革命》一文中预言说："中国革命将把火星抛到现今工业体系这个火药装得足而又足的地雷上，把酝酿已久的普遍危机引爆，这个普遍危机一扩展到国外，紧接而来的将是欧洲大陆的政治革命。"①

与遥远的中国相比，俄国与西欧有着更紧密的联系，俄国革命将会对欧洲革命有更直接的影响。马克思结交了许多俄国朋友，自学了俄语并能够阅读俄文书籍，他的《共产党宣言》和《资本论》等著作也在俄国得到广泛传播。俄文版《资本论》是这一伟大著作的第一个外文译本。因此，马克思和恩格斯对俄国格外关注。

1861年俄国废除农奴制，标志着俄国开始由封建生产方式向资本主义生产方式过渡。那么，俄国必然走向资本主义，还是可以避开资本主义而通过某种途径直接走向社会主义？在俄国社会中仍然存在着的农村公社土地公有制能否促成俄国的社会主义前途？这一问题成为许多俄国革命者关注的重大问题，他们迫切想知道马克思和恩格斯的看法。

马克思和恩格斯在许多场合都谈到了自己的观点。1875年，恩格斯出版了一本小册子《论俄国的社会问题》，比较全面地评论了俄国民粹派的一些观点。1877年10—11月间，马克思给俄国的《祖国纪事》杂志编辑部写信，反对将《资本论》中关于西欧资本主义起源必

① 马克思，恩格斯．马克思恩格斯文集：第2卷．北京：人民出版社，2009：612.

然性的概述套用于俄国。1881 年 2 月 16 日，俄国女革命家查苏利奇给马克思写信，请教他对俄国历史发展前景，特别是俄国农村公社命运的看法。马克思的复信尽管很简短，但他以极为负责的态度拟过四个复信草稿，包含着极为丰富的思想。1882 年 1 月，马克思和恩格斯为《共产党宣言》俄文第二版写序言，进一步概括了他们的观点。1894 年 1 月，恩格斯的《论俄国的社会问题》被译为俄文在俄国出版时，恩格斯为该书作跋。他根据俄国社会发展的新情况，进一步探讨了俄国农村公社的命运和俄国社会前途的问题。

马克思和恩格斯论述了俄国公社的性质和发展前途问题。马克思认为，俄国农村公社是从原始社会的公有制向私有制社会的过渡阶段的产物，它兼有公有制社会和私有制社会的二重特征，因而它的发展前途也有两种不同的可能。一是公社中的私有制因素进一步发展，最终导致公社完全解体；二是公社中的公有制因素得到保护和发展，从而成为俄国社会新生的支点。至于哪一种可能会成为现实，取决于当时俄国所处的历史环境。由于俄国农奴制改革后开始走上资本主义道路，马克思和恩格斯对俄国农村公社面临的危机和可能灭亡的命运有充分的估计，但同时也并不认为这是公社唯一的命运。马克思指出，俄国农村公社及土地公有制还可能有另一种前途，即“不通过资本主义制度的卡夫丁峡谷”而吸取资本主义的成就，直接进入社会主义社会。

【链接】

卡夫丁峡谷

“卡夫丁峡谷”典故出自古罗马史。公元前 321年，萨姆尼特人在古罗马卡夫丁城附近的卡夫丁峡谷击败了罗马军队，并迫使罗马战俘从峡谷中用长矛架起的形似城门的“牛轭”下通过，借以羞辱战败军队。后来，人们就以“卡夫丁峡谷”来比喻灾难性的历史经历，并且卡夫丁峡谷成为“耻辱之谷”的代名词，并可以引申为人们在谋求发展时所遇到的极大的困难和挑战。

马克思和恩格斯分析了俄国公社有可能跨越“卡夫丁峡谷”的历史条件。俄国是在全国范围内把农村公社保持下来的唯一的欧洲国家，土地公有制有助于发展集体经济；俄国农村公社是与资本主义同时代的，从而有可能吸取资本主义的积极成果；俄国农村公社处在资本主义矛盾激化和深陷危机的时代，有可能得到来自西欧国家的无产阶级革命的帮助，从而实现自身的新生。而在这个过程中，俄国发生推翻沙皇的革命具有重要的意义，它一方面可以阻止向公社扑来的各种破坏力量，另一方面可以引发西欧的无产阶级革命，并从而得到西欧工人的帮助。可见，俄国跨越资本主义制度的“卡夫丁峡谷”的可能性是有条件的，特别是西欧国家无产阶级的革命及其胜利后的帮助，是至关重要的前提条件。马克思和恩格斯写道：“那么试问：俄国公社，这一固然已经大遭破坏的原始土地公共占有形式，是能够直接过渡到高级的共产主义的公共占有形式呢？或者相反，它还必须先经历西方的历史发展所经历的那个瓦解过程呢？对于这个问题，目前唯一可能的答复是：假如俄国革命将成为西方无产阶级革命的信号而双方互相补充的话，那么现今的俄国土地公有制便能成为共产主义发展的起点。”①

马克思和恩格斯批判了那种夸大农村公社的作用和崇拜农民革命自发性的观点。俄国的民粹派认为，实现社会主义在俄国比在西欧更快更容易，因为俄国虽然没有城市无产阶级，但也没有城市资产阶级，而且俄国完好地保存了农村公社制度和劳动组合的形式，俄国农民是天生的社会主义者。恩格斯全面驳斥了这种贬低现代大工业和现代工人阶级的观点，指出从这种农村公社自身并不能长出社会主义，而且企图把俄国农村公社和现代工业直接嫁接而实现社会主义也是一种幻想。

综上所述，马克思和恩格斯关注着俄国的革命，期望着俄国借助农村公社走上社会主义道路。他们认为俄国革命将是一个信号，对于西欧无产阶级革命起到推动作用，而西欧无产阶级革命的胜利和社会主义制度的建立，又将为包括俄国在内的相对落后国家做出榜样，并帮助他们跨越资本主义制度的“卡夫丁峡谷”，走上社会主义的道路。

这些思想与后来的历史发展有一定出入，俄国并没有像马克思一度设想的那样，得以借助农村公社避免资本主义前途，而是仍然走了资本主义发展道路。而以列宁为代表的俄国马克思主义者对俄国革命

---

① 马克思，恩格斯．马克思恩格斯文集：第2卷．北京：人民出版社，2009：8.

的考虑，是以世界资本主义发展进入帝国主义阶段和俄国已经走上资本主义道路为前提的。十月革命的胜利使俄国先于资本主义发达国家建立起社会主义制度，而俄国革命的胜利也并没有导致世界无产阶级革命特别是西方国家革命的成功。这是马克思和恩格斯所没有料到也不可能料到的。

尽管如此，马克思和恩格斯关于俄国社会发展和俄国革命的论述仍然具有方法论的意义，对于我们思考俄国和中国的革命道路和社会发展具有重要的启发意义。

首先，马克思和恩格斯关注东方国家的革命，并从东西方国家社会革命的相互关系上去思考东方国家革命的意义。他们虽然生活在西方，但并没有忽视东方，而且也不是孤立地看待西方或东方的革命，而是把二者联系起来，把东方国家的革命看作世界无产阶级革命大战略的一部分。这样的世界眼光和全球视野，无疑是正确的、高明的。

其次，马克思和恩格斯关于俄国有可能跨越资本主义制度的“卡夫丁峡谷”的论述，包含着历史发展丰富性和辩证性的思想。从人类历史的总体来说，社会形态的更替具有历史的必然性，奴隶社会取代原始社会，封建社会取代奴隶社会，资本主义社会代替封建社会，社会主义社会取代资本主义社会是必然的趋势，但对个别国家来说，由于特定的历史环境完全有可能跳过某一特定的历史阶段。俄国从比较落后的资本主义国家进入社会主义，中国从半殖民地半封建国家走向社会主义，是历史发展辩证性和丰富性的表现，并没有违背历史的基本规律。

再次，马克思和恩格斯承认东方国家社会发展道路和革命道路的特殊性，反对套用关于西方国家道路的设想来看待东方国家。马克思针对有人将《资本论》第一卷中关于西欧资本主义起源的论述变成一般的“历史哲学”，硬套在俄国的历史发展上，气愤地说：这会带给我过多的荣誉，也会带给我过多的侮辱。这就启示我们，必须以马克思主义基本原理为指导，具体地探索符合本国国情的革命和建设道路。

最后，马克思和恩格斯关于俄国问题的论述启示我们，要把马克思主义基本原理与经典作家的具体设想和论述有所区分，不能把他们的某些具体设想和个别论述当作不变的教条。这正是经典作家一贯倡导并身体力行的科学精神。

第五章

俄国十月革命胜利与列宁对社会主义的探索

19 世纪末 20 世纪初，在西欧资本主义的冲击下，俄国处在社会历史发展的十字路口。列宁将科学社会主义基本原理与时代特征和俄国实际结合起来，通过积极开展同国内外各种错误思潮的斗争，创建了以马克思主义为指导思想的无产阶级新型政党，创新发展了马克思主义，领导俄国无产阶级和广大人民群众取得了震撼世界的十月社会主义革命的伟大胜利，实现了社会主义由理论到现实的伟大转变，并对俄国这样经济、文化落后国家如何建设社会主义做出了艰辛的初步的探索。

一、俄国无产阶级革命道路的新探索

1. 时代变化与科学社会主义命运之争

在 19 世纪的最后 30 年间，以电力的广泛应用为特征的第二次产业革命的发生和发展，推动了欧美主要资本主义国家社会生产力的巨大进步，急剧地加速了资本积聚和集中，引起资本主义生产关系的深刻变化，将自由竞争的资本主义推向了垄断资本主义。世界资本主义进入了帝国主义时代并出现一些新变化。在经济上，表现出暂时的繁荣，特别是由于辛迪加、托拉斯等垄断组织的出现，资本主义经济的无政府状态似乎得到了克服，资本主义基本矛盾似乎已经“缓解”，甚至似乎已经“消失”；在阶级关系上，无产阶级反对资产阶级的“合法”斗争特别是议会斗争，取得了很大胜利，因而导致无产阶级革命意识淡化，无产阶级与资产阶级的矛盾似乎已经“缓和”。与此同时，在相对较长的和平时期，资产阶级调整了统治策略，他们一方面有限度地扩大了一些资产阶级民主，实行了资产阶级改良政策；另一方面利用从殖民地掠夺来的部分超额利润，收买工人阶级中的上层分子，对工人阶级实行分化策略。

资本主义的上述变化，引起了马克思主义内部和外部的理论家对于科学社会主义历史命运的反思——时代是否发生了新的变化？科学社会主义关于资本主义历史趋势和无产阶级革命的理论是否过时？对于这些问题，不同的人站在不同的立场上，得出了不同的结论。

在德国社会民主党内第一个对这些问题做出回答的是伯恩施坦。然而，他不是依据马克思主义的立场、观点、方法给这些问题以科学回答，而是根据变化了的情况做出了否定科学社会主义的结论。1896—1898 年，伯恩施坦在《新时代》杂志上发表题为《社会主义问

伯恩施坦

题》的一组文章，开始对马克思主义的“传统解释”进行公开“批判”，以强调“探求当前问题的细节”的重要性为借口，主张放弃科学社会主义的一般原理和最终目的，“运动就是一切，最终目的是微不足道的”成为他的“名言”。伯恩施坦主义的出现不是偶然的，也不是德国特有的现象，而是帝国主义初期资产阶级影响在工人运动中的反映，具有国际性。在德国是伯恩施坦主义，在法国是米勒兰主义，在英国是资产阶级改良主义的工人自由派，在俄国则是“合法马克思主义”和经济派。伯恩施坦的修正主义一出台，各国的机会主义派别就麇集在它的周围，“都成了一家弟兄，他们互相吹捧，彼此学习，一起攻击‘教条式的’马克思主义”①。宣称马克思主义、科学社会主义已经“过时”，对它进行歪曲、篡改、诋毁竟成为一种“时髦”。

面对这股逆流，卢森堡、倍倍尔、考茨基、拉法格、普列汉诺夫等先后进行了坚决的回击。需要肯定的是，这些马克思主义理论家旗帜鲜明地对伯恩施坦的修正主义做了严肃批判，捍卫了马克思主义基本原理，为坚持科学社会主义做出了重大贡献。但是，应该看到，当时这些坚持马克思主义的理论家，基本上只限于重复马克思的理论，只限于简单地阐述马克思主义的基本原理和指出伯恩施坦对这些原理的背叛，还没有切实地把坚持科学社会主义和发展科学社会主义结合起来，未能依据马克思主义的立场、观点、方法对新的时代特点和经济社会状况做出新的理论概括，因而未能彻底战胜修正主义。结果是修正主义在20世纪最初几年迅速蔓延开来，并在欧洲工人运动中一度占据上风。

因此，响应其他马克思主义者的号召，进一步批判伯恩施坦主义及其在俄国的变种，同时弥补其他理论家批判的不足，以更有力、更深刻的批判驳斥马克思主义“过时论”，这是时代交给列宁的重大理论任务。列宁指出，在19世纪90年代马克思主义内部产生的修正主义派别中，伯恩施坦主义是一个典型代表。“临时应付，迁就眼前的事变，迁就微小的政治变动，忘记无产阶级的根本利益，忘记整个资

---

① 列宁．列宁全集：第6卷．北京：人民出版社，1986：5.

本主义制度、整个资本主义演进的基本特点，为了实际的或假想的一时的利益而牺牲无产阶级的根本利益，——这就是修正主义的政策。”[①] 对于这种背叛工人阶级根本利益的行为，列宁后来还曾引用《圣经》故事给予讽刺：“只图在资本主义制度下‘苟且偷安’，为了一碗红豆汤而出卖自己的长子权。”[②]

列宁深刻批判了修正主义对待马克思主义的方向性错误。修正主义者借口实践的发展歪曲和篡改马克思主义，他们对那些不满意于其“修正”，力求按照马克思主义的方法去学习和运用马克思主义的人大

1919 年，列宁参加五一劳动节庆祝活动

① 列宁．列宁专题文集·论马克思主义．北京：人民出版社，2009：154.

② 同①198.

加贬斥，动辄扣上“教条”“僵化”“正统”等“吓人”的大帽子，而给自己戴上“发展”马克思主义的桂冠。对于这种借“发展”之名行否定马克思主义之实的行径，列宁毫不掩饰自己的憎恶，讥之曰：“所谓反对思想僵化等等的响亮词句，只不过是用来掩饰人们对理论思想发展的冷淡和无能。”①

列宁在深入批判伯恩施坦修正主义的同时，根据自己掌握的大量第一手资料和长期的研究，明确指出了资本主义所出现的阶段性变化，并且强调科学社会主义必须根据时代的发展而发展，唯有发展才具有生命力。但关键是怎样发展，向什么方向发展。在列宁看来，坚持科学社会主义基本原理是发展科学社会主义的根本前提，“**沿着**马克思的理论的**道路**前进，我们将愈来愈接近客观真理（但决不会穷尽它）；而**沿着任何其他的道路**前进，除了混乱和谬误之外，我们什么也得不到”②。

2. 列宁对民粹派和“合法马克思主义者”的批判

19 世纪上半期，西欧国家先后走上了资本主义发展道路。俄国资本主义也有了一定发展，但占据统治地位的仍然是代表地主、贵族利益的农奴制经济。这不仅导致俄国阶级矛盾日益尖锐，而且严重阻碍了资本主义的发展。面对日益高涨的反农奴制斗争，1861 年，沙皇亚历山大二世被迫进行改革，签署了废除农奴制的法令。农奴制废除后，农民虽然获得了人身自由，但改革的不彻底性使农民不得不在十分苛刻的条件下租种地主的土地，继续忍受沉重的封建剥削。尽管如此，改革毕竟打破了封建农奴制度的坚冰，为俄国资本主义发展开辟了道路。

到 20 世纪初，俄国已经毫无疑问地、无可争辩地成为一个工业资本主义国家，并像欧美等国一样过渡到帝国主义。然而，当时多数俄国知识分子对俄国社会的性质及其发展前景却认识模糊，俄国民粹派就是其中具有代表性、影响巨大的派别。

民粹派诞生于 19 世纪中叶，其基本理论可溯源到赫尔岑和车尔尼雪夫斯基的村社社会主义思想。在登上历史舞台之初，以拉夫罗

---

① 列宁．列宁专题文集·论无产阶级政党．北京：人民出版社，2009：69.

② 列宁．列宁专题文集·论辩证唯物主义和历史唯物主义．北京：人民出版社，2009：50.

夫、特卡乔夫等为代表的民粹派积极宣传农民革命思想，力图通过发动农民来推翻沙皇的反动统治。19 世纪 80 年代后，以沃龙佐夫、丹尼尔逊等为代表的民粹派却抛弃了反对沙皇制度的革命传统，试图以小资产阶级的改良代替革命的解放运动。尽管民粹派经历了不同的发展阶段，形成了不同的流派，但却有着大致相同的基本理论观点，他们认为村社是俄国社会主义的基础，把农民看作社会进步的主要力量；认为俄国并不存在资本主义发展的根基，可以通过自己独特的道路走向社会主义。民粹派的理论观点无疑具有一定的进步和革命意义，但由于他们过分迷恋俄国社会的特殊性，不加分析地把资本主义看作一种倒退和祸害，不懂得工人阶级才是创造真正人类幸福和社会主义的主要力量，因而他们所宣扬的社会主义不过是一种空想，只会把俄国革命引入死亡绝境。

【链接】

年轻的列宁投入俄国革命

1897年5月，列宁被流放到西伯利亚东部舒申斯克村。尽管条件很艰苦，但是列宁依然以饱满的热情投入革命活动，《俄国资本主义的发展》（原名《大工业国内市场形成的过程》）就是在这一时期完成的。列宁指出：按照1897年全部人口职业统计普查资料的总结，“把上引俄国全部人口按职业划分的资料加以分类，以便说明**社会分工**这一俄国全部商品生产与资本主义的基础，是很有意思的。从这种观点来看，全部人口应当分为三大类：（一）农业人口；（二）工商业人口；（三）非生产人口（确切些说，不参加经济活动的人口）”。这就可以把俄国全部人口的分类列表如下：

俄国农业人口…………………………… 97.0（单位百万）

俄国工商业人口………………………… 21.7（单位百万）

俄国非生产人口………………………… 6.9（单位百万）

共 计 125.6（单位百万）

“一方面，从这个表中可以清楚地看出，商品流通，因而商品生产，在俄国已经完全站稳脚跟。俄国是资本主义国家。另一方面，由此可以看出，同其他资本主义国家比较起来，俄国的经济发展还很落后。”①

① 列宁．列宁全集：第 3 卷．北京：人民出版社，1984：460.

全面批判和反对民粹派的理论与实践，成为俄国革命运动的主要任务。普列汉诺夫及其领导的“劳动解放社”率先举起了传播马克思主义、批判民粹派的战斗旗帜，以司徒卢威、杜冈-巴拉诺夫斯基等为代表的“合法马克思主义者”也作为俄国马克思主义者暂时的“同路人”加入批判民粹派的斗争。然而这些批判并不彻底，批判民粹派的任务最终落在了列宁的肩上。

在运用马克思主义理论认识、解决俄国实际问题的过程中，列宁深刻感受到民粹派的巨大危害。为此，他撰写了《什么是“人民之友”以及他们如何攻击社会民主党人?》《俄国资本主义的发展》等著作，揭穿了民粹派的真面目。列宁认为，民粹派把村社同资本主义对立起来的观点是不符合事实的，村社同商品生产和资本主义有着紧密的联系，俄国资本主义的产生和发展是小商品生产内在矛盾展开的必然结果；认为“人民工业”同资本主义根本不是完全对立的，资本主义既可以存在于大机器工业之中，也可以存在于手工业生产之中，资本主义不过是“人民工业”的直接继续和发展。他认为，民粹派把农民作为实现社会主义主要阶级力量只能是一种幻想，农民的两重性决定他们在革命中不能起领导作用，但却是无产阶级最可靠的同盟军；他还认为，民粹派关于历史是由个人创造的观点完全是毫无意义的空话，强调历史发展具有客观必然性，个人活动只有符合这种必然性才能成为推动社会前进的力量。

在批判民粹派的同时，列宁还与“合法马克思主义者”进行了斗争。“合法马克思主义者”是列宁战胜民粹派的重要同盟者，也是使马克思主义（虽然是在庸俗化的形式下）在俄国广泛传播的重要力量。然而，由于他们在本质上代表的是资产阶级利益，因而最终走上了公开反对马克思主义的道路。针对“合法马克思主义者”把马克思的实现论叫作按比例分配理论的观点，列宁指出，这一观点的实质是抹杀资本主义再生产内部的固有矛盾，但资本主义的发展不可能不在一系列的矛盾中进行。列宁由此划清了马克思主义实现论同资产阶级实现论的界限。针对“合法马克思主义者”粉饰小生产，宣传小农经济稳固的观点，列宁通过阐述科技发展与小生产的关系，指出小生产在资本主义统治下不可能有支持下去的前途，广大农民只有与无产阶级联盟才能从根本上摆脱悲惨的处境。针对“合法马克思主义者”所宣扬的“客观主义”，列宁提出了唯物主义比资产阶级客观主义更为客观的认识，指出客观主义在本质上恰恰是主观唯心主义，捍卫了马克思主义党性和科学性的统一。

3. 列宁关于无产阶级政党建设理论

列宁对民粹派和“合法马克思主义者”的批判，为建立统一的俄国社会民主主义组织扫清了障碍。1898 年 3 月，俄国社会民主工党第一次代表大会在明斯克举行，但是大会并没有制定出党纲和党章，以大会名义发表的宣言也回避了无产阶级在革命中的地位和同盟者等问题。因此，俄国马克思主义政党并没有真正建立起来，党在思想上和组织上还处于一种分散的状态。加之当时沙皇政府的残酷迫害、列宁等马克思主义者被捕等因素，党内出现了“经济派”这个机会主义派别。“经济派”盲目崇拜自发的工人运动，迷恋经济斗争，否认政治斗争、思想斗争和政党在社会发展中的作用，是伯恩施坦修正主义在俄国的变种。“经济派”的出现加剧了俄国社会民主工党的涣散和混乱，这同俄国革命形势发展对工人政党的要求形成了巨大反差。

列宁始终关注着俄国社会民主工党的命运，他在流放时期就起草了抗议书迎头痛击“经济派”。流放结束后，他又以创办的《火星报》为阵地批判“经济派”。在 1902 年出版的《怎么办?》中，列宁更为系统地批判了“经济派”，论述了建立无产阶级政党的理论。首先，列宁阐述了自发性与自觉性的辩证统一关系，强调为了真正实现运动的物质利益，必须要善于把自发性提高到自觉性。他认为，工人的社会主义意识只能由那些具有共产主义觉悟的知识分子从外面灌输进去，俄国无产阶级政党的使命就在于以科学社会主义思想武装工人群众，引导他们走上革命的道路。其次，列宁论述了建立适合俄国国情的无产阶级政党的思想。列宁指出，“经济派”在政党问题上无非是受伯恩施坦的影响，试图建立一个主张“社会改良”的党，但俄国所面临的形势却要求建立一个革命的工人政党。他强调在俄国建党既要借鉴西欧社会民主党的经验，向俄国老一辈的卓越革命家和秘密活动家学习，又不能照抄照搬。他认为建党应该从创办全俄政治报纸入手，当务之急就是建立一个全俄的集中的组织，一个职业革命家组织。

【链接】

《火星报》

《火星报》是由列宁创办的第一个全俄马克思主义的秘密报纸，创刊号于1900年12月在莱比锡出版。参加《火星报》编辑部的有：列宁、格·瓦·普列汉诺夫、尔·马尔托夫、亚·尼·波特列索夫、帕·波·阿克雪里罗得和维·伊·查苏利奇。列宁实际上是《火星报》的主编和领导者，他在《火星报》上发表了许多文章，阐述有关党的建设和俄国无产阶级的阶级斗争的基本问题，并评论国际生活中的重大事件。《火星报》在国外出版后，秘密运往俄国翻印和传播。

《火星报》在建立俄国马克思主义政党方面起了重要作用。在列宁的倡议和亲自参加下，《火星报》编辑部制订了党纲草案，筹备了俄国社会民主工党第二次代表大会。这次代表大会宣布《火星报》为党的中央机关报，编辑部改由列宁、普列汉诺夫、马尔托夫三人组成。后来由于普列汉诺夫支持孟什维克，列宁于1903年10月19日（11月1日）退出了编辑部。从第52号起，《火星报》变成了孟什维克的机关报，人们称这以后的《火星报》为新《火星报》。

通过《火星报》的积极宣传，尤其是《怎么办?》的广泛传播，“经济派”在列宁提出的新问题面前已经无法自圆其说，建立真正的俄国社会民主工党的条件已经成熟。1903 年 7 月，俄国社会民主工党第二次代表大会召开，标志着俄国无产阶级政党正式建立，巩固了马克思主义对“经济派”的胜利。然而，大会上出现的分歧又使俄国社会民主工党分裂为拥护列宁的布尔什维克（多数派）和反对列宁的孟什维克（少数派）两个派别。前者主张建立一元化的、战斗性的、组织严密的党，强调实行民主集中制；后者则主张建立涣散的、无组织的、没有定型的团体，宣扬组织上的尾巴主义。为了清除党内的思想混乱，巩固党的团结统一，列宁在《进一步，退两步》等著作中进一步阐述了党的指导思想、纲领等问题，把马克思主义建党学说推进到一个新阶段。

1905 年俄国资产阶级革命爆发后，布尔什维克和孟什维克在党的策略问题上产生了新的分歧。孟什维克主张革命应由资产阶级领导，革命胜利后也只能建立资产阶级政权，认为无产阶级在革命中不应与农民接近，以免给资产阶级退出革命的借口。以列宁领导的布尔什维克结合俄国革命的新情况、新问题和新经验，认为无产阶级必须而且能够掌握俄国资产阶级民主革命领导权，强调无产阶级只有与农民联盟才能实现民主革命的领导权，只有建立无产阶级和农民的革命民主专政才是民主革命的彻底胜利。此外，针对孟什维克关于在民主革命和社会主义革命之间有一个长期停顿的观点，列宁提出民主革命和社会主义革命是一个链条中的两个环节，认为民主革命的完全胜利就是民主革命的终结和为社会主义革命而坚决斗争的开始。两种根本不同的策略都极大影响着俄国 1905 年的革命，但事实表明，“只有布尔什维克是党内和国内革命的、马克思主义的力量”①，孟什维克不过是工人阶级中的资产阶级代理人。

4. 列宁创立马克思主义的帝国主义理论

俄国进入斯托雷平反动时期后，面对沙皇政府在政治、经济、思想各领域的进攻，以及党内出现的各种错误思潮，列宁从俄国革命处于低潮的实际出发，重新制定党的策略方针，批驳各种“修正”“补充”马克思主义的论调，以保卫马克思主义的革命旗帜，等待革命时机的来临。历史也再次把机遇赋予了列宁和布尔什维克，1914 年爆发的第一次世界大战不仅使人民陷入悲惨境地，也加深了国际工人运动的分裂。在对战争的性质和根源、国际工人运动分裂原因等一系列问题的思考中，列宁科学分析了资本主义发展阶段的新变化，批驳了当时各种“理论家”关于帝国主义的认识，创立了科学的帝国主义理论。

在《帝国主义是资本主义的最高阶段》等著作中，列宁运用马克思主义基本原理并依据鲜活的经济事实材料，论证了帝国主义是资本主义特殊阶段的思想，提出帝国主义具有与自由资本主义不同的鲜明特征，因而从根本上而言是资本主义的垄断阶段，而不是考茨基所谓的资本主义的一种“政策”。列宁还论述了帝国主义的各种矛盾及其历史过渡性，揭示了帝国主义的寄生性和腐朽性，提出了“帝国主义

---

① 联共（布）中央特设委员会．联共（布）党史简明教程．北京：人民出版社，1975：105.

是无产阶级革命的前夜”的光辉论断。列宁的帝国主义论揭示了帝国主义产生、发展和必然灭亡的规律，是对马克思主义的一个划时代的贡献，为包括俄国在内的世界无产阶级和一切被压迫民族的革命斗争指明了方向。

【链接】

列宁的帝国主义论

《帝国主义是资本主义的最高阶段》一书于1916年上半年写成，1917年年中出版。列宁很早就注意到了资本主义发展中的新现象，他在1895—1913年写的《社会民主党纲领草案及其说明》（1895—1896）、《马克思主义和修正主义》（1908）、《马克思学说的历史命运》（1913）等著作中都揭示和分析了帝国主义时代所具有的个别特征。从1915年开始，列宁在伯尔尼集中力量认真研究有关帝国主义的问题，做了共约50个印张的摘录、提要、笔记等，为写作《帝国主义是资本主义的最高阶段》一书做了准备。

《帝国主义是资本主义的最高阶段》是马克思《资本论》的直接继续和进一步发展，它总结《资本论》问世后半个世纪中资本主义的发展，第一次建立了关于帝国主义的理论体系，开辟了马克思主义政治经济学发展中的一个新的阶段。在法文版和德文版序言中，列宁以当初写作正文时不可能使用的明确语言宣布：“帝国主义是无产阶级社会革命的前夜。”列宁的这个重要论断，可以看作全书的总结论。

在研究帝国主义论的过程中，列宁还揭示了资本主义经济、政治发展不平衡规律，提出了社会主义在一国或数国首先胜利的理论。马克思和恩格斯曾经从他们所处的时代出发提出了社会主义革命“同时胜利”的科学论断，强调社会主义革命不能单独在某个国家内发生，认为只有作为占统治地位的各民族“立即”同时发生的行动才可能是经验的。然而，对资本主义经济、政治发展不平衡规律的认识，以及资本主义发展到垄断阶段后出现的新情况、新特点，使列宁对社会主义革命“同时发生”和“同时胜利”的传统公式产生了疑虑。在《论欧洲联邦口号》《无产阶级革命的军事纲领》等著作中，列宁依据变化了的历史条件提出，新兴帝国主义国家的跳跃式发展和老牌帝国主义发展的相对滞后，产生了资本主义发展的不平衡，帝国主义战争成为不可避免，而战争又使帝国主义国家受到严重削弱，从而在帝国主义链条上出现了“薄弱环节”，使得社会主义革命可能在一个或者几个国家内获得胜利。列宁的社会主义“一国胜利论”是对马克思主义社会主义革命理论的重大发展，它不仅为十月革命的胜利奠定了坚实的理论基础，也为各国无产阶级指明了革命的前途。

二、人类历史的新纪元

1. 列宁领导的俄国十月革命的爆发

第一次世界大战进行到 1917 年，所有交战国的经济濒于崩溃，物质资源极度匮乏，经济落后的俄国的情况更为严重。战争夺去了数百万人的生命，工厂纷纷停产，谷物播种面积缩减，沙皇军队屡战屡败，大片土地被德军侵占，这一切激起了工人、农民、士兵和知识分子对沙皇政府的深恶痛绝。为了挽救统治危机，沙皇政府频频更换官员，更为残酷地镇压国内革命。俄国陷入深刻的危机和困境之中，革命的风暴即将来临。

1917 年 1 月，彼得格勒、莫斯科、巴库等地的工人举行大规模罢工，甚至士兵也出现在了游行的队伍中。2 月 23 日的“面包骚动”揭开了二月革命的序幕，而彼得格勒士兵起义使罢工和示威游行转变为武装起义。工人和士兵拘捕沙皇政权的高级官员，释放狱中的革命者，成立彼得格勒工兵代表苏维埃。彼得格勒的胜利消息极大鼓舞了其他城市的革命斗争，统治俄国 300 多年的罗曼诺夫王朝最终退出了历史的舞台。

二月革命胜利后，俄国出现了资产阶级临时政府和工兵代表苏维埃两个政权并立的局面，前者主要是“资产阶级和资产阶级化的地主”的代表掌握的政权机关，后者是孟什维克和社会革命党人占优势的工农专政。由于孟什维克和社会革命党认为二月革命是资产阶级革命，政权应交到资产阶级手中，因而主张苏维埃的作用主要在于监督临时政府，寄希望于临时政府实现工农群众的要求，为社会主义革命的到来创造条件。但是，代表大地主、大资产阶级利益的临时政府根本不想改变沙皇政府的内政外交政策，也根本不可能给俄国各族人民以和平、面包和自由。显然，两个政权并存的局面难以长久持续下去，俄国革命正处于一个不稳定的过渡时期。

面对二月革命后的俄国形势，布尔什维克内部也在如何对待战争、如何对待临时政府的问题上出现了分歧。尤其是在俄国革命发展前景的认识上，大多数布尔什维克并没有意识到自己已经有足够的力量夺取政权，实行无产阶级专政。这种局面直到列宁回国才得以改变。二月革命爆发时，列宁虽然侨居国外，但他时刻关注着国内局势发展，提出了不给新政府任何支持、把无产阶级武装起来的观点。1917 年 4 月 16 日，列宁回到俄国，他在彼得格勒的芬兰车站发表演说，向群众发出了“社会主义革命万岁”的号召。第二天，他在布尔什维克会议上做了关于无产阶级在俄国革命中的任务的报告，接着又在布尔什维克和孟什维克的联席会议上再次宣读，这个报告的大纲就

【链接】

围绕《四月提纲》的斗争

《四月提纲》提出后遭到了孟什维克和社会革命党的谩骂攻击，他们指责列宁的提纲是“胡言乱语”，是“梦幻思想”。普列汉诺夫在1917年4月9日至12日的《统一报》发表《谈谈列宁的提纲以及为什么有时梦话值得注意》，认为列宁的提纲是“在完全脱离时间与地点的情况下写成的”，说“《统一报》的记者把列宁的演讲叫做梦话是完全正确的”。列宁的提纲在布尔什维克内部也产生了不同意见，季诺维也夫、李可夫等人认为开始进行社会主义变革的条件并不具备。加米涅夫在《真理报》上发表了《我们的分歧》等文章，提出不能采纳列宁的提纲，认为提纲的出发点是资产阶级革命已经结束，但俄国的资产阶级革命并没有结束。

为了批驳各种反对进行社会主义革命的言论，统一布尔什维克的认识，列宁积极、耐心地与中央委员和彼得格勒委员会的同志沟通，先后撰写了《两个政权》《论策略书》等文章阐释《四月提纲》的思想。彼得格勒、莫斯科等地方的党组织也相继召开会议，对《四月提纲》进行公开辩论。1917 年 5 月，在布尔什维克第七次全国代表大会上，大多数与会代表接受了列宁的主张，在俄国革命问题上形成了统一的认识。

是著名的《四月提纲》。在《四月提纲》中，列宁进一步分析了俄国工人阶级与资产阶级的力量对比，明确指出了俄国当前形势的特点，提出“俄国当前形势的特点是从革命的第一阶段向革命的第二阶段过渡，第一阶段由于无产阶级的觉悟和组织程度不够，政权落到了资产阶级手中，第二阶段则应当使政权转到无产阶级和贫苦农民手中”①。

列宁的《四月提纲》提出了一个有理论根据的着手向社会主义革命过渡的具体计划，为俄国革命指明了前进方向。在《四月提纲》的精神指导下，布尔什维克积极开展各种形式的宣传鼓动工作，党在工人群众中的影响不断扩大。资产阶级临时政府却由于坚持世界大战、敷衍广大人民的要求而陷入困境，逐渐失去了群众的信任和支持。1917 年 7 月，临时政府更是调动军队镇压了彼得格勒的示威群众，大肆搜捕布尔什维克，由孟什维克和社会革命党控制的苏维埃也站到了临时政府的立场上。“七月事变”结束了两个政权并存的局面，宣告了革命和平发展时期的终结。

俄国局势的急剧变化促使布尔什维克调整方针和策略，为即将到来的革命锻造理论武器，《国家与革命》就是列宁在这个时期的重要著作。在这本书中，列宁阐述了马克思主义关于国家问题的基本观点，丰富和发展了无产阶级专政学说，论述了无产阶级对待暴力革命的态度。列宁认为，建立无产阶级专政是建立社会主义的必要条件，无产阶级专政是由苏维埃中的无产阶级实现的，而无产阶级又是由布尔什维克党领导的。列宁还强调暴力革命的不可避免性，提出“资产阶级国家由无产阶级国家（无产阶级专政）代替，**不能**通过‘自行消亡’，根据一般规律，只能通过暴力革命”②。

在进行理论探索的同时，列宁时刻关注着俄国形势的变化，及时指导着布尔什维克的斗争。1917 年 9 月，列宁提出了武装夺取政权的主客观条件已经成熟，布尔什维克应立即开始准备武装起义的主张，强调放弃目前的时机就等于断送革命。经过激烈的交锋，布尔什维克中央委员会通过了关于武装起义的决议。11 月 6 日，武装

---

① 列宁．列宁专题文集・论社会主义．北京：人民出版社，2009：19.
② 列宁．列宁专题文集・论马克思主义．北京：人民出版社，2009：194.

起义开始，赤卫队和革命部队占领了彼得格勒各主要据点。11 月 7 日晚 9 点 40 分，停泊在涅瓦河上的“阿芙乐尔”号巡洋舰发出了攻打冬宫的炮声。彼得格勒武装起义取得了胜利，革命迅速向全国发展。

攻打冬宫的“阿芙乐尔”号巡洋舰

【链接】

11 月 6 日夜间发生的大事

美国作家约翰·里德在其所著的《震撼世界的十天》里，对十月革命做了真实的、异常生动的描述。列宁为这本书写了序言，提出“要无保留地把它推荐给全世界的劳动者”。“傍晚时分，一队队赤卫队员开始占领资产阶级报刊的印刷厂。就在那些印刷厂里，他们印刷了几十万份《工人之路报》《士兵报》以及各种宣言和文告。市民兵部队奉命到这些地方来清除赤卫队员，只见印刷厂周围已经筑起了街垒，有武装人员在防守。临时政府又调派军队来攻打那些印刷厂，但军队拒绝执行命令。”

“大约在午夜时分，有一名上校率领一批士官生来到‘自由思想’俱乐部。他拿着逮捕《工人之路报》编辑的逮捕证。但顷刻之间，就有一大群人聚集在外面街道上，要揍死那些士官生。于是，那个上校就请求把他和那些士官生逮捕起来，送往彼得巴甫洛夫要塞，以保安全。这个请求被接受了。”

> “深夜1点钟，斯莫尔尼方面的一支士兵和水兵占领了电报局。1点35分，占领了邮政总局。凌晨时分，占领了军人饭店。清晨5点钟，占领了电话局。黎明时分，包围了国家银行。及至上午10点钟，有一支先头部队已经逼近冬宫。”

在攻打冬宫的枪炮声中，全俄苏维埃第二次代表大会第一次会议在斯莫尔尼宫召开，布尔什维克在会上获得了压倒性多数。大会宣读了列宁起草的《告工人、士兵和农民书》，宣告资产阶级临时政府已经被推翻，代表大会已经把政权掌握在自己手中，决定全部政权一律转归工兵代表苏维埃，各地苏维埃应负责保证真正的革命秩序。11 月 8 日的第二次会议又通过了《和平法令》《土地法令》，成立了第一届苏维埃政府即人民委员会。苏维埃政权的建立，宣告了世界上第一个社会主义国家的诞生。

2. 十月革命的历史意义

十月革命是世界历史上的重大事件，它改变了整个世界历史的方向，开辟了人类历史新纪元。首先，十月革命开启了无产阶级革命的新时代。十月革命的胜利将马克思恩格斯创立的科学社会主义变为现实，是马克思主义关于打碎旧的国家机器、建立无产阶级专政学说的一次伟大实践。它摧毁了俄国帝国主义的统治，建立了人类历史上崭新的人民政权，为世界各国的无产阶级，特别是为经济落后国家的无产阶级树立了光辉的榜样。在十月革命的影响和鼓舞下，世界无产阶级革命进入了一个前赴后继、波澜壮阔的新时代。

其次，十月革命激励了被压迫民族的解放斗争。十月革命不仅打击了帝国主义统治的中心，也震撼了帝国主义统治的后方。在十月革命的影响下，特别是在列宁关于殖民地民族解放问题思想的激励下，殖民地、半殖民地国家争取民族独立和民族解放的革命运动风起云涌。中国的五四运动、朝鲜的“三一运动”、印度的“非暴力不合作”运动等，极大冲击了帝国主义瓜分世界、一统天下的局面，削弱了国际帝国主义的殖民体系。

最后，十月革命促进了马克思主义的广泛传播。十月革命的胜利，极大地扩大了马克思主义的国际影响力，强烈推动了马克思主义在全世界的传播，为无产阶级和劳苦大众寻求解放提供了一条新道路。在马克思主义与各国工人运动相结合的过程中，许多国家纷纷成立共产党，世界社会主义运动展现出蓬勃发展的新局面。

然而，无论是在十月革命胜利之初，还是在它所开创的社会主义凯歌高奏的进程中，始终存在着对十月革命的指责、批判之声，考茨基的“早产论”就是其中的典型代表。考茨基认为，在俄国建立社会主义制度的做法“无非是一种想要超越或者用法令来取消那些自然的发展阶段的大规模试验而已”，他把十月革命比作“一个怀孕妇女，她疯狂万分地猛跳，为了把她无法忍受的怀孕期缩短并且引起早产”，其结果是“这样生下来的孩子，通常是活不成的”。对于这些责难，列宁不仅从理论上进行了批判，而且用社会主义革命和建设的成功实践予以了驳斥。但是，20 世纪 80 年代末 90 年代初的苏东剧变似乎“挽救”了考茨基，各种形式的“早产论”再次流行。

【链接】

“十月”的选择：20 世纪 80 年代末的争论

俄罗斯联邦总统办公厅前主任谢·亚·菲拉托夫提出，十月革命是一次政变，是当时俄国所经历的深刻而痛苦的现代化危机的产物，是对俄国社会进行最严重的革命破坏的开始。他认为布尔什维克在俄国革命过程中起着主观因素的作用，否则，俄国社会未必会发展成可怕的被称为“极权社会”的社会反常现象。

原苏联科学院通讯院士帕·沃洛布耶夫提出，十月革命不是一次政变，而是一场伟大的人民的社会革命。他主张摒弃那些关于十月革命搞早了的陈腐的教条和新神话。十月革命不仅没有搞早，而且像世界历史中所有伟大的革命一样，是适时的，不早也不晚，那种认为历史上存在着革命发生的时刻表和次序的观点是可笑的。

美籍俄裔学者亚·拉比诺维奇提出，所谓十月革命不过是一种历史的偶然或者职业革命家的密谋的看法，西方绝大多数历史学家早已不能真正接受。他认为，布尔什维克的成功在相当大的程度上是由于他们1917年以激进的方式对党进行改造这一事实决定的。这个党的特点是能够顺应不断变化的政治现实并反映具有革命情绪的工人、士兵和水兵内心深处的情感与追求。

在当今历史条件下，究竟怎样看待十月革命的历史必然性，是一个重大的理论和现实问题。考茨基指责十月革命是布尔什维克为了缩短无法忍受的“怀孕期”而“疯狂猛跳”的结果，无非是认为革命缺乏必要的客观前提。但是，事实并非如此。十月革命的发生是当时特殊历史条件的产物，是各种主客观因素综合作用的结果。

首先，第一次世界大战为十月革命造就了有利的国内国际环境。在沙皇政府的统治下，俄国人民本就处于极端困苦的境地。第一次世界大战激化了各种社会矛盾，加速了革命的爆发。从国际上来看，第一次世界大战把主要资本主义国家分成两个敌对的营垒，既削弱了双方力量，又让他们无暇认真干涉俄国革命，从而为俄国无产阶级冲破帝国主义阵线的最薄弱环节、夺取社会主义革命胜利提供了可能。

其次，特殊的环境为十月革命造就了阶级条件。俄国资本主义起步较晚，资产阶级比较软弱，组织不好而又缺乏政治经验，在一切基本问题上继续着沙皇的政策，无力解决和平、面包、土地问题，失去了人民群众的信任。俄国工人阶级尽管只占人口的少数，但分布比较集中，有着强烈的革命要求，在斗争中赢得了人民群众的支持。俄国工人阶级还同农民有着特殊的联系，战争造成的痛苦又加强了这种联系，工农联盟的形成使布尔什维克能够用与西欧其他一切国家不同的办法来创造发展文明的根本条件。

最后，建立了一个“在最坚固的马克思主义理论基础上产生的”政党。布尔什维克是一个在斗争中锻炼出来的党，具有丰富的斗争经验。在列宁的领导下，它坚持从所处时代和俄国实际出发，创新发展马克思主义的社会革命学说，巧妙地将各种不同的革命运动汇合成一条总的强大的革命洪流，带领着俄国人民不断走向胜利。

历史表明，十月革命绝不是人为制造出来的革命，绝不是布尔什维克为缩短社会主义的“怀孕期”而“疯狂猛跳”的结果。在俄国处于何去何从的十字路口，十月革命充分体现了无产阶级政党的革命能动性。当然，从马克思恩格斯所设想的社会主义革命一般条件来看，由于俄国经济、文化处于相对落后的发展水平，所谓“早产”的说法似乎并非完全没有道理。但如果等客观条件完全成熟再去进行社会主义革命，不仅会痛失有利的革命时机，而且连民主革命的成果也难保。当前出现的各种否定十月革命历史必然性的思潮，其原因是复杂多样的。有的是由于不懂得历史发展的决定性与选择性的辩证关系，片面强调决定性而忽视了选择性；有的是出于否认经济文化落后国家社会主义道路选择的历史必然性的目的，因而极力将十月革命视为这一选择的“原罪”。这些思潮在理论上是错误的，在实践上是极其有害的。

三、科学社会主义的史无前例的新课题

1. 俄国的“战时共产主义”

在经济文化落后的俄国建设社会主义，是一项史无前例的新课题，列宁把它形象地比喻为攀登一座还没有探测过的非常险峻的高山。但是，列宁和他领导的布尔什维克并没有被困难所吓倒，而是义不容辞地肩负起创造一个崭新社会的历史使命，努力在新的实践中寻找正确的道路。

十月革命胜利之初，为了巩固苏维埃政权，布尔什维克组织力量击退了各种敌对势力的军事反扑和阴谋叛乱；撤销了旧政府各部，解散了立宪会议，宣布全部政权归苏维埃；加快了大型私人企业的国有化，奠定新生革命政权的经济基础；与德国签订了《布列斯特和约》，使俄国摆脱了帝国主义战争，赢得了和平喘息时机。

【链接】

《布列斯特和约》

《布列斯特和约》全称《布列斯特-里托夫斯克和约》。十月革命胜利时，俄国饱受帝国主义战争之苦，整个国民经济濒临崩溃的边缘。为了保住新生的苏维埃政权，列宁坚决主张立即按德国条件签约。而以布哈林为首的“左派共产主义者集团”则要求停止和谈，坚决进行反对德国的“革命战争”，托洛茨基主张“停止战争，不签订和约，复员军队”。经过几轮谈判，中央委员会最终通过了按德国条件签约的决议。1918年3月3日，苏俄政府代表团在布列斯特与德国签订和约，规定波兰、立陶宛、白俄罗斯和爱沙尼亚的一部分属德军占

领；苏俄要向德国支付赔款等。《布列斯特和约》先后被布尔什维克党的七大和苏维埃第四次非常代表大会批准。德国在第一次世界大战中战败后，苏维埃政府于1918年11月13日宣布废除《布列斯特和约》。

依据形势变化，列宁及时提出了把“夺取俄国”变为“管理俄国”的口号，要求把社会主义改造和经济建设任务提到一切工作的首位。他在《苏维埃政权的当前任务》《“左”派幼稚性和小资产阶级性》等文章中提出了苏维埃俄国建设社会主义的纲领，论述了必须要对产品的生产和分配进行严格的计算和监督、必须要坚持社会主义的劳动纪律、必须在工业中开展社会主义竞赛等问题。然而，列宁的这些设想还未得到贯彻实施，就被帝国主义国家的武装干涉所中断。

1918 年夏，英、法、日等 14 个国家会同俄国国内反动势力，对苏维埃政权发动武装入侵。苏俄欧洲部分四分之三的国土被吞噬，苏维埃共和国与重要产粮区、工业原料产地的联系被切断，粮食、原料供应紧张，国家陷入危机局面。为了捍卫十月革命的成果，苏维埃政府提出了“一切为了前线，一切为了胜利”的口号，采取了一系列非常性的措施，集中人力、财力、物力以保证战争需要。由于这些措施带有军事共产主义的性质，因而被称为“战时共产主义”政策。其主要内容包括：第一，实行粮食垄断和余粮收集制，禁止粮食买卖。第二，实行工业国有化，把全部工矿企业收归国有，实行高度集中的计划管理。第三，实行商业的国家垄断和实物配给制，限制市场和私人贸易。第四，实行普遍劳动义务制，推行平均共产主义分配制度等。

在应对国内外敌人武装干涉的同时，列宁和布尔什维克还同各种思潮进行着理论上的斗争。针对国内外敌人对苏维埃政权在意识形态领域的进攻，列宁撰写了《无产阶级革命和叛徒考茨基》等论著，进一步发展了《国家与革命》中的社会主义革命和无产阶级专政理论。列宁提出，革命暴力是实行无产阶级革命的必要条件，是否承认无产阶级专政，是检验真假马克思主义者的试金石。他认为，只要不同的阶级存在，就不能说“纯粹民主”，无产阶级专政是新型民主和新型专政的结合，而苏维埃政权就是它的一种实现形式。在布尔什维克内部关于如何向社会主义过渡的论争中，列宁撰写了《无产阶级专政时代的经济和政治》等著作，强调了在无产阶级革命取得胜利以后，要经历一个向社会主义的过渡时期，认为开始这种过渡的起点越落后，它由旧的资本主义关系过渡到社会主义关系就越困难，“这个任务无论如何不能像我们从前解决内战任务那样用高呼‘乌拉’的方式来解决”。列宁指出，国家资本主义是俄国应该采取的过渡形式；只有对小农经济进行社会主义改造，才有可能建立和发展社会主义公有制经济。

2. 新经济政策实施与“第二个党纲”

经过三年艰苦卓绝的斗争，苏维埃政权取得了战争的胜利，这也是“战时共产主义”的成功。“战时共产主义”为取得战争胜利、巩固苏维埃政权创造了必要的物质前提，但它只是在特殊条件下采取的应急措施，只是布尔什维克向社会主义过渡的一种尝试。因此，在战争结束以后仍然实行这样的非常政策，并将其作为向社会主义直接过渡的措施，就违背了社会发展规律，脱离了当时俄国的国情。从 1920 年下半年之后，许多农民纷纷表达对余粮收集制的不满，一部分城市出现了工人的抗议示威活动，一些地方甚至出现了农民暴动和士兵叛乱。其中，最为突出的是曾作为十月革命重要军事力量的喀琅施塔得水兵发生反革命叛乱。

【链接】

列宁的“第二个党纲”

1920年2月，苏维埃俄国专门设立了国家电气化委员会，其成员由最高国民经济委员会、交通人民委员部和农业人民委员部的200位科学家和技术人员组成。这个委员会很快制订了全国工农业电气化计划，并提交1920年12月召开的全俄苏维埃第八次代表大会进行讨论。列宁对这个计划予以了高度评价，称它是“第二个党纲”“一个真正的科学计划”。列宁指出，没有电气化计划，苏维埃俄国就不能转入真正的建设。但是这个党纲又不像真正党纲那样，只有在党的代表大会上才可以修改。这个纲领在每个工厂里、每个乡里天天都会改进、修改、完善和变更。它是展示在整个俄国面前的第一张草图，它是一个为期不下十年的、表明怎样把俄国转到共产主义所必需的真正经济基础上去的伟大的经济计划。

农民的不满、经济的困顿、水兵的叛乱，促使列宁不得不对“战时共产主义”政策进行反思。列宁一方面指出，“战时共产主义”是“一种功劳”，但这种“功劳”是有限度的，“如果看不到和不理解这一点，那就是一种莫大的罪恶了”。另一方面，列宁坦率地承认：“现实生活说明我们错了。”“我们在经济进攻中前进得太远了……向纯社会主义形式和纯社会主义分配直接过渡，是我们力所不及的。”① 经过痛苦的反思，列宁决心另辟蹊径，必须采取必要的“战略退却”，必须让农民有发展农业生产的积极性，在改造农业的基础上使工业恢复起来，从经济上加强工农联盟。

1921 年 3 月，俄共（布）十大通过了《关于以粮食税代替余粮收集制》的决议，决定废止“战时共产主义”，实行新经济政策。其主要内容是：第一，用粮食税制取代余粮收集制。根据粮食税制，农民只需将自己收成的一部分作为赋税上交给国家，其余的粮食归个人所有和支配。第二，开放市场，实行自由贸易，恢复商品货币关系。第三，允许私人小工业企业发展，国家还把已经国有化了的小工业企业退还给私人经营。第四，允许资本主义一定程度上的存在和发展，在工商业领域发展租让制、租借制、合作社、代购代销等形式的国家资本主义。第五，改革工业管理体制，加强计划管理。在国有企业内，进行经济核算，计算成本和利润，“必须把国民经济的一切大部门建立在同个人利益的结合上面”②，使工人不仅在工资方面，而且在工作量方面得到满足。

伴随新经济政策的实施，遭受战争破坏的国民经济逐步得到恢复。1922 年粮食困难得到了克服，1925 年的农业生产水平接近 1913 年的水平；按总产值计算，大工业的发展在 1925 年达到了 1913 年水平的 75%，1926 年已经超过了战前水平；城乡之间的商品流转大大扩大，1924—1925 经济年度的国内贸易总额已达到战前的 70%；劳动人民生活明显改善，食糖、印花布和其他商品的人均消费量迅速增长。经济建设的成就增强了布尔什维克和广大人民巩固苏维埃政权、建设社会主义的信心，1922 年 12 月 30 日，由俄罗斯联邦、乌克兰、

---

① 列宁．列宁选集．第 4 卷．北京：人民出版社，2012：450，720.

② 列宁．列宁专题文集・论社会主义．北京：人民出版社，2009：259.

白俄罗斯和外高加索联邦共同组成的苏维埃社会主义共和国联盟（简称苏联）正式成立，列宁当选为苏联人民委员会主席。

新经济政策的成就是不容置疑的，但在新经济政策的性质和历史地位问题上，苏俄国内外，甚至在布尔什维克内部都有着不同的认识。有观点认为实行新经济政策就是放弃十月革命的成果，是“资本主义在俄国复辟”。有的观点公开地把新经济政策看作失败，而不是一种令人高兴的成就。其他一些国家的社会主义工人政党领导人也认为，新经济政策不符合马克思主义关于社会主义经济的论述，是对马克思主义的背叛。为了消除思想分歧、澄清错误认识，列宁在《论粮食税（新政策的意义及其条件）》《新经济政策和政治教育委员会的任务》等著作中，反复阐述实施新经济政策的出发点和必要性，指出新经济政策的实施绝不是要复辟资本主义，绝不是要把社会主义的阵地让给资产阶级，而是用“新的迂回方法”来夺取一些阵地，“我们用‘强攻’办法即用最简单、迅速、直接的办法来实行社会主义的生产和分配原则的尝试已告失败。1921 年春天的政治形势向我们表明，在许多经济问题上，必须退到国家资本主义的阵地上去，从‘强攻’转为‘围攻’”[①]。经过列宁的理论解释和耐心教育，党内同志大多澄清了模糊认识，选择支持和拥护列宁的新经济政策，投入恢复国民经济的工作中。1922 年 11 月，列宁在苏维埃全会的讲话中满怀信心地提出，新经济政策的俄国将变成社会主义的俄国。

3. 列宁晚年对俄国社会主义道路的探索

在苏维埃俄国沿着新经济政策开辟的道路不断前行中，列宁和他领导的布尔什维克还注重总结俄国社会主义革命和建设的经验教训，对经济文化落后的俄国如何建设社会主义进行了全面思考。特别是在 1922 年 12 月至 1923 年 3 月间，列宁在病榻上先后口授了《日记摘录》《论合作社》《论我国革命》《我们怎样改组工农检察院》《宁肯少些，但要好些》等信件和论文，积极回应了第二国际和孟什维克一些理论家的责难，深刻阐发了关于俄国革命、合作社、文化革命以及国

① 列宁．列宁专题文集·论社会主义．北京：人民出版社，2009：279－280.

家机关和执政党建设等一系列问题。

【链接】

列宁《政论家札记》论攀登高山、灰心的害处

一个人尽管已经登上前人未曾到过的高度，但处于这样的境地，也会有霎时的灰心，这样假定恐怕是很自然的。如果他能够听到下面有人从安全的地方用望远镜远眺这种极危险的下山而发表的一些议论，那么灰心的时候就会更多、更沉重。

来自下面的议论是幸灾乐祸的。有些人公开表示幸灾乐祸，高声嘲笑说：看，他就要摔下来了，活该，看你还发疯！有些人则完全仿效犹杜什卡·戈洛夫廖夫，竭力把幸灾乐祸的情绪隐藏起来。他们举目望天，神情忧伤。真叫人伤心，我们的忧虑竟得到了证实！

幸亏在我们的比喻中所假想的这位旅行家听不到这些登山计划的“真正的朋友”的声音，否则他也许要恶心了。而人一恶心，据说就不能头脑清醒，脚步稳健，尤其是在那么高的地方。①

无论是在十月革命爆发之初，还是在新经济政策实施之际，始终存在着攻击、歪曲十月革命的声音。1923 年 1 月，列宁在阅读了苏汉诺夫的《革命札记》第 3 卷和第 4 卷后，口授了《论我国革命（评尼·苏汉诺夫的札记）》一文，批驳了苏汉诺夫、考茨基、普列汉诺夫等关于俄国没有实行社会主义客观前提的谬论，论证了经济、文化落后国家进行社会主义革命和建设的必要性和可能性。列宁嘲笑了苏汉诺夫和第二国际的英雄们的“学究气”，认为他们虽然都自称马克思主义者，但却对马克思主义中有决定意义的革命辩证法一点也不理解。他提出，俄国国情决定了它能够表现出而且势必表现出某些特殊性，而“世界历史发展的一般规律，不仅丝毫不排斥个别发展阶段在发展的形式或顺序上表现出特殊性，反而是以此为前提的”②。列宁提出，既然建立社会主义需要有一定的文化水平，那么俄国完全能够首先用革命手段取得达到这个一定水平的前提，然后在工农政权和苏维埃制度的基础上创造建设社会主义所需要的生产力水平和文化水平。

---

① 列宁．列宁选集：第 4 卷．北京：人民出版社，2012：638.

② 列宁．列宁专题文集·论社会主义．北京：人民出版社，2009：357－358.

列宁不仅阐明了十月革命的历史必然性，而且科学预见了世界革命发展的前景，认为尽管西欧国家的革命处于低潮，但东方殖民地半殖民地国家已经卷入了引起整个世界资本主义危机的发展旋涡。他确信社会主义的最终胜利是完全的和绝对有保证的，而这个目标的实现归根到底取决于俄国、印度、中国等构成世界人口绝大多数的国家。

十月革命后小农经济占据优势的状况，要求布尔什维克必须把小农的社会主义改造作为亟待解决的任务。在战时共产主义时期，列宁从马克思恩格斯的合作社思想出发，提出了通过共耕社直接、迅速过渡到社会主义的政策，但实践中的共耕社组织却管理混乱，劳动生产率低下，处于名副其实的养老院的可怜状态。在新经济政策条件下，苏维埃向私人买卖原则做出了让步，发展各种形式的合作社具有了特别重要的意义。合作社既能满足农民对个人利益的要求，又能引导农民走向社会主义，因而是农民感到简便易行和容易接受的形式，也是把农民个人利益与国家利益结合起来的最好形式。列宁认为，社会制度不同，合作社的性质也不相同。如果合作企业占用的土地和使用的生产资料属于工人阶级，那么合作企业与社会主义企业没有区别，合作社的发展也就等于社会主义的发展。列宁指出，由于通过新经济政策使全体居民参加合作社，必须要以文化革命为前提，而这对俄国来说又是异常困难的事情，因此实现目标必定需要整整一个历史时代，即使在最好的情况下，度过这个时代也要一二十年的时间。

基于对文化在社会主义建设中地位和作用的思考，列宁提出了文化革命的号召，强调只要实现了文化革命，俄国就能成为完全社会主义的国家。列宁认为，一个文盲充斥的国家是不能建成共产主义社会的。有文盲的时候不可能实现电气化，不识字不可能有政治，文化落后就不可能在与资本家的竞赛中获得胜利。对于俄国这样一个文盲占居民多数的国家，改变这种状况并不能仅仅进行一般意义上的文化建设，而是需要一场深刻的“文化变革”或“文化革命”，其内容包括扫除文盲、提高人民的文化水平、造就各方面的专业人才、进行共产主义道德教育，以及加强文化所需要的物质基础建设等。列宁指出，完成文化革命的根本途径是大力发展教育事业，为此，国家要不断增加发展教育的经费，加强教育管理机构的改革，把教师地位提到在资

列宁，1920 年摄于莫斯科

产阶级社会里从来没有、也不可能有的高度。他批评了文化革命中出现的急躁冒进和历史虚无主义的做法，认为无产阶级文化应当是人类在资本主义社会、地主社会和官僚社会压迫下创造出来的全部知识合乎规律的发展。因此，发展无产阶级文化应当吸收借鉴人类一切优秀文化成果，尤其是学习和借鉴资本主义文明成果，吸收资产阶级专家参加社会主义建设，并不断改善他们的工作、生活条件。

社会主义建设进程中党和国家机关存在的官僚主义等不良现象，促使列宁对如何改造国家机关、加强党的建设问题进行了深入思考。在列宁看来，导致苏维埃国家机关出现问题的重要原因在于一些国家机关是从沙皇和资产阶级那里拿来的旧东西，它们不过是在外表上稍微粉饰了一下而已。只有彻底清洗这些机关，尽量削减机关非绝对必要的一切，布尔什维克才能够有十分把握地坚持下去，而且是在不断地前进、向着大机器工业前进的水平上坚持下去。他认为，真正革新国家机关的办法，就是要像国内战争那样到无产阶级专政根基最深的地方去发掘新的力量，就是要依靠工农群众。立足于这种认识，列宁提出了精简机构和人员、大力培养和选拔优秀人才、同官僚主义习气做斗争等改造国家机关的一系列具体措施，同时强调，尽管改造国家机关很重要，但也不应当追求数量和急于求成，宁可数量少些，但要质量高些。

【链接】

列宁《给代表大会的信》

《给代表大会的信》包括列宁在1922年12月23日、24日、25日、26日、29日和1923年1月4日口授的札记，在一些研究中也被称为列宁的政治遗嘱。列宁在信中向即将召开的党的十二大提出了自己的意见和建议。他建议吸收工人共产党员和劳动农民共产党员担任中央委员，把中央委员人数增加至50人，甚至100人，以便减少中央委员会做出决定时的个人的、偶然的因素。列宁分析了党的不稳定性和分裂问题，对党中央的主要成员斯大林、托洛茨基、季诺维也夫、加米涅夫、布哈林和皮达可夫进行了评述，提出了防止分裂的措施。认为只有贯彻民主集中制和集体领导的原则，才能保证党的统一和政策的正确性。

信的第一部分（23日的札记）于当天送达斯大林，其他部分由克鲁普斯卡娅于1924年俄共第十三次代表大会开幕前正式移交中央委员会。1956年，根据苏共中央决定，这些书信向党的第二十次代表大会做了传达，分发给党的各级组织。

在党的建设问题上，列宁也着力于从党的地位的根本性变化出发，提出了一系列重要观点。针对由于参加执政党的引诱力大大增强而出现的一些非无产阶级分子的汹涌入党浪潮，列宁提出了更加严格的入党条件，大大延长预备期，并在预备期内认真考察新党员；充分发挥老党员的表率作用，加重处罚违法乱纪的党员等主张，以清洗混进党内的投机分子，保持党员质量和党的队伍的纯洁性。他提出要明确党政分工，认为党的任务是对国家机关的工作进行“总的领导”，而不是对国家机关进行过分的、不正常的、往往是琐碎的干预。他还提出了增加中央委员的人数，以提高党的威信，改善国家机构；赋予国家计划委员会的决定在一定条件下具有立法的性质等措施，以加强党的团结，防止分裂。

尽管列宁经历的社会主义建设时期很短暂，但他以无产阶级革命家的敏锐眼光、非凡胆识，对苏俄社会主义建设进行着深入思考。也正是在这种坚持不懈的思考中，列宁说：“我们不得不承认我们对社会主义的整个看法根本改变了。”[①] 这种改变既是指在认识社会主义的基本依据上的改变，即由主要依据书本特别是依据经典作家的文本，改变为主要依据社会主义实践经验，也是指在向社会主义过渡方式上的改变，即由直接过渡改变为迂回、间接过渡，同时还是指对资本主义与社会主义关系认识的改变，即由消灭资本主义建设社会主义改变为利用资本主义、利用商品货币关系建设社会主义。

这一系列的“根本改变”生动地反映了科学社会主义理论与实践的辩证法，创造性地发展了科学社会主义。科学社会主义原理作为一种理论抽象，反映了人类社会经过资本主义到达共产主义的一般规律，但这些抽象的原理只有与实践相结合，同时又根据实践不断检验、修正，才能为自己不断开辟道路。列宁正是沿着这样的道路将科学社会主义由理论变为实践，又根据实践不断赋予理论以活力。这也正如列宁在十月革命胜利后所指出的那样：“理论在变为实践，理论由实践赋予活力，由实践来修正，由实践来检验。”[②]

---

① 列宁．列宁专题文集·论社会主义．北京：人民出版社，2009：354.

② 列宁．列宁专题文集·论马克思主义．北京：人民出版社，2009：300-301.

第六章

苏联社会主义的探索与苏联模式的浮沉

列宁去世后，斯大林在领导苏联党和人民进行社会主义建设的进程中，积极推进国家的工业化和农业的集体化，建立了人类历史上第一个社会主义制度，形成了高度集中的经济政治体制，即苏联模式。苏联模式是特定历史条件下的产物，它创造了骄人的成就，体现了社会主义制度的优越性，成为其他社会主义国家学习的榜样。但同时这种模式的缺陷和弊端也随着实践的发展充分暴露，最终招致了世界社会主义运动的严重挫折。

一、布尔什维克内部的理论纷争

1924年初，正当苏联沿着新经济政策开辟的道路前进时，列宁与世长辞。为了缅怀列宁的伟大功绩，人们纷纷撰写纪念文章，并对列宁的思想进行总结和概括，引发了关于列宁主义的认识纷争。国际国内局势的变化，也把苏联能否依靠自己的力量建成社会主义、新经济政策的存废等问题，不仅是作为理论问题，更是作为实践问题摆在了苏共的面前。

1. 列宁主义的认识分歧

在缅怀和纪念列宁的日子里，斯大林、托洛茨基、季诺维也夫等苏共领导人纷纷撰写文章，阐述对列宁及其思想的认识。在斯大林那里，列宁是为革命而诞生的，具有谦逊、原则性、不灰心等品质的无产阶级领袖。1924 年 4—5 月间，斯大林撰写了《论列宁主义基础》，对什么是列宁主义、列宁主义的方法等问题做出了阐述，提出“列宁主义是帝国主义和无产阶级革命时代的马克思主义。确切地说，列宁主义是无产阶级革命的理论和策略，特别是无产阶级专政的理论和策略”①，认为列宁主义的方法不仅是马克思的辩证法的恢复，而且是这个方法的具体化和进一步发展。

托洛茨基撰写了《论列宁》《十月的教训》等著作，阐述了对列宁和十月革命等问题的看法。在这些著作中，托洛茨基把列宁称为无产阶级革命领袖，认为他具有不屈不挠的毅力等品质。但同时也指出了列宁的错误，认为列宁领导的武装起义对于十月革命“只具有补充的性质”。托洛茨基把列宁主义比作“明灯”，提出“作为革命行动体系的列宁主义，就是由思维和经验养成的革命嗅觉，这种社会领域里的嗅觉，如同体力劳动中肌肉的感觉一样”②。他认为，列宁主义是马克思主义这种历史分析和确定政治方向的方法在特定历史时代的应用，十月革命之所以能够取得胜利，就在于列宁抛弃了不适合革命需要的老的布尔什维主义，而以自己不断革命的理论重新武装了无产阶级。

托洛茨基关于列宁及其思想的认识，引发了苏共党内的激烈争论。加米涅夫在《托洛茨基主义还是列宁主义》中指出，托洛茨基对从二月开始到整个十月的全部事件的叙述，基本上是不正确的，是和事实相反的，列宁旧的理论都被证明是正确的，毫无重新武装的必要。他认为，托洛茨基不过是孟什维克主义的代理人，其目的在于用托洛茨基主义来顶替或者修正列宁主义。季诺维也夫也对托洛茨基进行了批判，认为托洛茨基的《十月的教训》不是什么别的，而是十分

① 斯大林．斯大林选集：上．北京：人民出版社，1956：185.

② 托洛茨基．托洛茨基言论．北京：生活·读书·新知三联书店，1979：456.

公开地企图修正，或者甚至是直接地消灭列宁主义基础，但这是一种手段不中用的企图。季诺维也夫提出，列宁是一个彻底的无产阶级革命家，但他更清楚俄国是一个农民占优势的国家，因此，列宁主义是在农民占优势的国家中直接开始的世界革命中帝国主义大战时代的马克思主义。

【链接】

斯大林论列宁

有两派马克思主义者。这两派都是在马克思主义旗帜下工作，都认为自己是“真正的”马克思主义者。但是他们毕竟大不相同。不仅不同，他们之间还横着一道鸿沟，因为他们的工作方法正好相反。

第一派的活动不是以经验、以考虑实际工作为基础，而是以摘引马克思的词句为基础。他们不是从分析活的现实，而是从类比和历史比拟中求得指示和指令。这一派的名字是孟什维主义（在俄国）、机会主义（在欧洲）。

第二派恰巧相反，他们不是从历史类比和历史比拟中，而是从研究周围条件中求得指令和指示。他们的活动不是凭借引证和格言，而是凭借实践经验，依据经验来检查自己的每一个步骤，用自己的错误来教育自己并教导别人建设新生活。这一派的名字是布尔什维主义、共产主义。这一派的组织者和领袖是弗·伊·列宁。

斯大林也加入论争的队伍，他撰写了《托洛茨基主义还是列宁主义》《十月革命和俄国共产党人的策略》《论列宁主义的几个问题》等著作，不仅反驳了托洛茨基关于十月革命的描述，指出其试图用托洛茨基主义顶替列宁主义的目的，而且批判了托洛茨基、季诺维也夫等人对列宁主义的阐释，总结了列宁对马克思主义的新贡献。

首先，阐释了列宁主义的科学内涵。斯大林认为，托洛茨基关于列宁主义的定义虽然很漂亮，甚至很雄壮，但恰恰是缺少了简单而又人人懂得的列宁主义的定义。季诺维也夫关于列宁主义的定义只是强调俄国的落后性，从而把列宁主义从国际无产阶级的学说变成了俄国特殊情况的产物。把列宁主义界定为帝国主义和无产阶级革命时代的马克思主义，才是正确的。因为列宁生活在帝国主义时代，战斗于世界革命中心的俄国。帝国主义不仅使革命成了不可避免的实践问题，而且造成了直接冲击帝国主义堡垒的有利条件。正是在这样的历史条件下，列宁总结各国革命运动的经验教训，揭示了关于无产阶级革命和无产阶级专政的一系列原理，把马克思主义推进到了列宁主义阶段。

其次，阐释了列宁主义一系列新观点。斯大林指出，在无产阶级革命理论问题上，列宁根据帝国主义时代的历史条件提出了关于在经济落后国家能够而且发动革命、关于无产阶级革命可以首先在一个国家内取得胜利、关于资产阶级民主革命转变为无产阶级革命，以及关于无产阶级必须同国内农民群众、同殖民地附属国的民族解放运动结成联盟等观点，有力批驳了第二国际机会主义和托洛茨基主义葬送无产阶级革命的“理论”；在无产阶级专政理论问题上，列宁论述了关于无产阶级专政的无产阶级性质、关于必须坚持无产阶级专政的观点；在马克思主义政党问题上，列宁阐述了关于无产阶级政党是无产阶级的先进部队、是无产阶级的有组织的部队、是无产阶级组织的最高形式，以及必须坚持无产阶级政党领导等观点。

斯大林关于对列宁及列宁主义的认识和评价，有力批驳了党内在这些问题上的模糊认识和错误观点，捍卫了列宁主义。这些论述对于布尔什维克党巩固无产阶级专政、推进苏联社会主义建设，以及帮助各国共产党人领会马克思列宁主义，都有着极为重要的意义。

2. 一国能否建成社会主义的论争

早在十月革命前，列宁在论述社会主义革命“一国胜利”论时就提出，革命胜利成果的巩固有待于世界社会主义革命的胜利。十月革命后，列宁虽然依旧强调世界革命胜利的重要性，但也敏锐地意识到本国人民对于建设社会主义的重要作用，提出了俄国拥有建成社会主义社会所必需而且足够的一切条件等观点。列宁的这些论述回答了苏联社会主义建设及其前景问题，但并没有明确提出一国可以建成社会主义的论断。“一国建成社会主义”的理论，是由斯大林首先提出的，并在与托洛茨基等人的论争中逐步形成。

1924—1925 年间，苏联人民已经在新经济政策道路上取得了巨大成就。农业规模已接近战前水平，1925 年的工业总产值达到 1913 年的73%，国民经济中的社会主义阵地加强，工农联盟更加巩固，人民物质文化生活得到改善。在国际层面，资本主义国家的革命运动相继失败，资本主义世界进入相对稳定时期，武装干涉苏维埃政权的失败也迫使他们与苏联建立正常的外交关系。面对国际国内的新局面，斯大林逐渐改变了过去把一国社会主义命运寄托于世界革命命运的传统观点。1925年5月，斯大林在联共（布）第十四次代表会议上提出了苏联能够建成社会主义的论断，同时认为这只是社会主义的一般胜利，即赶走地主和资本家，夺取政权，打退帝国主义的进攻，开始建设社会主义经济，而社会主义的最终胜利，即具有免除复辟企图的完全保障，依然需要通过国际无产阶级的共同努力。

斯大林一国建成社会主义的观点得到了布哈林的支持，却遭到了季诺维也夫、托洛茨基等人的反对。季诺维也夫在联共（布）第十四次代表大会的报告中提出，社会主义的最终胜利至少可以理解为消灭阶级，从而废除无产阶级专政，但对俄国来说显然是不可能的。他认为，承认一国一定能建成社会主义是“民族狭隘性”的表现。他还在其《列宁主义》中进一步做了分析，认为应当区别两种东西，即建设社会主义的有保障的可能性与最终建成和巩固社会主义的可能性。季诺维也夫认为，对于前一个东西来讲在一个国家的范围内自然是可以想象的，但是对于后一个东西来说则是有待解决的。

托洛茨基也从他的不断革命的理论出发，对一国建成社会主义的问题做出了否定回答。托洛茨基认为，由于农民是反对社会主义革命的，因此俄国无产阶级在夺取政权后，不但会和资产阶级发生敌对的冲突，而且会和那些协助过它取得政权的广大农民发生敌对的冲突。这样一来，在农民占人口多数的落后国家内，工人政府所处地位的矛盾，只有在国际范围内，即在世界无产阶级革命舞台上才能得到解决。托洛茨基断言，俄国社会主义经济的真正高涨只有无产阶级在欧洲几个最重要的国家内获得胜利以后才是可能的，没有欧洲无产阶级直接的国家援助，俄国工人阶级就不能保持政权，就不能把自己暂时的统治变成长期的社会主义专政。

针对季诺维也夫、托洛茨基等人的观点，斯大林于1926年发表了《论列宁主义的几个问题》等文章，对一国建成社会主义的理论进行了系统阐述。首先，阐述了关于苏联社会主义建设两种矛盾的认识。斯大林指出，无产阶级专政的国家有两种矛盾：一种是内部的矛盾，即无产阶级和农民之间的矛盾；另一种是外部的矛盾，即社会主义国家和其他一切资本主义国家之间的矛盾。在对能否克服第一个矛盾的回答中，斯大林做出了肯定的回答。斯大林提出，由于资本主义道路使绝大多数农民贫困破产，而社会主义道路使劳动农民生活不断提高，由于无产阶级掌握着国家政权和国民经济命脉，因此能够吸引劳动农民和无产阶级一起走社会主义道路。在对能否克服第二个矛盾的回答中，斯大林给出了否定的答案。斯大林认为，在国际范围内，仅靠一个国家的努力，不能完全保障自己免除武装干涉的危险。只有通过若干国家无产者的共同努力，或者更好是在几个国家的无产者取得胜利以后，才能有免除武装干涉的完全保障。

其次，区分了“社会主义可能在一个国家内胜利”和“社会主义不可能在一个国家里获得最终胜利”的内涵。斯大林指出，“一国建成社会主义”的意思，就是可能用我国内部力量来解决无产阶级和农民间的矛盾，这就是在其他国家无产者的同情和支援下，但无须其他国家无产阶级革命的预先胜利，无产阶级可能夺取政权并利用这个政权来在我国建成完全的社会主义社会。而“社会主义不可能在一个国家里获得最终胜利”的意思，就是没有至少几个国家革命的胜利，就不可能有免除武装干涉，因而不可能免除资产阶级制度复辟的完全保障。斯大林认为，否认社会主义在一国胜利的可能，就是不相信社会主义建设事业，就是离开列宁主义。否认社会主义不可能在一个国家里获得最终胜利的观点，就是离开国际主义，就是离开列宁主义。

最后，论述了国际无产阶级和被压迫民族斗争的意义。斯大林指出，那种只把取得革命胜利的无产阶级的“直接的国家援助”看作援助的观点，根本不了解西方工人和东方农民给予俄国革命不可估量的意义。在他们那里，只有西欧无产者对苏联无产者的“直接的国家援助”这样一种形式，但事实并非如此。欧洲工人、殖民地国家对俄国革命的同情，他们破坏帝国主义武装干涉计划的决心，同样也是很大的帮助，这种帮助是支持俄国建成社会主义的重要力量。

斯大林的“一国建成社会主义”理论发展了列宁关于依靠本国人民力量建设社会主义，而且能够建成社会主义的理论，它明确回答了时代提出的苏联社会主义的前途问题，增强了苏联人民对社会主义的信心，激发了他们建设社会主义的热情，有力推动了苏联社会主义事业的发展。

二、苏联社会主义制度的建立及其历史贡献

国民经济恢复工作基本完成后，联共（布）制定了苏联进行社会主义建设的路线、方针和政策。通过十年左右的艰苦奋斗，苏联实现了国家工业化和农业集体化，整个社会生活面貌发生了根本性变化。1936 年 11 月，苏维埃第八次代表大会通过了新宪法，宣告了社会主义制度在苏联的确立。

1. 国家工业化的实施

1925 年，苏联经济基本恢复到战前水平。然而由于战前的俄国只是一个不发达的资本主义国家，因此经济恢复后的苏联仍然是一个落后的农业国家。农业生产占全部产值的三分之二，工业仅仅占三分之一。工业本身也还存在着技术落后、重工业很薄弱的问题，没有形成一个完整的工业体系。实行社会主义工业化，成为苏联社会主义建设的首要任务。

1925 年 4 月，联共（布）第十四次代表会议提出了国家工业化问题。在 12 月举行的第十四次党代表大会上，斯大林提出了苏联社会主义经济建设的总路线，指出把苏联从农业国变成能自力生产必需的装备的工业国，就是总路线的实质和基础。斯大林认为，对于处于资本主义包围中的苏联来说，工业化的任务不仅要增加整个国民经济中工业的比重，而且要在这种发展中保证国家在经济上的独立。那种以苏联落后为理由，主张走发展工业品输出道路，进而从国外输入装备和原料来发展苏联工业的观点，只会使苏联永远或者差不多永远不能实现真正的工业化，使苏联客观上必然由依靠国内市场的独立的经济

单位变成资本主义总体系的附属品。

苏联工业化建设

优先发展重工业是苏联工业化的重要特征。列宁特别重视重工业在工业发展中的地位，认为苏联不恢复和挽救重工业，就不能建成任何工业。斯大林也认为，工业化的中心，工业化的基础，就是发展重工业。只有发展重工业，才能为整个工业、农业和运输业提供技术改造的基础，才能推动整个国民经济的发展。不仅如此，优先发展重工业还是苏联所处环境的必然要求。资本主义国家的工业化通常从轻工业开始，但以这种方式实现工业化往往需要几十年甚至上百年的时间。苏联作为当时世界上唯一的社会主义国家，处在资本主义世界的包围中，不能知道帝国主义究竟哪一天会展开进攻。优先发展重工业，才能增强经济和国防实力，巩固社会主义政权。

苏联的工业化是以高速度为灵魂的。早在 1925 年，托洛茨基就提出了高速度发展工业的观点，主张提高工业品出厂价格和提高农民赋税，以获得工业化发展所需资金。由于这种靠牺牲农业来发展大工业的路线，既破坏了工农联盟，又会导致工业化速度降低，因而遭到了联共（布）中央的抛弃。但在同时，斯大林和一些联共（布）中央成员也认为应当加快工业化的速度。1928 年 11 月，斯大林提出了工业化必须高速度发展的方针，而布哈林却主张工业化的速度要“适中”。斯大林认为布哈林“适中”论的实质就是破坏工业化，其结果只能导致苏联陷于落后挨打的境地。由于苏联比先进国家落后了五十年至一百年，因而只有竭力和尽可能地加快速度，才能在十年内就跑完这一距离。“或者我们做到这一点，或者我们被人打倒。”①

苏联的工业化还是与科学技术的进步紧密联系在一起的。社会主义工业化的建设，需要大批具有高度文化知识水平的建设者。然而，由于历史原因，大多数工人和管理者的文化和技术素质普遍偏低。尤其是在国民经济的技术改造全面展开后，能够掌握新技术的人才更是奇缺。为了改变这种状况，造就一支科学人才队伍，1928 年 5 月，斯大林提出了“向科学大进军”号召，鼓励青年们去攻占科学堡垒。1931 年 1 月，斯大林又提出了“技术决定一切”的口号，号召布尔什维克学习掌握技术，培养布尔什维克自己的专家。斯大林的号召得到了社会各阶层，尤其是青年人的广泛响应。经过几年努力，全国文盲半文盲人数明显减少，培养出大批具有专门知识和熟练技能的专门人才，涌现了一批“红色专家”。1935 年 5 月，依据对工业化推进所需人才的判断，斯大林又提出了“干部决定一切”的口号，作为对“技术决定一切”的口号的补充。在“干部决定一切”“技术决定一切”口号的引导下，全苏联掀起了学习文化、掌握技术的热潮，科技队伍迅速壮大，有力保障了社会主义工业化的发展。

【链接】

工业化时期的教育事业发展

革命前，俄国识字的人在全国人口中的比重在欧洲最低。根据1897年的普查资料，全国9岁以上的居民只有24%是识字的，而到1939年初，这一比例已提高到了81.2%，这在当时的世界也是较高的比例。全国普及了4年制的初等教育，在城市基本上普及了7年制的中等教育。与战前相比，1936—1937年度，苏联学生总数增加了3.7倍，而中等学校学生人数则增加了17倍。从1927—1928年度到1937—1938年度，大学生人数由16.85万增加到54.72万，10年内增加了2.25倍。同时期中

① 斯大林．斯大林选集：下．北京：人民出版社，1956：274.

等专业学校学生人数由18.94万增加到86.25万，10年内增加了3.56倍。就普通教育而言，苏联当时已赶上并超过了发达的资本主义国家。1939年，苏联1 000个居民中有182.3个学生，而当时文化最发达的英国1935—1936年度只有144.9个，德国1937—1938年度为128.3个，意大利1936—1937年度为121个。

以较快的速度优先发展重工业，需要巨额的资金投入。资本主义国家通过残酷剥削本国劳动人民、掠夺殖民地和附属国等方式解决了这个问题，但苏维埃政权只能走边建设、边积累的道路。1926年联共（布）中央委员会的决议指出："剥夺不生产的阶级（资产阶级和贵族），废除外债，把工业、国营商业（对内和对外的）和整个信用系统的收入集中在国家手中等等，——这一切使我们有可能进行国内积累，以保证社会主义建设所必须的工业发展速度。"① 决议还提出了完成上述任务的两个条件，即在全国实行最严格的节约制度和吸引更多的游资。依据决议精神，国家号召各行各业、各项事业都要合理使用每一个卢布，开展了轰轰烈烈的增产节约运动。国家通过税收、发行公债等方法吸收的居民资金，甚至超过了国家预算拨款。积累的增加压缩了人民的消费空间，但这种牺牲的意义是巨大的。对此，斯大林在1933年1月的讲话中指出："日用品的确生产得不够用，因而造成了相当的困难。但是必须知道而且必须考虑到这种把工业化任务放在末位的政策会使我们得到什么结果。——那时我们就会没有拖拉机工业，也没有汽车工业，就会没有比较巨大的钢铁工业，就会没有金属来制造机器，因而就会在用新技术武装起来的资本主义包围面前处于手无寸铁的状况。——很明显，自重的政府、自重的党是不能采取这种会招致灭亡的观点的。"②

为使社会主义工业化有计划地展开，苏联加强了计划和行政手段在经济发展中的作用，制定和实施了发展国民经济的五年计划。1929年4月，联共（布）第十六次代表会议讨论通过了第一个五年计划，

① 中央编译局．苏联共产党代表大会、代表会议和中央全会决议汇编：第三分册．北京：人民出版社，1956：156.

② 斯大林．斯大林全集：第13卷．北京：人民出版社，1956：166－167.

提出国民经济增长的总方针是坚决扩大城乡社会主义成分，排挤国民经济中的资本主义成分。计划规定，1928—1933 年国民经济基本投资额为 646 亿卢布。其中工业建设的基本投资为 159 亿卢布。1933 年 1 月，苏联宣布第一个五年计划提前 9 个月完成，改造工业、运输业和农业的本国的工业基础已经确立。“一五”计划取得的巨大成就，为制定和实施第二个五年计划创造了前提和基础。1934 年 1 月发布的第二个五年计划把完成整个国民经济的技术改造作为具有决定性的基本经济任务，要求培养无产阶级自己的生产技术知识分子。“二五”期间的国民经济基本投资额为 1 334 亿卢布，其中投资于工业的为 695 亿卢布，在计划内开工的各种新建和改建的企业总值达到 1 320 亿卢布。“二五”计划于 1937 年 4 月提前 9 个月完成，苏联的工业总产值已跃居欧洲第 1 位、世界第 2 位。这标志着苏联已经基本上实现了社会主义工业化，完成了从落后的农业国向强大的工业国的转变。

【链接】

斯达汉诺夫运动

斯达汉诺夫运动的发起人阿列克塞·斯达汉诺夫是顿巴斯中央依尔明诺矿井采煤工。1935年8月30日，斯达汉诺夫在一班工作时间内采煤102吨，超过了当时采煤定额的13倍。榜样的力量促成了工人提高生产定额、提高劳动生产率运动的诞生。1935年11月，全苏斯达汉诺夫工作者在克里姆林宫举行了第一次会议。斯大林在讲话中提出：“斯达汉诺夫运动的意义就在于：这一运动打破了不高的旧的技术定额，而且往往超过了先进资本主义国家的劳动生产率，这样就使我国在实际上有可能更加巩固社会主义，有可能把我国变成最富裕的国家……斯达汉诺夫工作者没有某些工程师、技师和经济工作人员的那种保守主义和顽固思想；他们勇敢地前进，打破旧的技术定额，创造新的更高的技术定额；他们对我国工业领导者制定的设计能力和经济计划提出修改，他们往往补充和修改工程师和技师的意见，他们时常教导工程师和技师，并推动工程师和技师前进，因为他们是完全掌握了本行技术并善于最大限度地利用技术的人才。”

苏联的社会主义工业化，创造了世界工业发展的奇迹，显示了社会主义的优越性。第一个五年计划期间，整个工业年平均增长速度为19.2%，第二个五年计划期间为17.1%。在1929—1932年资本主义危机期间，苏联的飞速发展与资本主义国家生产停滞更是形成鲜明对比。苏联工业增长了1倍多，而美国工业下降了42%，英国下降了12%，德国下降了39%。整个资本主义世界工业生产下降了33%。1917年，苏联工业产值还不到世界工业产值的3%，到1937年已占10%。1913年苏联工业品产量排在欧洲第4位，世界第5位。1932年已经提高到欧洲第1位，世界第2位。重工业的快速发展，还大大加强了国家经济的独立性。1928年整个机器制造业产品的进口量占全部需要量的30.4%，而到1937年进口量只占0.9%。

但在同时，苏联的社会主义工业化也存在一些弊端和问题。由于片面发展重工业，农业和轻工业长期处于落后状态，导致整个国民经济结构畸形发展。对高速度、高积累的片面追求，也在一定程度上制约了人民生活水平的提高。否定价值规律和市场作用，过分依赖行政化手段发展经济的做法，也导致苏联经济体制的僵化，阻碍了生产力的进一步发展。

2. 农业集体化运动

在推进国家工业化的同时，苏联也开始了农业集体化的进程。在战后的国民经济恢复时期，苏联农业生产迅速增长。但在1925年之后却出现了放慢现象。1926年播种面积的增长为5.8%，1927年为1.9%，1928年为0.5%。1928年牲畜头数也暂时没有增长，牛和猪的总头数比1927年相应减少3.2%和11.8%。农业生产越来越不能满足城市居民对粮食的需求，以及工业对原料日益增长的需要。造成农业发展速度放慢的原因有很多，但主要原因在于农业中的生产关系，在于小农生产占优势。按照斯大林的分析来说就是农业技术过分落后、农村文化水平太低，以及农业生产零星、分散，没有国有化工业所具有的那种计划经营的优越性。彻底改造小农经济，实行农业集体化的任务提上了议事日程。

1927年12月的联共（布）第十五次代表大会着重讨论了农业问题，提出了农业集体化的方针，要求把个体小农经济联合并改组为大规模集体经济作为党在农村中的基本任务，明确了农业合作社的任务，就是使农村贫农和中农阶层群众性地投入合作社运动，把供销领域联合农民的重心转到在生产领域把他们联合起来。而对于国营农场来说，就是要把它们建设成为“模范的社会主义类型的大经济”，并不断加强对农民的帮助。在这里，对小农经济向集体化的过渡采取的态度是在劳动农民的同意下进行，途径是向农民广泛宣传逐步过渡到大规模公有化农业经济的好处和必要性，并以各种实际办法来鼓励农村中现有的正在显著增长起来的大规模的集体经济成分。

在落实农业集体化要求的进程中，农业合作社、国营农场和集体农庄不仅在数量和规模上有所扩大，而且其成员的社会成分也发生了变化。农业合作社中的贫农和中农的力量逐步增加，富裕上层分子在减少。集体农庄中的工人比重在减少，农民比重在增加，尤其是中农的人数在增加。集体农庄中出现了老农庄多半是贫农，新农庄多半是中农的现象。面对农业集体化的新变化，加之工业化发展为农业生产

【链接】

国营农场的发展

1929年国营农场拥有土地112 288万公顷，平均一个农场占有土地1 020公顷。拥有土地在500公顷以内的国营农场占39%，拥有土地在500～2 000公顷的占44%，2 000公顷以上的占17%。最大的国营农场是北高加索边区萨尔斯克区的“巨人”，拥有14万公顷土地。1929年该国营农场有2 516个工人，342台拖拉机、79辆汽车、9台联合收割机，几乎有60 000公顷播种地，生产了300多万普特粮食。

国营农场是机械化程度最高的农场：1929年国营农场每个工作人员（按苏联十个区计算）拥有固定生产基金790卢布，农业公社为323卢布，个体农户258卢布。

国营农场在农民中普及农业技术和畜牧学的知识起着重大的作用。国营农场农艺师和畜牧师领导各种小组和训练班，为农民举行讲演、报告和座谈。国营农场在农村建立了俱乐部、图书馆、农村图书阅览室和红角，供应农村读物。国营农场对周围农村居民的影响导致国营农场“周围出现”一个集体农庄环，并成了全盘集体化地区的中心。

创造了越来越有利的条件，苏联的农业集体化拉开了加速发展的序幕。

1929 年下半年，北高加索、伏尔加河中游和下游三个主要粮食产区首先开展了整村、整乡、整区的全盘集体化运动，而后席卷其他地区。11 月，斯大林发表了《大转变的一年》，提出："目前集体农庄运动中具有决定意义的新现象就是农民已经不像从前那样一批一批地加入集体农庄，而是整村、整乡、整区、甚至整个专区地加入了。这是什么意思呢？这就是说，中农加入集体农庄了。这是农业发展中的根本转变的基础。"① 为了支持全盘农业集体化运动发展，国家出台了一系列措施，如：扩大拖拉机、联合收割机和其他农业机器的生产，改变集体农庄干部培训制度，巩固集体农庄的公有经济，等等。

全盘农业集体化的推进，引来了诸多反对之声。实践中出现的过火行为和错误，也引起了农民的强烈不满。斯大林等人和联共（布）中央回应了这些问题，纠正了一些错误行为，全盘集体化运动又掀起新的高潮。到 1933 年，全国已建立 22 4500 个集体农庄，有 1 520 万农户加入农庄，占总农户的 65%，到 1937 年年底，苏联全国共有 243 700 个集体农庄，联合了 1 850 万农户，占全部农户的 93%，集体化耕地占全国耕地面积的 99.1%，农业集体化运动宣告基本完成。

全盘农业集体化给整个农村社会经济生活带来了深刻变化，也为消灭富农这个最后的剥削阶级创造了条件。富农是农村中资本主义生产关系的代表，是苏维埃政权的敌人，但十月革命胜利后俄国并不具备消灭富农的条件，限制和排挤而不是消灭，成为苏维埃政权同富农斗争的客观选择。农业集体化的不断推进，把贫农和中农逐渐联合到集体农庄中，集体农庄和国营农场的壮大也使它们能够代替富农提供粮食，从限制和排挤转向消灭富农成为苏维埃政权新的选择。随着斯大林《论消灭富农阶级的政策问题》的发表，以及苏维埃政府消灭富农阶级的法律的颁布，全国掀起了一场急风暴雨式的消灭富农阶级运动。到 1933 年底，全国富农只剩下不足 2 万户，富农作为一个阶级已经被消灭。

① 斯大林．斯大林选集：下．北京：人民出版社，1956：206.

苏联的全盘农业集体化运动获得了巨大成就，它基本保证了粮食供应和工业化建设对原材料的需求，为工业化积累了大量资金。它还使苏联的农业从个体经济变为集体经济，在一定程度上完成了对农业的社会主义改造。但在同时，全盘集体化运动也存在一些问题，出现了许多失误和错误做法。一些地方没有遵循自愿互利的原则，强迫农户加入集体农庄，出现了没收富农财产、强制迁移富农甚至“消灭富农”的粗暴现象；一些地方为完成国家粮食征购任务，用强制手段征收农民的所有粮食，致使一些地方发生饥荒，许多农民饿死；等等。当然，由于农业集体化运动的发起、开展和完成，是特定历史条件下多种因素综合的结果，因而不能简单地肯定或简单地否定。

3. 苏联社会主义的历史贡献

社会主义工业化和农业集体化，为苏联社会主义制度确立奠定了基础。在 1936 年 11 月的苏维埃第八次非常代表大会上，斯大林回顾了 1924—1936 年间苏联社会生活发生的变化，阐述了苏联新宪法草案的基本特点，比较了苏联宪法与资本主义宪法的不同，指出了新宪法的重要意义。

新宪法草案的特点主要有：第一，新宪法的基础是苏联社会已经基本上实现了共产主义第一阶段，即社会主义；第二，新宪法的出发点是资本主义制度在苏联已经被消灭这一事实，是社会主义制度在苏联已经胜利这一事实；第三，新宪法的依据是社会上已经不存在彼此对抗的阶级；第四，新宪法具有国际主义性质，一切民族和种族权力平等，它们在一切经济生活、文化生活、国家生活和社会生活中享受同等的权利；第五，新宪法具有彻底的信守不移的民主主义，决定公民在社会上地位的，是个人的能力和个人的劳动；第六，新宪法不限于规定公民的形式权利，而把重点放在保障这些权利，放在实现这些权利的手段上。

苏联新宪法以广泛的社会主义民主主义原则为基础，它把苏联社会主义革命和建设的成果以宪法的形式确认下来，说明了社会主义在苏联胜利的事实、苏联劳动者摆脱资本主义奴役的事实，以及广泛的最彻底的民主在苏联胜利的事实，为其他国家人民提供了行动纲领。新宪法的颁布，标志着社会主义制度在苏联基本确立。

【链接】

1936年宪法

1935年2月，苏维埃第七次代表大会成立了以斯大林为首的宪法起草委员会。1936年12月5日，参加苏维埃第八次非常代表大会的2 016名代表以逐条表决方式批准了宪法最后文本——《苏维埃社会主义共和国联盟宪法》。新宪法共含13章146条。新宪法宣布苏联是工农社会主义国家；政治基础是劳动人民代表苏维埃，全部政权属于城乡劳动者；经济基础是社会主义经济体制和生产资料的社会主义所有制，实行各尽所能、按劳分配的原则；苏联最高权力机关是苏联最高苏维埃，由联盟院和民族院组成；共产党是劳动群众一切社会团体和国家机关的领导核心；凡苏联公民，不论民族和性别一律平等，享有言论、出版、集会、结社、劳动、休息等自由。新宪法的制定标志着苏联高度集中的经济政治体制的形成。这一体制被称为“斯大林模式”。

苏联社会主义制度的建立，是人类历史上伟大的创造性活动，对推动世界发展和人类文明进步做出了巨大贡献。它在人类历史上第一次消灭了人剥削人的社会制度，宣告了一种新的社会制度的诞生，推动着人类进入探索社会主义发展道路的新时期。

苏联社会主义制度的建立，为人类和平进步做出了巨大贡献。第二次世界大战打断了苏联社会主义建设的进程，但也考验了苏联。与第一次世界大战不同，苏联的卫国战争不是为了资本家攫取最大限度的利润，而是为了保卫苏维埃政权，保卫劳动人民的切身利益。正因如此，在艰难的战争环境下，广大工人忘我劳动，在两三年内新建起3 500多个大型工业企业，使整个工业产值恢复，达到战前水平，使军工生产成倍增长。集体农庄调出尽可能多的粮食交售给国家，1943年支付给庄员作为劳动报酬的粮食只占粮食产量的16.7%，而战前1939年为22.9%。二战前的三个五年计划的实施，也为赢得战争打下了坚实基础。1934—1939年苏联的坦克增加了近3倍，飞机增加了近2.5倍，整个军事工业增长了4倍多。从整个工业的军事潜力来看，苏联已经超过了德国。1940年，苏联的重工业比1913年增长12.4倍，工业实力已从欧洲的第4位上升到第1位。卫国战争的胜利，实质上是社会主义制度的胜利。它捍卫了苏维埃政权，挽救了人类文明。

斯大林格勒保卫战

苏联社会主义制度的建立，鼓舞了反帝反殖民的民族解放运动，推动了马克思主义的传播发展。苏联社会主义工业化和集体化取得的巨大成就，以及它在世界反法西斯战争中的巨大贡献，充分展示了社会主义制度的优越性，增强了社会主义的吸引力。二战结束后，社会主义越出苏联一国范围向东欧和东亚扩展。南斯拉夫、波兰、罗马尼亚、捷克斯洛伐克、匈牙利、保加利亚、阿尔巴尼亚、德意志民主共和国、越南、朝鲜、蒙古、中国等相继建立了人民当家作主的国家，走上了社会主义发展道路。

苏联社会主义制度的建立，改变了国际关系格局，苏联逐渐成为与资本主义抗衡的重大力量。十月革命后，苏维埃政权不但顶住各种反动势力的围剿，而且取得了巨大的成就，对资本主义世界形成了强大冲击。二战后它又与其他社会主义国家结成联盟，形成了一种世界性的制度和体系，共同对抗以美国为首的资本主义国家发动的“冷战”。1947 年 9 月，南斯拉夫、保加利亚、罗马尼亚等九个国家的共产党和工人党成立情报局。1949 年 1 月，保加利亚、匈牙利、波兰、罗马尼亚、苏联和捷克斯洛伐克六国决定成立经济互助委员会。1955 年 5 月，苏联与波兰、匈牙利、捷克斯洛伐克、罗马尼亚、保加利亚、阿尔巴尼亚等缔结了《友好合作互助条约》。这些组织的建立有效抵御了西方资本主义国家的颠覆和破坏，形成了抗衡帝国主义的强大力量。

三、苏联模式及其影响

在斯大林领导苏联社会主义建设进程中，逐渐形成了一整套高度集中的经济政治体制，人们通常称之为“苏联模式”。苏联模式在政治、经济、思想文化等各个领域都体现着高度集权的特征。苏联模式在特定历史条件下发挥过积极作用，但也不可避免地存在一些弊端。

1. 苏联模式的主要特征

苏联模式的形成具有深刻的社会历史背景和根源。从客观方面来看，苏联是在马克思恩格斯思想指导下进行社会主义建设，让整个社会占有生产资料、消除商品货币关系等是社会主义社会的重要内容。苏联又是在一个经济落后的东方国家进行社会主义建设，生产力水平低下，多种经济成分并存，思想上打着传统文化的烙印。苏联还是在资本主义世界包围中建设社会主义，它不知道资本主义国家何时发动进攻。从主观方面来看，苏联领导人，尤其是处在苏联模式形成时期的斯大林的性格特征，极大影响着苏联社会主义建设的模式选择。

在诸多主客观因素的综合作用下，苏联开启了快速实现社会主义工业化和农村集体化的进程，苏联模式不可避免地具有了“高度集中”“高度集权”的特征，并反映在经济、政治、思想文化体制等各个方面。具体来看，苏联模式在经济方面的主要特征是：

在所有制上，实行单一的生产资料公有制。十月革命胜利后，苏联通过土地国有化、国家工业化、农业集体化等措施，建立起了生产资料社会主义公有制，包括全民所有制和集体所有制。其中国家（全民）所有制被看作社会主义公有制的主体和高级形式，占据绝对统治地位。集体所有制被看作低级形式，并要尽快向高级形式过渡。为数很少的个体小私有经济不具有合法地位，它们被认为是通向社会主义的障碍，只是作为特殊情况而允许暂时存在。这种不顾社会生产力发展水平，盲目追求单一国家所有制，片面追求企业的国有化，忽视多种经济成分发展的做法，挫伤了广大劳动者的生产积极性和创造性，致使社会主义经济缺乏应有的活力。

在经济体制上，实行自上而下的指令性计划体制。早在列宁时期，苏维埃政府就开始运用计划管理经济，并在1921年成立了苏联国家计划委员会。斯大林执政后，指令性计划体制迅速发展起来。国家设有一个庞大的计划管理机构体系，主要包括各级政府、各个部门以及各个部门所属单位的计划机构。中央紧紧掌握编制计划全过程的决策权，经过批准的计划是指令性的，具有法律效力。各计划机构编制的计划涉及经济生活的方方面面，从工业、农业到运输业各个领域，从生产、分配到交换、消费各个环节，事无巨细，几乎无所不包。在无所不在的指令计划体系下，商品货币关系存在的价值仅仅是进行经济核算的手段，市场调节被看作资本主义经济的事物，几乎完全被排斥在外。

在管理体制上，采取行政命令的管理方式。运用行政手段管理经济，经济决策权、人力物力财力的支配权全部集中在中央，国家通过下达计划、发布命令、做出决议的办法管理和组织经济生活。尽管这种管理方式也有利于国家对经济运行进行统一管理、统一调配，对巩固社会主义物质基础起到了重要作用，但不可避免地造成条块分割、部门林立的局面。由于政府直接插手企业生产经营，容易出现对企业统得过多、管得过死的现象，致使企业管理制度僵化，缺乏经营主动权和生产自主权，削弱了企业经营者和广大劳动者的主动性和创造性。

在经济发展战略上，以重工业为重点追求外延式的粗放增长。在苏联社会主义建设初期，经济发展落后于西方国家，又处于资本主义国家的包围之中，面临战争威胁，加速建设社会主义的大工业，把重工业、军事工业置于优先地位，有其必然性和必要性。但当国家转入和平建设环境后，仍然奉行重工业优先的方针，忽视轻工业、消费品生产的发展，导致经济结构畸形发展，经济关系比例失调，人民日常生活用品和消费品长期匮乏，严重影响了人民生活水平的提高。

【链接】

苏联国家计划委员会

1917年12月，全俄苏维埃中央执行委员会成立了最高国民经济委员会，组织领导国民经济，制订经济发展计划和调节国家经济生活的准则。

1920年3月，成立了最高国民经济委员会领导下的俄罗斯国家电气化委员会，起草了有名的俄罗斯国家电气化远景计划。

1921年2月，在电气化委员会的基础上成立了国家计划委员会。随后，各部（1921年）和各地（1922年）的计划机关也陆续建立起来，形成了全国上下一致的计划机构。

1931年2月，苏联国家计划委员会从隶属于劳动国防委员会，改为直接隶属于政府最高领导机关苏联人民委员会，把国家统计机关隶属于国家计划委员会。

1941年颁布苏联国家计划委员会的新条例，扩大了中央计划机关的职能。

1946年在苏联国家计划委员会内部首次成立长远计划局和现行计划局，以加强长远计划工作。

1955年5月，在国家计划委员会的基础上，建立了两个中央计划机构，负责制订长期计划的国民经济长期计划委员会，负责制订、执行现行计划的国家经委。

经济体制的高度集中，决定了苏联模式在政治方面必然带有高度集中的特征，具体来看，苏联模式在政治方面的特征主要是：

在党的领导制度上，权力高度集中，党政不分，以党代政。国家权力集中于党，党总揽一切事务，党的权力又集中到中央政治局和书记处，进而集中到少数人乃至个人手中。这不仅削弱了党的代表大会和中央委员会的权力，限制了党内民主，破坏了法制，而且容易形成个人集权制和职务终身制，使个人权力凌驾于党和国家之上，出现个人崇拜问题。在党政关系上，党和国家融合为一，强调党是政权的核心，是无产阶级专政的主要领导力量，认为党的领导是具体的和实际的领导，混淆了党的领导和直接管理的关系。

在中央和地方关系上，中央高度集权，地方缺乏自主权。苏联宪法规定，苏联是享有平等权利的各加盟共和国的自愿联盟，除了宪法

第十四条所规定的范围限制之外，各加盟共和国都独立行使国家权力，每一个加盟共和国都有退出苏联之权。但在不断加强的中央集权体制下，各加盟共和国的权力都收归中央，苏联名为联邦制，实为单一制。民族利益从属于阶级要求的认识，进一步使得宪法规定的各民族自愿联合、权利平等原则得不到贯彻执行。

在政权建设上，片面强调阶级斗争和无产阶级专政，忽视民主和法制建设。坚持无产阶级专政，是巩固社会主义制度的必然要求，但在剥削阶级作为阶级被消灭以后，仍然片面强调阶级斗争的尖锐性，运用处理敌我矛盾的方法和手段，处理和平时期党内矛盾和人民内部矛盾，夸大阶级斗争，搞肃反扩大化和大清洗运动，极大破坏了社会主义民主法制。广大群众缺乏充分的民主权利。监督机制极不健全，致使干部权力特别是高级干部权力几乎不受制约和监督，形成了脱离群众的官僚特权阶层。

文化是社会的政治和经济在观念形态上的反映，与苏联模式在经济、政治体制方面的特征相适应，苏联模式在文化方面也呈现出高度集中的特征。首先，表现为对文化领域实行严格的意识形态控制，混淆学术问题和政治问题的界限，把学术问题政治化。通过对“机械论派”、德波林学派等的政治批判，使各学术领域都成为贯彻党的思想的阵地。其次，坚持舆论高度一律准则，运用行政命令的手段管理思想文化工作，文化生活整齐划一，思想理论领域里教条主义比较严重，缺乏活力和创造精神。最后，盛行个人崇拜。

此外，在国际层面上，苏联模式一方面强调实行无产阶级国际主义，另一方面又把苏联自身的利益置于兄弟国家的利益和主权之上；奉行大党主义、大国主义，试图把各国革命运动纳入捍卫苏联的框架下，追求确立苏共和苏联的“盟主”“领袖”地位；以“领导党”和“老子党”自居，加强对其他共产党和国家的控制，干涉兄弟党和国家的内部事务，影响了各国共产党和社会主义国家之间关系的正常发展。

苏联模式高度集中的特征，决定了它具有强大的组织和动员优势，从而能在特定历史发展阶段极大地推动社会主义事业的发展，但随着时间的推移和社会条件的变化，其经济计划缺乏灵活性、政治权力过度集中等弊端日益暴露出来，成为经济、社会发展的障碍，最终出现了苏联解体、东欧剧变的悲惨结局。苏东剧变标志着苏联模式的失败，但却不是社会主义的失败。究其原因，在于苏联社会主义制度与苏联模式是两个不同的范畴。

苏联社会主义制度与苏联模式既有联系又有区别。苏联社会主义制度，是科学社会主义的具体体现，主要体现为苏联建立了全民所有制和集体所有制这两种形式的社会主义公有制，实行按劳分配原则；确立并坚持苏联共产党的领导地位，形成了以工人阶级为领导、以工农联盟为基础的苏维埃政权；坚持马克思列宁主义的指导地位；等等。这些都是苏联共产党把马克思主义基本原理与苏联实践相结合的产物，体现着社会主义的基本原则和本质。苏联模式则是苏联建设社会主义的一种具体体制和实践方式，它既可能会体现社会主义制度的优越性，也可能造成社会主义的变形和扭曲。

既然苏联社会主义制度与苏联模式属于两个不同层次，因此显然不能用苏联模式取代社会主义制度，把苏联模式的失败说成是社会主义本身的失败。把二者相等同，就是否认苏联的社会主义性质，否定苏联的社会主义实践，实际上也就是反对社会主义制度本身。从另一个角度来看，也不能淡化或不承认苏联模式存在的弊端，看不到它对社会主义事业发展的严重消极阻碍作用，认识不到进行体制改革的必要性和紧迫性，以致失去坚定不移地推进改革的自觉性和坚定性。

2. 苏联模式的推广与影响

苏联是世界上第一个社会主义国家，取得了令世界瞩目的建设成就，因此在社会主义由一国向多国发展的过程中，苏联模式成为其他社会主义国家学习的榜样。它们大多仿照苏联模式进行建设，建立起高度集中的经济政治体制。但在同时，由于这些社会主义国家的国情各不相同，苏联模式推广、影响的方式与程度也各不相同。

在东欧社会主义国家，苏联模式的推广具有“输入”色彩，苏联因素在其中的作用至关重要。东欧各国建立社会主义的基础各不相同，但它们大多受到马克思主义的影响，建立了无产阶级政党，憧憬着苏联的社会主义，并为实现社会主义进行了不屈不挠的斗争。苏联在第二次世界大战中展示出的强大实力，以及对东欧一些国家解放运动的帮助，不仅集中展示了社会主义制度的优越性，也进一步拉近了苏联与东欧的距离。1945—1949 年，波兰、南斯拉夫、阿尔巴尼亚、匈牙利、捷克斯洛伐克等国家相继建立起人民民主国家，走上了社会主义道路，却又面对着西方国家“冷战”的叫嚣。为了巩固革命成果，东欧社会主义国家需要借助苏联的力量。为了增加与美国对抗的力量，苏联也加强了对东欧国家的控制，要求东欧各国在各方面都同苏联保持一致，采取与苏联完全相同的经济、政治模式，试图把东欧各国牢牢地团结在自己的周围。面对苏联的压力，加之自身对社会主义认识的局限性，一些东欧共产党屈从于苏联的压力，不得不中断和放弃本国发展道路和建设社会主义的自主探索，仿效苏联。通过直接嫁接和强加移植的方式，大多数东欧社会主义国家按照苏联模式建立了高度集中的经济、政治体制，实行单一的生产资料公有制、指令性计划经济，以及高度集权的党和国家领导体制。然而这些国家并非铁板一块，由于东欧各国在民族、种族、语言、宗教、文化等方面存在着很大差异，但却采取同一种模式，势必造成“水土不服”，引起“机体排斥现象”。东欧各国在其后的发展过程中出现的一次又一次的经济社会危机，一次又一次对苏联模式的排斥和冲击，就是历史的证明。

中国和亚洲一些社会主义国家也仿效苏联先后建立起了高度集中的经济、政治体制，但与东欧国家所具有的“输入”色彩相比，亚洲社会主义各国更多表现为主动学习和接受。与东欧社会主义各国一样，进行社会主义革命、打破帝国主义国家的封锁和孤立、对苏联模式认识的局限，以及缺少社会主义建设的经验等，都是它们选择苏联模式的原因。但是，大多数亚洲社会主义国家却没有面临东欧国家在二战期间和二战结束时所遇到的问题，而且当大多数亚洲国家在建立社会主义制度时，苏联在理论和实践上都取得了重大成就，已经成为建设社会主义唯一的最好榜样，主动学习和仿效苏联模式成为必然选择。在这个问题上，毛泽东曾经指出，我们要进行伟大的国家建设，我们面前的工作是艰苦的，我们的经验是不够的。因此，要认真学习苏联的先进经验，“他们已经建设起来了一个伟大的光辉灿烂的社会

【链接】

苏联模式在匈牙利

1951年匈牙利制订了提高了的五年计划。在1949年制订的计划中，5年投资额为510亿福林，新计划的投资额为800亿至850亿福林。在新计划中，首先对重工业包括铣铁、钢、煤与电力的生产进行更大的投资，投资额计划为370亿～380亿福林，为原计划的两倍多。在1949年的计划中，规定增加制成品生产86.4%，根据新计划，制成品生产将增加到三倍左右，而重工业将几乎增加到四倍。轻工业将增加150%，而不是原计划规定的72.9%。在新计划中，农业投资增加了40%。新计划只拨110余亿福林来增加机械与人造肥料的生产和增加建筑物。农业将获得26 000～28 000台拖拉机，而不是原计划的22 800台，灌溉面积并不是增加118 000霍尔特（1霍尔特等于0.67公顷），而是增加323 000霍尔特。

主义国家。苏联共产党就是我们的最好的先生，我们必须向他们学习”①。但随着时间的推移，模仿苏联模式所带来的问题也日益明显，如轻工业发展缓慢、经济效益差、企业缺乏竞争力等。1956年苏共二十大以后，毛泽东提出“以苏为鉴”，开始独立探索适合本国实际的社会主义建设道路。尽管这个时期的探索依然没有摆脱苏联模式，但也提出了一些符合中国实际的措施，建立了一些具有中国特色的制度，比如以重工业为重心、“农轻重”并举的发展方针，共产党领导下的多党合作和政治协商制度，以及不同于苏联苏维埃政权构成形式的人民代表大会制度，等等。

总的来看，苏联模式的推广帮助了那些没有经验的新兴的社会主义国家建立起了社会主义制度，推动了这些国家社会主义建设的发展，加强了社会主义国家之间的团结合作，极大改变了世界的面貌。但苏联模式推广中出现的照抄照搬、机械套用的做法，特别是苏联以大党主义、大国主义的方式迫使一些国家接受这种模式的做法，也导致了社会主义阵营内部的分歧频发，损害了各国社会主义事业的健康发展。因此，每个国家的社会主义革命、建设和改革，都必须既坚持

---

① 毛泽东．毛泽东选集：第4卷．北京：人民出版社，1991：1481.

科学社会主义的基本原则，又必须从各国实际出发，把马克思主义基本原理同本国实际有机结合起来，探索具有本国特色的社会主义发展道路。这也正如邓小平所总结的那样："我们的现代化建设，必须从中国的实际出发。无论是革命还是建设，都要注意学习和借鉴外国经验。但是，照抄照搬别国经验、别国模式，从来不能得到成功。这方面我们有过不少教训。把马克思主义的普遍真理同我国的具体实际结合起来，走自己的道路，建设有中国特色的社会主义，这就是我们总结长期历史经验得出的基本结论。"①

① 邓小平．邓小平文选：第3卷．北京：人民出版社，1993：2-3.

第七章

苏联东欧国家的改革及剧变

斯大林去世后，苏东国家的体制调整和改革提上日程。苏东国家在不同时期都进行过一定程度的调整和改革，也取得了一定成效，但最终未能摆脱苏联模式的影响。20 世纪 80 年代中期以后，在苏联戈尔巴乔夫“新思维”的指导和影响下，这些国家的改革背离了正确方向，导致苏联解体、东欧剧变。苏东剧变有着深刻的诸多方面的原因，留下了许多沉痛教训。

一、苏联的改革与调整

从 20 世纪 50 年代中期到 80 年代前期，赫鲁晓夫、勃列日涅夫、安德罗波夫先后对苏联进行了不同程度的调整和改革。这些改革措施在一定程度上冲击了高度集中的政治经济体制，推动了苏联经济、社会的发展，但并未从根本上跳出旧体制的框架。

1. 赫鲁晓夫时期的调整

1953 年 3 月，斯大林逝世。在斯大林担任苏联最高领导人近 30 年的时间里，苏联实现了从落后的农业国向强大的工业国的转变，在国际上拥有了举足轻重的地位。但在同时，苏联社会主义建设中的一些问题也逐渐暴露出来，阻碍了社会主义前进的步伐。由于长期优先发展重工业，导致经济结构畸形，人民生活水平提高缓慢；个人崇拜盛行，教条主义充斥意识形态领域，社会主义民主和法制破坏严重；等等。新一届苏联领导人在不同程度上意识到苏联存在的问题，并着手进行调整。1953—1956 年，在经济领域适当简化了国民经济计划指标体系，取消了一些重工业建设项目，增加了农业和轻工业投资。在政治领域改进党内生活，平反了一些冤假错案。在外交领域强调和平政策，主动修复紧张的外交关系。经过几年的调整，一些问题有所缓解，但并不能从根本上得到解决。

赫鲁晓夫在苏共二十大上做报告

1956 年 2 月，苏联共产党第二十次代表大会召开。赫鲁晓夫在大会上论述了关于国际形势、国内状况和苏联共产党的认识，并做了关于谴责斯大林个人崇拜的“秘密报告”。赫鲁晓夫在对国际形势的论述中提出了一些新观点，他认为和平共处不是策略措施，而是苏联外交政策的基石原则；在国际社会主义阵营，以及各种反战力量不断增强的历史条件下，战争并不是注定不可避免的。在不同国家向社会主义过渡的形式问题上，赫鲁晓夫着重论述了利用议会道路向社会主义过渡的可能性，同时强调工人阶级的领导是在向社会主义过渡的一切形式中具有决定意义的条件。《关于个人崇拜及其后果》的秘密报告，是让这次大会对苏联乃至世界社会主义运动产生深刻影响的另一重要原因。在报告中，赫鲁晓夫揭露和批判了斯大林的错误，分析了产生错误的原因，提出了肃清个人崇拜的措施。赫鲁晓夫的“秘密报告”打破了对斯大林的个人迷信，在客观上起了解放思想的作用，有助于推动各国探索适合本国国情的社会主义发展道路，但也产生了强烈的负面效应，造成了社会主义阵营和国际共产主义运动内部的混乱。

苏共二十大对斯大林个人崇拜的批判，对国际形势的新认识，扭转了苏联社会主义发展的方向，推动着苏联走上了改革的征程。赫鲁晓夫的改革首先从农业入手，主要措施有：第一，改革农业集中计划管理制度，发挥集体农庄和国营农场的主动性。早在1955年，苏联就在农村取消了自上而下硬性规定计划指标的做法，要求所有计划都由基层生产单位首先编制。1964年以后，国家在计划之外不再给农庄和农场下达任何生产任务指标，进一步扩大了农庄和农场的自主权。

【链接】

赫鲁晓夫的“三和”路线

赫鲁晓夫在苏共二十大所做的总结报告中，对两个体系的和平共处、防止现代战争的可能性、不同国家向社会主义过渡的形式等重大理论问题提出了新的看法。

和平共处：和平共处不是策略措施，而是苏联外交政策的基本原则。和平共处就是承认世界上有两种社会制度的存在，承认每种社会制度都有存在的权利。而不同制度的国家和平共处原则就意味着互不干涉内政，相互让步，相互妥协。

和平竞赛：两种制度国家的分歧，并不妨碍两者和平共处和和平竞赛。关于社会主义制度优越还是资本主义制度优越的争执，不应当用军事冲突的办法来解决，而应当用和平竞赛的办法来解决。

和平过渡：由于世界舞台上的根本变化，各个国家向社会主义过渡的形式将会越来越多样化。在一些具有长期民主传统的国家里，无产阶级可以不通过暴力革命的道路取得政权，议会共和国可以成为工人阶级专政的形式或与之相应的人民政权的形式。

第二，注重农民利益，强调价值规律的调节作用。1933 年以来，苏联实行的义务交售制最大程度满足了国家对农副产品的需求，但却极大损害了集体农庄和农民个人的利益，影响了农业的发展。1958 年 7 月起，国家取消了义务交售制，同时取消向机器拖拉机站、技术修理站、专业站交纳实物报酬的制度。国家对农产品实行统一收购，集体农庄按国家为各个地区分别规定的统一价格把产品卖给国家。这些制度扩大和加深了商品关系，把工农关系、城乡关系拉回到了物质利益的轨道。

第三，改组拖拉机站，结束一块土地上有“两个主人”的现象。赫鲁晓夫认为，一块土地上有两个主人，就产生无人负责的现象，就不能很好地利用技术和土地，在利用技术上也发生一些不正常现象。要改变这种状况，就要改组机器拖拉机站，把拖拉机站和其他农业机器卖给集体农庄。1958 年起，把农业机械自由地卖给集体农庄，农庄可以分两三年还清贷款。

此外，国家还提出和实施了增加农业投资、大面积垦荒等措施。这些改革措施的实行，提高了农民的生产积极性。1958 年后，苏联农业大幅度增产，畜牧业也有了较大发展。但在同时，管理制度、组织机构的大规模频繁改变，造成生产管理上的混乱，影响了农业生产的正常进行，导致农产品连年歉收，一度出现希望的农业改革遭到了失败。

在进行农业改革时，工业和建筑业的改革也同步进行。早在苏共二十大之前，赫鲁晓夫就针对工业管理权限过分集中、机构重叠臃肿、忽视物质利益原则等弊病，提出了一些改革措施，如精简中央管理机构、减少中央控制下达的计划指标、扩大企业经理权限等。苏共二十大后，赫鲁晓夫决定对工业和建筑业的管理体制进行一次“全面改组”，提出要改变过去那种通过各专业部和主管部门进行管理的组织形式，采取新的分区管理的形式，使州、边疆区、共和国的国民经济委员会成为管理工业和建筑业的“基本环节”。就其具体内容来看，主要包括：撤销中央和各加盟共和国设的绝大多数的工业部，在全国成立经济行政区，并把其管理权移交给经济行政区；把中央管理的工业企业和建筑业企业几乎全部下放到各加盟共和国，各加盟共和国许多企业下放到经济区国民经济委员会和地方苏维埃；撤销了负责短期计划的国家经委，将国家国民经济长期规划委员会改组为国家计划委员会；等等。

这些下放管理权的措施部分地扩大了各企业的横向联系，有助于合理地配置生产力，调动地方积极性。但是，由于这些措施仅仅是行政管理组织的变革，并没有从根本上改变企业的地位，因而企业和职工并不十分关注。同时，权力的下放还滋长了地方主义和分散主义，打乱了生产的专业化和协作，不利于国家对经济进行统一的领导。为了弥补失误，国家不得不采取补救措施，逐渐回收管理权力，加强党对经济工作的领导。1963 年后，苏联最高国民经济委员会，以及各工业部门的国家委员会陆续建立起来。

在政治领域，赫鲁晓夫在继续平反冤假错案的同时，提议将党政最高领导职务分开，要求定期召开党代会和中央会议，主张实行集体领导原则。1961 年 10 月苏共二十二大通过的苏共章程规定，党的领导的最高原则是集体领导制，这是党组织正常进行活动、正确培养干部、发挥共产党员的积极性和主动性的必不可少的条件。章程还确定了干部更新制度，指出在选举党的机关的时候，应遵守经常更换其成员同时又保持领导的继承性原则。在每次例行选举的时候，苏共中央委员会及其主席团成员至少更换四分之一。主席团委员一般最多只能连续当选三届。干部更新制度的提出，冲击了苏联长期实行的领导职务终身制，是苏联社会主义政治建设中的巨大进步。

针对长期以来存在的苏维埃的作用弱化问题，赫鲁晓夫扩大了苏维埃权限。1957 年 1 月，苏共中央在《关于改进劳动者代表在苏维埃的工作和加强它们同群众的联系》中提出，要加强苏维埃在经济建设和文化建设中的作用，活跃它们的工作，加强它们同群众的联系，尽量吸收劳动者参加苏维埃的各小组委员会和其他群众自己建立的机构的工作。建议各加盟共和国党和苏维埃机关采取实际措施扩大地方苏维埃的权力。1959 年 10 月通过的《罢免代表法》以及其后颁布的相关法令，规定了苏维埃代表的罢免程序。

在推进社会主义民主建设的进程中，赫鲁晓夫提出了吸收公民参加管理的一些办法，如完善人民代表制的形式和苏维埃选举制度的民主原则，更广泛地实行全民讨论共产主义建设的最重大问题和苏维埃国家法案，尽力扩大人民监督政权机关和管理机关工作的形式并提高监督的效力等。《关于取消剥夺选举权的判决法》《关于国事罪的刑事责任法》等一系列法律、法令的颁布，以及《苏联最高法院条例》等的颁布，标志着社会主义法制建设的不断发展。

赫鲁晓夫的改革也涉及思想文化领域。反对斯大林个人崇拜，平反冤假错案，推进改革，首先要解决的是思想文化领域内的问题。在赫鲁晓夫的努力下，思想领域的禁锢减少，在一些重要理论问题上提出了新的认识，如在革命的道路问题上由强调暴力手段转而强调和平手段，“一切为了人、为了人的幸福”的口号写进了苏共二十二大的纲领中，围绕“利别尔曼计划”的探讨也是其中一个重要的部分。1962 年 9 月，《真理报》刊登利别尔曼的文章《计划、利润、奖金》，提出了关于用利润、奖金等经济手段推动企业发展等观点。利别尔曼的文章刊出后，引起经济学界强烈反响，赫鲁晓夫支持就利别尔曼的文章所提出的问题开展讨论。从 1962 年 9 月到 1963 年底，仅《真理报》编辑部就收到 1 000 多篇讨论文章。这场讨论深化了对苏联计划经济下利润和奖金的作用等方面的认识，为苏联进行全面的经济体制改革做了比较充分的舆论准备，提供了理论上的支撑。

综观赫鲁晓夫的改革，有些是有成效的，有些是失败的。例如对农业改革形势做了过分乐观的估计，导致有效的改革措施戛然而止；以向地方放权为核心内容的工业管理体制改革却使经济管理陷入更加困难的境地；赫鲁晓夫对斯大林的态度和评价缺乏辩证的、历史的眼光，采取全盘否定的做法，造成苏联党和人民的思想混乱和社会动荡；赫鲁晓夫的改革缺乏总体的改革战略和目标，把握不住正确的改革方向，指导思想忽“左”忽右，以致产生新的矛盾和问题；等等。尽管如此，赫鲁晓夫的改革在社会主义建设史上依然有着极为重要的意义和深远的影响。它突破了斯大林模式的框框，帮助苏联的党和人民挣脱了教条的束缚，把苏联社会主义建设推进到一个新阶段。它打破了社会主义只能有一种经济模式的传统观点，表明斯大林模式需要改革，而且可以改革。它为苏联和其他社会主义国家的后来者开拓了道路，积累了有益的经验与教训。

2. 勃列日涅夫时期的改革

1964 年 10 月，勃列日涅夫当选为苏共中央第一书记。执政伊始，勃列日涅夫并没有改变赫鲁晓夫时期改革的基本走向，而是采取一些应急措施，修补赫鲁晓夫改革造成的偏差和失误。1965 年 3 月，勃列日涅夫在《关于进一步发展苏联农业的刻不容缓的措施》中，分析了苏联农业生产出现问题的原因，强调必须从广泛的经济角度利用物质刺激和精神刺激来发展生产。此后，《关于国营农场和其他国营农业企业改行完全经济核算制的决议》《关于提高集体农庄庄员对发展公有生产的物质兴趣的决议》等文件也提出了一些促进农业生产的措施。

具体来看：第一，改善农产品采购制度。实行为期若干年的固定的农产品采购计划。在这种计划中应把全国利益同集体农庄和国营农场内部的利益协调起来。为了使国家能得到足够的农产品，还实行奖励超计划交售农产品的办法。第二，国家用稳定的收购价格来保护和刺激农产品的自由收购，并促进商品关系的大力发展。为了鼓励集体农庄和国营农场在固定计划之外出售产品，可以对所购农副产品支付更高的价格。第三，完善劳动报酬制度。从 1966 年 7 月 1 日起，按照国营农场相应工种职工的工资标准，对庄员实行有保障的劳动报酬。除了按完成工作量发给庄员有保障的劳动报酬外，还按他们劳动的最终成果发给劳动报酬。第四，加强集体农庄和国营农场生产的物质技术装备，迅速增加农业技术设备的生产，提高它们的质量、坚固和耐用程度。第五，国营农场推行完全经济核算制。改行完全经济核算制的农业企业，应能保证靠自有资金偿付一切生产费用，进一步扩大再生产，设立各种经济刺激基金和其他资金，以及按时归还银行贷款。此外还有增加农业投资、实行农业集约化、试行和推广小组包工奖励制等。

在解决农业改革问题的同时，中央全会还通过了《关于完善计划工作和加强工业生产的经济刺激决议》和《社会主义国营生产企业条例》等文件，提出了改革工业的新思路，决定从 1966 年起在国民经济各部门的工业企业中，分期分批地实行“计划工作和经济刺激新体制”，即“新经济体制”。“新经济体制”的内容十分广泛，首先是关于完善计划工作、加强企业的经营主动性和经济刺激，其次是关于改进工业管理的组织。第一类问题同关于社会主义企业的新条例有密切关系，第二类问题同扩大加盟共和国经营权力的决议有密切关系。所有这些问题构成一个统一的整体。①

在新体制推行的进程中，首先撤销了按地区原则建立的国民经济委员会，恢复了原来撤销的各联盟工业部并设立了若干新部，以加强中央的集中领导。由于这种恢复是在“新经济体制”之下进行的，因而并不是完全回到赫鲁晓夫改革前的状态，而是试图把集中的部门管理同共和国和地方的广泛的经营主动性结合起来。依据改革的要求，凡是实行新体制的企业，国家就减少下达给企业的指令性计划，数量由原来的 8 类 20 多项减为 6 类 9 项，从而使企业在生产经营、分配等方面有了更多的自主权，以实现国家、企业、工人三者利益的有机结合。

由于“新经济体制”既扩大了企业自主权，又注重国家、企业和职工之间利益相互协调，因而受到企业和职工的欢迎，“新经济体制”的实施取得了良好的成效。但由于这种体制并没有从根本上改变传统体制的框架，市场机制仍受到排斥，存在着国家、企业、个人三者利益结合不紧密等问题，因而随着新经济体制的全面推开，经济发展反而失去了活力。进入 20 世纪 70 年代后，经济改革陷入相对停滞的状态。

在政治体制领域的改革中，勃列日涅夫坚持赫鲁晓夫时期确立的集体领导原则，但却取消了“干部更新制度”，恢复连任制，增加干部队伍的稳定性。干部选拔任用、教育培训、考核监督、晋升降级等一整套管理制度的建立，推动了干部知识化专业化。在党政关系上，实行党政分开，加强党的领导和指导作用。1977 年的新宪法规定了一些处理党政关系的原则，提出了党应该向有关政府机关和社会团体推荐干部，党应对国家机关、经济机关和社会团体执行政策、决议等情况实行监督等。勃列日涅夫还特别关注苏维埃的工作，他先后颁布了

---

① 北京大学苏联东欧研究所．勃列日涅夫时期苏共中央全会文件汇编：一九六四年十一月——一九七六年二月．北京：商务印书馆，1978：80.

关于苏维埃的一系列法令，把苏维埃的职能和权力用法令的形式确定下来，以便苏维埃能够更好地发挥作用。

在思想意识形态上，勃列日涅夫加强了对国内的控制，对所谓的“解冻”予以了坚决取缔。在苏联社会主义发展阶段问题上，勃列日涅夫提出了“发达社会主义”的概念。斯大林在 1939 年时把苏联的发展阶段界定在向共产主义前进，赫鲁晓夫在 1961 年时提出进入全面开展社会主义建设的时期，到 1980 年建成共产主义。反思这些超越现实的论断，勃列日涅夫退到了“发达社会主义”，认为苏联的国民经济、社会主义的社会关系以及广大人民群众的文化和觉悟都达到了不可估量的更高的水平。“发达社会主义”概念的提出，纠正了赫鲁晓夫的错误，明确了苏联当前的任务并不是直接向共产主义过渡，而是为过渡创造条件，但“发达社会主义”仍然不符合实际。

在对外战略层面，勃列日涅夫在执政初期基本上奉行赫鲁晓夫的“和平共处”总路线。进入 70 年代后，苏美间的力量对比出现了有利于苏联的巨大变化。这促使勃列日涅夫修正了赫鲁晓夫制定的外交战略，走上了同美国公开争夺世界霸权的道路。在处理与社会主义国家的关系上，勃列日涅夫采取了比赫鲁晓夫时期更强硬的政策。苏联增派了驻东欧的部队，不惜诉诸武力也决不允许东欧再出现类似南斯拉夫之类的状况。为了给争夺世界霸权找到借口，苏联还提出了“有限主权论”“国际专政论”“利益有关论”等理论。根据这种理论，任何一个社会主义国家都不能试图抛弃苏联模式，否则苏联必须加以干涉。

不可否认，在勃列日涅夫长达 18 年的执政时期，苏联的综合国力有了较大幅度的提升，成为与美国抗衡的强国。但这些改革大多停留于旧的体制框架内，集中于局部、浅层次的调整，着眼于修修补补，没有取得实质性的突破。当勃列日涅夫还沉醉在发达社会主义的“成就”之中时，苏联已出现了严重危机，经济改革逐渐停滞，国家机构臃肿，干部队伍严重老化，整个社会弥漫着僵化保守的气息，缺乏生机和活力。当西方国家开始新科技革命的时候，苏联奉行的依旧是传统的粗放型经济发展模式。

20 世纪 70 年代，勃列日涅夫执政时期的苏联

1982 年勃列日涅夫去世后，安德罗波夫和契尔年科先后成为苏共中央总书记。尽管他们的执政时间都很短，但改革并没有停止。安德罗波夫认为阻碍经济发展的主要原因是体制问题，他主张通过推行农业集体承包制、扩大生产联合经营公司的自主权等方式推动经济发展。针对勃列日涅夫执政后期党风和社会风气日下的局面，安德罗波夫通过整顿劳动纪律、惩治渎职干部、调整和加强各级领导班子等予以整顿。为了打破思想领域严重僵化的状态，安德罗波夫强调正确对待马克思主义，反对“语录魔力”。在安德罗波夫的支持和推动下，苏联理论界对所有制问题、分配问题、计划与市场的关系等问题进行了探讨。在对社会主义发展阶段的问题上，安德罗波夫审慎地提出了“苏联正处在发达社会主义漫长历史阶段的起点”的新观点。由于时间原因，这些改革并未得到全面展开和执行。此后，戈尔巴乔夫继承了苏联改革的任务，改革演变为“改向”，导致了苏联解体。

二、东欧国家的改革探索

20 世纪 50 年代起，东欧社会主义国家相继走上了改革的道路，探索适合本国国情的社会主义建设道路。在整个过程中，体制变革的实践与争取国家自主的抗争交织在一起，发生了一系列国际共产主义运动历史上值得深入反思的历史事件。

1. 南斯拉夫的改革探索

南斯拉夫是东欧社会主义国家中最早走上独立探索本国发展道路的国家。1945 年人民共和国成立后，南斯拉夫迅速实现了工业国有化，推行农业合作化，仿效苏联实行高度集中的经济、政治体制。随着社会主义建设的展开，苏联模式的弊端日益暴露出来。1948 年的苏南冲突以及随之而来的制裁和封锁，最终推动着南斯拉夫走上了“自治的社会主义道路”。

【链接】

苏南冲突

二战后，南斯拉夫和苏联在建立“巴尔干联邦”等问题上存在着严重分歧。这些分歧的积累，终于在1948年引起了双方矛盾的白热化。1948年2月，斯大林批评了南斯拉夫和保加利亚领导人，认为他们正在执行一条与苏联截然不同的路线。几天后，苏联单方面中断了正在莫斯科进行的苏南贸易协定谈判，撤回全部军事顾问、教官以及文职专家。6月28日，欧洲九国共产党和工人党情报局第三次会议通过《关于南斯拉夫共产党情况的决定》，将南斯拉夫共产党开除出情报局，并将铁托视为“帝国主义的一名间谍”和“杀人犯”。东欧其他社会主义国家也先后对南斯拉夫进行了谴责和制裁，清洗所谓的“铁托分子”，单方面中断与南斯拉夫的一切贸易关系。苏联坦克陈兵南斯拉夫边境，冲突不断发生。严峻的现实迫使南共领导人重新审查自己的全部理论与实践。

1950 年 6 月，铁托在南联邦议会特别会议上阐述了工人自治的基本理论观点，会议颁布了《关于劳动集体管理国营经济企业和高级经济联合体组织基本法》，开启了南斯拉夫的自治的社会主义征程。在实践中，南斯拉夫的自治社会主义大体上经历了三个发展阶段。第一阶段为1950—1963年，称作工人自治阶段。具体做法是：第一，由企业的工人委员会管理企业。全体职工以无记名投票的方式选出工人委员会，工人委员会选举产生管理委员会，作为自己的执行机构。第二，摒弃国家所有制，实行社会所有制。第三，取消国家计划制度，实行社会计划制度，企业可独立地制订自己的计划并进行经营。第四，国家通过税收、信贷等形式对市场进行调节。为了保证经济改革的进行，铁托提出了“党政分离”的问题。1953年通过的《关于社会组织和政治组织的基础与联邦国家权力机关的基础的根本法》，确定工人自治是“社会组织的基础”，把工人自治以法律的形式固定下来。工人自治制度的建立，扩大了企业自主权，激发了工人的积极性。1957—1964年，是南斯拉夫经济发展的“黄金时代”，工业产值平均每年递增12.2%。

在工人自治取得明显成效的基础上，自治跨出工厂围墙进入社会。1964—1971年，称作社会自治阶段。依据1964年4月《关于进一步发展经济制度的基本方向的决议》等文件，国家采取了进一步扩大企业对扩大再生产基金的支配权、减少税收、放宽进口限制等措施，深入推进经济体制改革。同时，又把自治推广到国家机关和社会事业单位，认为各部门既是国家权力部门，又是社会自治机关，要求各自在所辖地域实行广泛的民主，实行领导干部轮换制。在1967年之后的几个宪法修正案中，都要求把联邦的某些权力下放给共和国和自治省，确认各共和国、自治省享有主权。这些改革措施改变了持续多年的财政赤字问题，南斯拉夫第纳尔在欧洲市场上的信誉显著提高。但由于过多强调“非中央集权化”，以致经济、社会生活中一度出现了紊乱现象。

1971年后，南斯拉夫进入联合劳动自治阶段。为了更好地实现自治目标，1971年5月的南斯拉夫第二届自治者代表大会，以及1972年的《社会计划法》、1976年的《联合劳动法》都论述了联合劳动组织问题，提出联合劳动组织是劳动者实行自治的基本组织形式，要通过社会协议和自治契约努力协调各企业、部门、地区和共和国之间的利益，加速经济部门的自治联合。在政治领域中，自治集中表现为以代表团为核心的政治制度。在文教、卫生、科技等部门，自治主要通过建立“社会自治利益共同体”来实现。经济、政治、社会领域的三种自治形成了一套完整的自治制度，为劳动者成为真正的社会主人提供了制度保障。但在实践中，联合劳动自治并没有解决经济活动中的分散主义倾向，特别是不能解决共和国、自治省各自为政的问题。

“自治社会主义”有着自己的理论基础，南斯拉夫共产党认为其根基在于马克思主义。他们提出，自治是从马克思、恩格斯和列宁关于工人阶级作为建设社会主义社会关系的主体所起的作用和社会主义制度下国家的特殊职能的思想出发的，是马克思主义关于反官僚主义和反“国家社会主义”的思想，坚定了他们彻底摆脱苏联模式的决心。他们认为，社会主义全民所有制可分为国家所有制与社会所有制，国家所有制是低级形式，必须逐步过渡到社会所有制。在社会所有制下，生产资料既不归国家所有，也不归某个集体或个人所有，而是属于社会的每个成员所有。由国家所有制向社会所有制过渡的途径就是把工厂交给工人，把土地交给农民。

实践证明，“自治社会主义”作为对社会主义建设道路的有益探索，是富有生命力的。1938 年，南斯拉夫的经济发展水平落后于世界平均水平 30%，1975 年，按人口计算的社会产值超过世界平均水平 31%。1950 年农业产值是工业产值的 3 倍，1979 年的工业产值则是农业产值的 3 倍。1950—1980 年，出口商品产值增长约 58 倍，进口货物产值增加约 65 倍。1947—1975 年，用于提高居民生活水平的费用总额几乎增加了 4 倍，职工个人实际收入增加了 5 倍多。南斯拉夫从一个落后国家变成了一个中等发达的国家。当然，改革也造成许多新的问题和矛盾，例如，过度放权削弱了必要的集中，导致国家权威和南共联盟权威遭到极大削弱，民族主义、地区保护主义抬头，甚至出现了明显的离心倾向，为后来南斯拉夫解体埋下了祸患。

2. 波兰的改革探索

1944 年 7 月波兰建立社会主义制度后，经过恢复和发展国家的三年计划，生产力得到恢复，到 1949 年时国民收入已经超过战前水平 25%以上。在如何建设社会主义的问题上，时任波兰工人党领导人的哥穆尔卡认为波兰有着与苏联不同的国情，多次强调“走向社会主义的波兰道路”，但由于受当时特定的国内外环境影响，这些设想并没有付诸实践。1948 年 8 月，贝鲁特接任哥穆尔卡担任波兰工人党中央总书记，开始全面照搬苏联模式，导致经济恶化，社会不满情绪不断增长。苏共二十大的影响和苏联对波兰内部事务的干预，进一步激化了社会矛盾，发生了波兹南事件。

【链接】

波兰十月事件

1956年6月，波兹南斯大林机车车辆制造厂的工人提出增加工资的要求被政府拒绝，引发了工人的示威游行。示威群众与保安部队发生冲突，造成多人伤亡的流血事件。对于波兹南事件发生的原因，波兰统一工人党认为主要是因为党和政府在工作中犯了较为严重的错误，波兰统一工人党应该采取更积极的改革措施。然而波兰的改革遭到苏联严厉干涉。10月19日，波兰统一工人党举行八中全会期间，赫鲁晓夫率领代表团未经波兰允许飞抵华沙，要求波兰党中央就相关改革及选举事项与苏联进行商谈，并以军事包围相威胁，试图迫使波兰统一工人党和政府做出让步。波兰党中央抵住苏联的威胁，选举哥穆尔卡为波兰党第一书记，并坚持走出一条“波兰自己的道路”，主张“民主化的道路是通往在我们的条件下建设最好形式社会主义的唯一道路”。这就是著名的“波兰十月事件”。

1956 年 10 月，波兰工人党的八中全会选举哥穆尔卡为中央第一书记，重新制定了党的政治路线，提出了“通向社会主义的波兰发展道路”的一系列设想，开始了曲折的改革进程。从 1956 年 11 月起，波兰政府先后出台了《改变经济模式的某些方针的提纲》《关于改革国营工业组织结构和活动原则》《1966—1970 年国民经济和管理体制改革的方针》等文件，提出了经济改革的措施，主要包括：削减中央下达的指令性指标；把中央对部分企业的领导权下放给地方，发挥地方和企业的积极性和主动性；扩大民主，建立工人委员会，职工参加企业管理；实行物质刺激体制，调动群众积极性；撤销中央各主管部下设的管理局，设立联合公司；等等。与此同时，哥穆尔卡提出了保证议会的最高权力、扩大人民代表会议的权限、恢复国家与宗教间的正常关系等问题。

哥穆尔卡的改革政策取得了明显成效，受到了波兰人民的普遍欢迎。但同时也受到了一些党政领导抵制，以及来自苏联和其他社会主义国家的压力。在国内外的压力面前，改革时断时续，出现了走回头路的现象。1970 年 12 月，波兰陷入了严重的社会动荡，盖莱克接替哥穆尔卡担任党的第一书记。为了尽快冲出经济困境，提高人民生活水平，盖莱克提出了“高速度发展战略”，实施“高速度、高积累、高消费”的“三高”政策，推动波兰广泛参加国际分工，引进资金和先进技术。他还主张建立大经济组织体制，削减中央下达的指令性指标，进一步扩大企业自主权等。“高速度发展战略”的实施极大促进了生产发展，改善了波兰人民的生活。但盲目追求高速、过分依赖西方资金和技术的做法，也导致了经济比例失调，债台高筑，发展速度下降。70 年代中期国际能源、原料市场的恶化，进一步加剧了波兰的经济困难。

在不断加深的危机中，“团结工会”登上了历史舞台。它号召工人举行罢工，拒绝与政府进行对话。1981 年 3 月，波兰工人党召开八届九中全会，指责“团结工会”计划举行的全国大罢工是公开反对党和国家政权，是一种夺取权力的斗争。1981 年 12 月，临危受命的雅鲁泽尔斯基宣布波兰进入战时状态，由包括他在内组成的“救国军事委员会”接管全国。在雅鲁泽尔斯基领导下，颁布了关于罢工、游行等的一系列法令，对各级政府机构进行了审查调整，局势逐步得到了稳定。与此同时，波兰统一工人党制定了“经济改革方针”，决心实行政治、经济的全面改革，主要包括废弃现行的指令——统配体制，实行中央计划与运用市场机制相结合的体制；企业实行经营自主、职工自治和自负盈亏的原则；国家主要通过价格、税收、贷款等手段管理经济活动；确保各种经济成分享有平等的发展条件；精简国家经济行政机构，加强议会的经济立法权和政府的经济干预职能；等等。

1983 年 7 月，波兰取消战时状态，经济状况也有所好转，反对派力量大为削弱。但 1986 年波兰党对“团结工会”的认识发生逆转，使“团结工会”获得了合法地位，随后波兰迎来了剧烈变动的年代。

3. 匈牙利的改革探索

从 1947 年到 1956 年，匈牙利基本完成了向社会主义的过渡，经济社会建设取得了十分显著的成就。但与此同时，不顾本国国情，照搬苏联模式的做法也导致了经济发展失衡、政治缺乏民主。这引起了人民的强烈不满，他们迫切要求改革现行体制。斯大林去世后，随着内外条件的变化，匈牙利政局也发生了变化。1953 年 6 月，改革派人物纳吉出任政府总理，采取了一系列改革措施。在经济方面主要有压缩重工业投资，增加轻工业和农业投资；降低农民的纳税额和交售额；小私有企业合法化、停止强行合作化运动等。在政治方面平反了一部分冤假错案，关闭了集中营等。纳吉的改革使国家得到了喘息的机会，调动了人民的劳动积极性。然而，随着苏联国内形势的变化，纳吉被扣上“反马克思主义观点和派别活动”的帽子，并被撤销一切职务。1956 年赫鲁晓夫在苏共二十大做的报告，在匈牙利引起了很大动荡，导致了震惊世界的“匈牙利事件”。

“匈牙利事件”后，领导人卡达尔总结改革教训，在不同苏联公开对抗的同时进行了“静悄悄的”改革。1966 年 5 月，匈牙利社会主义工人党中央扩大会议通过了关于经济改革的决议，从 1968 年 1 月起开始实行新经济体制。主要内容是：第一，把集中的计划管理同市场的积极作用有机地联系起来。取消国家向企业下达指令性计划指标，实行指导性计划制度，充分发挥商品货币关系和市场调节的积极作用。第二，扩大企业自主权，协调国家、集体和个人的利益。第三，国家统一调拨生产资料、生产原料和分配产品的制度改变为贸易制度。但国防工业等重点工业仍由国家下达生产指标。第四，改变产品价格一律由国家规定的价格制度，通过实行固定价格、有限制的价格和自由价格来促进和调节社会生产。第五，国家规定了全国各行业的工资表，但各个企业根据经营优劣、盈利多寡等情况进行分配。此外，还有允许私人经济存在和发展，国家投资采用银行贷款办法等。

1968 年开始的改革受到广大群众拥护，经济发展情况良好，但也

【链接】

匈牙利事件

1956年3月，一些知识分子聚集起来成立了裴多菲俱乐部，对拉科西及匈牙利政府存在的错误进行批评，要求经济、政治体制改革，却被定性为“反党反人民”而遭到取缔。拉科西无力缓解匈牙利日趋恶化的局势，被迫辞去第一书记职务，由格罗继任。但格罗迟迟不纠正拉科西政府的错误。10月，哥穆尔卡当选为波兰工人党第一书记的消息传来后，学生等群体举行声援波兰的示威游行，裴多菲俱乐部和学生团体向政府先后提出“十点要求”和“十六点要求”。为平息事态，匈牙利党决定恢复纳吉职务，同时请求苏联出兵帮助维持秩序。人民要求苏联撤回军队，局势更加混乱。由于不法之徒混入游行示威群众中进行打砸抢烧，事件变为暴乱。苏联代表米高扬来到布达佩斯，承认苏联在处理与东欧国家关系方面的错误。11月，纳吉宣布改组政府，结束一党专政，宣布匈牙利退出华约组织，要求苏联撤军等。苏联军队再次开进匈牙利，支持另一位领导人卡达尔成立新政府，苏军平息骚乱，纳吉逃到南斯拉夫使馆避难，后来被处死。这就是震惊世界的“匈牙利事件”。

出现了投资失控、社会各阶层收入增长不均等问题，这表明匈牙利经济体制还不够完善、不够灵活。经过一场新的辩论，从1980年起，改革开始朝着全面完善的方向发展。主要体现在进一步加强国家计划与市场机制的有机结合，使计划不仅符合国内情况，还要符合国际上的经济发展趋势，注意利用市场对计划的反馈作用；改革企业领导体制，实行企业破产法；通过实行中央工资调节制、工资增长调节制、工资水平调节制，彻底破除分配上的平均主义；建立专业银行，加强资金流动和引进外资；等等。

与经济体制改革相适应，卡达尔对政治体制也实行了有效改革。卡达尔十分注重联盟政策，他曾经讲过这样一句引起轰动的话：谁不反对我们，谁就同我们在一起。在实践中，匈牙利党提出要取消过去的阶级划分，建立统一的农民阶级；规定知识分子是一个劳动阶级，强调信任和尊重知识分子的劳动，提高知识分子的物质待遇；实行宗教信仰自由和教会自治权等。卡达尔还注重改善党的领导，改进党的领导作风，强调党的干部要做到注意实事求是、注意调查研究、注意联系群众。他努力推进国家生活民主化建设，提出实行党政分工，强调党从政治上领导国家机关、经济机关和社会团体的工作，但不能取代经济机构的直接领导；建立各级监督委员会，把党和政府的工作切实置于人民的真正有效的监督之下。

匈牙利的改革取得了显著成效。1984 年与 1950 年相比，国民收入增加 4 倍，工业生产增长 9 倍，农业生产增长了 120%，人均实际收入增加 2.5 倍，居民消费增加 2.3 倍。人民生活水平明显提高，被西方称为“东欧社会主义的橱窗”。

4. 捷克斯洛伐克的改革探索

捷克斯洛伐克是东欧工业基础比较雄厚的国家，1945 年解放后，经过两年时间，国民经济基本恢复到战前水平。1948 年 2 月，随着共和国的一切权力转到了共产党领导的劳动人民手中，苏联高度集中的政治经济体制也被逐步搬到了捷克斯洛伐克。全面采纳苏联模式的弊端很快显现出来，经济社会发展遭遇困难。不但如此，经济发展中还存在对苏联过度依赖问题，以至于人们说在捷克斯洛伐克生产的十辆汽车中九辆用的是苏联的汽油，三个面包中两个是用苏联面粉制成的。1956 年，在苏共二十大反对斯大林个人崇拜的影响下，捷克斯洛伐克也开始寻找一条符合自己的发展道路。

1958 年，捷克斯洛伐克迈出了经济体制改革的第一步，但却遭到国内以诺沃提尼为首的保守派的反对。国际上掀起的批判南斯拉夫的所谓“现代修正主义”浪潮，也迫使捷共领导不敢放手进行改革。改革的“夭折”和倒退引起了极大的社会震动，推动着改革派再度崛起。1968 年 1 月，杜布切克当选捷共中央第一书记。4 月，捷共中央全会通过了《行动纲领》，从政治到经济，从内政到外交，全面阐述了党的改革纲领。与东欧其他国家改革措施相比较，《行动纲领》是更为全面、彻底的改革方案，是对高度集中的苏联模式的彻底否定。它获得了广大人民群众的广泛认同和支持，却遭到了苏联的抵制和反对。8 月 20 日夜，苏联、波兰、匈牙利、保加利亚和民主德国共出兵 25 万进入捷境，并把杜布切克等捷共领导人挟持到莫斯科。称为“布拉格之春”的改革运动就此被扼杀，捷克斯洛

【链接】

作为改革蓝图的《行动纲领》

《行动纲领》是一个全面的改革纲领，涉及经济、政治、社会生活、文化舆论等各个领域。纲领的主旨就是摆脱苏联模式影响，走出一条适合捷克斯洛伐克社会发展实际的新道路，建立社会主义新模式。在政治方面，彻底改革党政合一、以党代政的领导体制和行政命令的领导方法，加强党内民主和社会主义民主建设，扩大公民权和民族自决权，加强社会生活各方面自治，实行联邦制原则。在经济方面，不仅对原有体制进行改革，而且要实行新经济体制，除了国家长远发展战略、国民经济重大比例关系由国家制定指令性指标外，其他一切经济活动通过市场机制调节。在对外关系方面，实行独立自主的对外政策，在相互尊重主权的平等的原则下，发展同苏联及其他社会主义国家的关系，同时积极发展同西方的关系。

伐克又回到了集中的计划经济轨道。

进入 20 世纪 70 年代以后，国际市场上原料、燃料和食品价格大幅度上涨，这对一向依赖进口资源的捷克来说无疑是一个十分沉重的负担。1971—1980 年，经济困难日趋严重，人民生活水平下降。面对这种现实，唯一的选择就是必须改变现代生产结构和改革现行的经济体制，实现整个经济从粗放型向集约化的转化。1980 年 1 月，捷政府在充分注意到苏联体制改革的经验的基础上，制定并通过了《关于 1980 年以后完善国民经济计划管理体制的整套措施》，提出了改变以年度计划为主的做法，实行以五年计划为主，建立以长、中、短期计划相结合的计划体系；把评价生产经济单位和企业经济成果的综合性指标由总产值指标改为净产值类型的“自身产值”指标；改革工资制度，实行按劳分配原则；等等。捷克斯洛伐克再次踏上了改革的征程。

三、苏东剧变及其历史教训

东欧剧变、苏联解体（一般统称为“苏东剧变”），是 20 世纪 80

年代末 90 年代初发生的影响人类历史发展进程的重大事件。在短短两年多的时间内，一个有着 90 多年历史、执政 70 多年的苏联共产党瞬间解散，社会主义大国苏联土崩瓦解，东欧社会主义国家连续倒塌倾覆。苏东剧变使世界社会主义运动遭受重大挫折，也为世界社会主义发展提供了深刻教训，成为最具警示意义的历史镜鉴。

1991 年，莫斯科街道上的一个倒下的苏联镰刀和锤子

1. 苏东剧变

从时间顺序上看，东欧“政治地震”在先，苏联解体在后，但这场重大事件的肇始和推动实际上源于苏联，主要是苏联领导人戈尔巴乔夫倡导的“新思维”及其指导下的“改革”。1985 年 3 月，戈尔巴乔夫当选为苏共总书记时，苏联正处在历史性关键时刻，面临着国际国内的严峻挑战。经过半个多世纪的努力，苏联成为世界超级强国，但也付出了沉重的代价，苏联同发达资本主义国家的差距出现扩大趋势。东欧社会主义国家的改革尽管存在一些问题，但也取得了显著的成就，给苏联带来了巨大压力。从国内来看，从 70 年代开始，国民经济中困难开始增加，经济增长速度明显下降，引起人民群众不满。国际面临的挑战，国内潜伏的危机，要求戈尔巴乔夫必须对苏联如何发展做出明确的回答。

戈尔巴乔夫上台伊始就打出“全面改革”的旗帜，提出经济“加速战略”（即“加速国家社会经济发展战略”），并为苏共二十七大所肯定。其主要目标是1986—2000年的15年内，国民收入和工业产值增长1倍，劳动生产率提高1.3～1.5倍，国民收入的年增长速度提高到5%，人均实际收入增加60%～80%。“加速战略”反映了苏联试图在很短的时间内改变经济停滞状况的愿望。然而，由于谋划不力，举措失当，“加速战略”在实施过程中遇到很大阻力，收效甚微。1986—1988年经济年均增速为2.8%，1989年下降到2.4%，1990年则为2%的负增长。面对越来越困难的经济社会局面，戈尔巴乔夫主张把改革的重点由经济领域转向政治领域。

1987年1月，戈尔巴乔夫在中央全会上批评了理论上的僵化倾向，强调民主化和公开性对推动改革的决定性意义，要求大力调整干部队伍，提拔积极投身于改革事业的新生力量。11月2日，在庆祝十月革命70周年大会的报告中强调，整个社会生活的民主化和经济的根本改革是关系社会发展和改革事业成败的两大关键。同月，他撰写了《改革与新思维》一书，再次强调在思想领域推行民主化、公开性。苏共第十九次全国代表会议提出，公开性、民主化和社会主义舆论多元化是改革的必要条件，政治体制改革是整个改革不可逆转的关键和保证。

在“公开性”“多元化”“民主化”口号的鼓励下，苏联国内各种反共反社会主义组织纷纷成立，遍及全国，它们或打着“自由民主”的旗帜，或假托维护本民族利益旗号，但都是把矛头对准苏共和社会主义。1990年7月，苏共二十八大通过了《走向人道的民主的社会主义》的纲领性声明，标志着苏共的指导思想从改革变为“改向”。“新思维”和“人道的民主的社会主义”的指导思想，导致了党的思想混乱和党的分裂，苏共领导地位削弱，失去广大群众的信任和支持。

苏共二十八大后，苏联的政治经济形势继续恶化，苏共党内派别林立。经济危机、政局动荡和社会混乱加剧了民族矛盾，民族分裂势力和地区分立势力也趁机而起。继1990年3月立陶宛宣布独立后，其他加盟共和国相继发表主权宣言，要求退出苏联。戈尔巴乔夫为首的苏共中央优柔寡断，一再退让。为阻止联盟解体，1991年8月19日，副总统亚纳耶夫等部分苏联高级领导人发动了震惊世界的“八一九事件”。但它非但没能挽救联盟，反而加速了苏联瓦解的进程。1991 年 8 月 24 日，戈尔巴乔夫为保住总统职位，宣布辞去苏共中央总书记的职务，并要求苏共自行解散。此后，苏联各加盟共和国纷纷宣布独立。1991 年 12 月，俄罗斯等 11 个独立国家领导人在阿拉木图举行会议，决定建立独立国家联合体，以取代苏联。12 月 25 日，戈尔巴乔夫宣布辞去苏联总统职务，苏联国旗从克里姆林宫上空降落，“苏维埃社会主义共和国联盟”最终解体。

1991 年 8 月 19 日政变

【链接】

“八一九事件”

“八一九事件”，又称“苏联政变”“八月政变”，1991 年 8 月 19 日至 21 日在苏联发生的一次政变。当时苏联政府的一些官员企图废除总统戈尔巴乔夫并取得对苏联的控制，政变领导人是苏联共产党强硬成员。他们相信戈尔巴乔夫的改革计划太过分，并认为他正商议签订的《新联盟条约》过于分散权力给众共和国。俄罗斯总统叶利钦拒不服从紧急状态委员会的命令，号召举行政治罢工，抗议亚纳耶夫等人发起的行动。20 日，莫斯科实行宵禁。21 日，戈尔巴乔夫宣布已完全控制了局势，并恢复了一度中断的与全国的联系，苏联国防部决定撤回部署在实施紧急状态地区的部队。苏联内阁发表声明，表示完全执行总统的指示。虽然此次政变在短短三天内便瓦解，并且戈尔巴乔夫恢复权力，可此事件粉碎了戈尔巴乔夫对苏联至少在较松散体制下维持一体的希望。

苏联解体前后，东欧社会主义国家也发生了剧变。20 世纪 80 年代末，东欧国家的改革陷入困境，举步维艰，广大群众对改革悲观失望，对执政的共产党失去了信心。国外反共反社会主义势力乘虚而入，国内各种反对派乘势而动，兴风作浪。这些国家的一些领导人受戈尔巴乔夫“新思维”“人道的民主的社会主义”的蛊惑，纷纷实行经济市场化、政治多元化，将改革变成“改向”。

东欧剧变首先从波兰、匈牙利开始，然后蔓延到东欧其他社会主义国家。在波兰，以团结工会为核心的反对派与由统一工人党、统一农民党和民主党组成的执政联盟较量，通过“圆桌会议”讨价还价等方式不断逼迫执政党妥协让步，最终取而代之。在匈牙利，党内反对派进入最高领导层，推行政治多元化，使社会主义工人党走向分裂，最终导致党国变色。在捷克斯洛伐克，反对派组织建立“公民论坛”，以为“布拉格之春”平反为由，开展大规模群众街头示威活动，迫使捷共分化退让而最终交出政权。在民主德国，国际和国内力量联合起来，不但迫使执政的统一社会党交出政权，而且使民主德国并入联邦德国。在保加利亚，民族问题引发社会矛盾激化和政治动荡，反对派联合成立“民主力量同盟”，发动进攻，执政党不攻自垮。在罗马尼亚，反对派与执政党发生武装冲突，政府被推翻，结束了共产党执政。在南斯拉夫，民族矛盾直接引发南共联盟分裂和联邦国家解体，联邦共和国分裂为五个独立国家，共产党和社会主义不复存在。在阿尔巴尼亚，劳动党主要领导人从长期拒绝改革、自我孤立封闭转到在邻国剧变冲击下突然转向，由极左转为极右，放弃了党的领导权。

戈尔巴乔夫对东欧国家的剧变采取纵容和支持立场，与西方反共反社会主义势力一起加速了东欧剧变进程。而东欧国家的剧变又反过来持续影响苏联的变化进程，最终加速了苏联解体。东欧剧变和苏联解体，是紧密联系、相互促进的整体性历史事件。虽然东欧各国发生剧变的方式不同，但目标和结局一致，就是推翻共产党的领导、抛弃社会主义制度、复辟资本主义。

2. 苏东剧变的原因与教训

苏东剧变是20世纪的重大政治事件。作为世界上第一个社会主义国家，作为曾经能与美国相抗衡的超级大国，苏联竟然在很短的时间内轰然坍塌，令人震惊。即便是那些熟谙苏联东欧事务、长期与之打交道的西方政治家，也未能料到剧变来得如此迅速。探究苏东剧变的发生，既有某种必然性的存在，也有某种偶然性的因素在发挥作用；既要看到这是在特殊历史条件下发生的政治剧变，也要看到它发生的历史根源。

从现实的、直接的原因看，以戈尔巴乔夫为首的苏共以及东欧各国主要领导人放弃了马克思主义指导地位，放弃了共产党的领导，放任西方敌对势力的“和平演变”，直接导致苏联亡党亡国。这主要体现在三个方面：

一是放弃马克思主义指导地位，鼓吹“人道的民主的社会主义”。对马克思主义的信仰，是共产党人的命脉和灵魂。在改革过程中，戈尔巴乔夫提出的所谓“多元化”“人道的民主的社会主义”，就是主张在意识形态领域搞“多元化”，根本抛弃马克思主义和科学社会主义。他上任后不久就鼓吹“多元论”。在苏共第十九次全国代表会议上，他又提出“民主化”“公开性”“多元论”。1990年2月，他强调实行“多元论”要“坚决摒弃对其他观点与思想的意识形态限制”，要反对“精神垄断”。苏共二十八大通过了《走向人道的民主的社会主义》的纲领声明和新党章，把“人道的民主的社会主义”确定为党的指导思想，确定为党的“理想”和“奋斗目标”。苏联和东欧社会主义国家在“民主化”“公开性”“多元论”的鼓吹下，在“人道的民主的社会主义”的指导下推行“改革”，等待它们的只有覆亡的命运。

二是放弃共产党的领导地位，奉行政治多元化和多党制。共产党是无产阶级的先锋队，是社会主义国家的领导力量和指导力量，是社会主义社会政治制度以及国家和社会组织的核心。违背马克思主义的建党原则，放弃共产党的领导地位，意味着亡党亡国。但戈尔巴乔夫公开宣称要抛弃“与全人类价值相对立”的“阶级立场”，认为苏联共产党是“按照自治原则联合苏联公民的政治组织”。他公开宣扬党的地位不应当依靠宪法强行合法化，声称“苏联共产党不想享有垄断权”。他修改宪法，取消宪法第六条关于苏共是社会领导力量和政治体制核心的规定，承认社会团体多元化，甚至允许反党反社会主义的政治组织公开活动。他极力推行多党制，认为它是作为正常的历史进程的结果而出现的，是符合社会需要的。多党制的实行，为反党反社会主义组织和党派大开方便之门，造成严重的政治混乱。

三是放任西方敌对势力的“和平演变”，采取妥协退让政策。戈尔巴乔夫上台后大力鼓吹所谓的“国际政治新思维”，宣称“人类的生存高于一切”“全人类利益高于一切”，从而根本抹杀了社会主义与资本主义、无产阶级与资产阶级之间还依然存在严峻斗争的事实，为西方反共势力对苏联展开“和平演变”大开方便之门。西方敌对势力明确声称，谁同我们站在一起，谁就会得到支持。它们利用各种传媒输出西方的价值观，利用经济援助作为条件，利用“人权民主外交”扶植政治反对派，为它们颠覆共产党政权推波助澜。面对西方的“和平演变”攻势，苏联洞开国门予以迎合。1988 年 12 月，苏联停止了对过去视为反动电台的几家西方电台的干扰，开放了 7 930 种禁书。波兰、匈牙利等执政党也采取了妥协放任政策，在西方颠覆和攻击面前不断妥协，纵容国内反对派与国外敌对势力勾结，自动解除武装和自毁长城。

从历史的、长期的原因看，苏东剧变不是一朝一夕发生的，而是各种因素长期综合发生作用的结果。主要是：

一是长期教条主义地对待马克思主义。马克思主义是历史的产物，也是随着历史的发展而不断丰富和发展的科学，这是它的真正的生命力之所在。苏东国家共产党领导人长期以来机械教条地固守马克思主义词句，对马克思主义做出了不少歪曲的解释，其中许多是属于教条主义的解释，导致在苏联将马克思主义僵化、教条化，使整个社会丧失发展动力。教条主义又常常与个人崇拜结伴而行，苏东社会主义国家中的“造神运动”，使得学术问题也要做出政治上的判决，党的领袖的话成为辨别真理的唯一标准。

二是长期僵化地对待社会主义。苏联模式是特定历史条件下的产物，苏联模式不等于社会主义。在苏东社会主义国家里，高度集中的经济、政治体制曾经在历史上发挥过巨大的积极作用，但苏东国家领导人不能随着时间和条件的变化及时调整改革，且将之视为社会主义的唯一正确模式。即便在不同时期有所调整，也是局限于修修补补，没有全局长远的体制改革规划。在改革遭遇困难阻碍时，又转而完全否定这种模式，把苏联模式看作社会主义本身，从而全面否定社会主义制度。

三是长期忽视人民生活水平的提高。苏东国家社会主义建设在历史上曾取得重大成就，极大提高了人民的物质文化生活水平。但长期奉行以发展重工业为主的经济发展战略，忽视商品经济和价值规律的作用，不可避免地造成经济结构畸形发展，农业和轻工业发展缓慢，人民的物质文化生活需要得不到满足，背离了社会主义生产的根本目的。对于苏联而言，与美国长期争霸，也耗费了大量资财，导致人民日常生活用品和消费品长期匮乏，生活水平不断下降。由于在综合国力的竞争中处于相对弱势地位，与西方的差距又呈不断拉大的趋势，导致一些人产生羡慕西方、怀疑社会主义优越性的心理，为西方国家攻击社会主义制度和进行“和平演变”提供了“依据”。

20 世纪 80 年代末，苏联国内财政赤字猛增，通货膨胀加剧，图为 1990 年，莫斯科的纺织品商店人满为患，要排队超过一个小时才能进入商店的消费者在柜台抢购商品

四是长期缺乏社会主义民主和法制建设。苏东国家长期实行高度集中的政治体制，由于不能对民主集中制原则给予与时俱进的认识，把党和国家的领导同发展民主法制对立起来，把党内民主和党内集中对立起来，忽视甚至破坏党内民主，以致在一些国家出现了个人专制、个人崇拜，党内民主和社会民主都严重缺乏的现象。广大党员和群众的政治权利长期无法得到保障，使其逐渐失去对执政党和政府的信任，成为国内外敌对势力攻击党和政府的有力工具和群众基础。戈尔巴乔夫主张实行“无条件的民主”，但从实质上来看，发展这种民主等同于否定党的领导，等同于照搬西方的民主制度，最终导致亡党亡国的灾难。

五是长期不能正确处理民族关系和民族矛盾。苏联是有着一百多个民族的多民族国家，民族问题由来已久且非常复杂。由于长期以来不能正确认识民族问题，不能正确制定和执行民族政策，导致民族矛盾不断加深。戈尔巴乔夫时期，揭露历史“空白点”，把一些潜在的民族问题暴露出来，敌对势力对民族问题别有用心地利用，也加剧了民族矛盾和冲突，进而导致整个社会的危机。其他社会主义国家也存在着忽视民族问题的现象，以致民族冲突激化，造成社会动乱和国家解体。

六是长期放松执政党自身建设。在苏东社会主义国家建设和改革的过程中，执政的共产党始终强调加强党的建设，注重党员干部的培养，分清党和政府的关系。但由于长期以来僵化地对待马克思列宁主义，教条主义盛行，形式主义泛滥，党的各项建设难以达到应有的目标。一些党的领导人思想政治上蜕化变质，丧失共产主义理想信念；党内长期缺乏民主监督，基层组织涣散无力；党的干部特殊化和腐败，严重脱离群众；等等。这些都给苏东剧变埋下了隐患。

苏东剧变是世界社会主义运动的一场“历史灾难”，但大国的盛衰兴亡所提供的深刻而丰富的教训，无疑是历史进步的宝贵财富。苏东剧变为我们提供的启示是：建设社会主义，必须坚持把马克思主义基本原理与本国实际相结合，独立探索具有本国特色的社会主义道路；必须不失时机地推进改革，促进社会主义制度的自我完善和发展；必须把发展生产力作为根本任务，不断提高人民群众的物质文化生活水平；必须高度重视社会主义民主和法制建设，坚持走适合本国国情的社会主义民主政治发展道路；必须坚持马克思主义在意识形态领域的指导地位，警惕和抵制西方敌对势力“西化”、分化的图谋；必须坚持和改善党的领导，不断加强党的执政能力建设，使党始终成为社会主义建设和改革事业的领导核心。

第八章

新中国的成立与毛泽东对社会主义的探索

为摆脱帝国主义和封建主义的双重压迫，实现民族复兴和人民共同富裕，中国人民历史性地选择了马克思主义；以毛泽东为代表的中国共产党人在把马克思主义与中国实际相结合的过程中，创立了新民主主义革命的理论，实现了马克思主义中国化的第一次历史性飞跃，创立了毛泽东思想。在毛泽东思想的指导下，中国共产党在理论和实践上解决了新民主主义和社会主义的关系，不仅领导中国人民取得了新民主主义革命的伟大胜利，建立了新中国，而且创造性地进行了社会主义改造，在中国确立了社会主义制度，并对在经济、文化落后的中国建设社会主义的道路进行了初步探索，取得了十分重要的理论成果和建设事业的伟大胜利。

一、社会主义是中国人民历史性的选择

1. 古老中国沦为半殖民地半封建社会

中国是一个有着 5 000 年悠久历史的文明古国，曾经创造出辉煌的历史文化，为人类做出过巨大贡献。但是，到了近代，中国却逐步沦落为一个半殖民地半封建的落后国家。当清朝统治者仍然沉浸在

“天朝上国”的迷梦中时，西方资本主义国家已经历了工业革命，倚仗着“坚船利炮”轰开了中国的大门，使中国沦为列强恣意侵略和掠夺的对象。继1840年的第一次鸦片战争以后，西方列强先后发动了1856—1860年的第二次鸦片战争，1884—1885年的中法战争，1894—1895年的中日甲午战争，1900年的八国联军侵华战争等。通过这些野蛮的侵略战争，西方列强迫使中国签订了种种不平等条约，攫取了种种特权。它们在中国建租界、开口岸，划分势力范围，控制了中国的经济命脉。由于西方列强的侵略和掠夺，中国日益衰弱和落后，最终陷入任人宰割、丧权辱国的悲惨境地，面临着空前严重的民族危机。

资本主义列强的侵略，彻底改变了中国社会的发展进程和中国人民的历史命运，也使近代中国的社会性质以及社会矛盾和阶级关系等发生了深刻的变化。在近代中国，中华民族与帝国主义的矛盾、人民大众与封建主义的矛盾、农民阶级与地主阶级的矛盾、工人阶级与资产阶级的矛盾、民族资产阶级与外国资产阶级的矛盾、西方列强之间的矛盾等错综复杂地交织在一起，但帝国主义和封建主义是压在中国人民头上的两座大山，中国人民与帝国主义、封建主义的矛盾构成了中国这个半殖民地半封建社会的主要矛盾。这些矛盾的不断发展和激化，必然导致革命运动的产生和不断高涨。中国人民面临的两大历史任务是：推翻帝国主义和封建主义的统治，实现民族的独立和人民解放；彻底改变中国贫穷落后的面貌，实现国家的富强和人民的共同富裕。

2. 中国人民的三大斗争及其失败

为了挽救民族危亡，实现中华民族伟大复兴的梦想，中国人民进行了长期艰苦卓绝的英勇奋斗和可歌可泣的艰辛斗争。其中既有抗击西方列强侵略的中国广大官兵浴血奋战和人民起义，也有反对帝国主义和封建主义压迫的农民战争；既有变法图强的维新运动，也有推翻帝制的资产阶级革命。其中有三次大的斗争最具有代表性和典型性，这就是1851年由洪秀全领导的反侵略、反压迫的太平天国农民运动；1898年以康有为、梁启超、谭嗣同等为代表的资产阶级维新派发起和领导的变法维新运动；1911 年以孙中山为代表的资产阶级革命派发起和领导的辛亥革命。

太平天国运动前后历时 14 年，波及 18 个省，并一度建都南京，沉重地打击了帝国主义侵略势力和封建统治阶级。但由于农民阶级的历史局限性和内部争斗等众多原因，在封建统治者和帝国主义的联合镇压下，最终归于失败。戊戌变法以“救亡图存”为号召，试图按照西方资本主义的发展道路和模式，在中国建立以君主立宪为目标的资本主义制度，但历时不足百日，便被以慈禧太后为代表的封建保守势力扑灭。孙中山领导的辛亥革命是一场真正意义上的资产阶级民主革命，它推翻了清王朝的封建统治，结束了在中国长达两千多年的封建帝制，但并没能改变旧中国半殖民地半封建的社会性质，也没有结束中国人民的悲惨境遇。随着辛亥革命的成果很快被袁世凯为首的北洋军阀窃取，中国又陷入了长期军阀混战、四分五裂的局面。

鸦片战争后中国人民的反抗斗争屡遭失败的事实，深刻地证明资本主义道路在中国根本行不通，除马克思主义以外的各种主义和思潮，如改良主义、实用主义、民粹主义、工团主义等都曾“你方唱罢我登场”，没能也不可能解决中国的前途和命运问题。正如毛泽东后来深刻总结的那样：“在一个很长的时期内，即从一八四〇年的鸦片战争到一九一九年的五四运动的前夜，共计七十多年中，中国人没有什么思想武器可以抗御帝国主义。旧的顽固的封建主义的思想武器打了败仗了，抵不住，宣告破产了。不得已，中国人被迫从帝国主义的老家即西方资产阶级革命时代的武器库中学来了进化论、天赋人权论和资产阶级共和国等项思想武器和政治方案，组织过政党，举行过革命，以为可以外御列强，内建民国。但是这些东西也和封建主义的思想武器一样，软弱得很，又是抵不住，宣告破产了。”① 要解决中国发展进步的问题，必须找到能够指导中国人民进行反帝反封建革命的先进理论，必须找到能够领导中国变革的先进社会力量。

3. 中国人民选择了马克思主义

1917 年俄国十月革命的胜利，开辟了无产阶级社会主义革命的新

① 毛泽东．毛泽东选集：第 4 卷．北京：人民出版社，1991：1513－1514.

纪元，改变了人类世界历史的进程，对中国革命产生了深刻的、历史性的影响。1919 年五四运动的爆发，使中国工人阶级作为独立的政治力量登上历史舞台，成为中国民主革命的领导阶级。这标志着中国新民主主义革命的开端，并成为世界无产阶级革命的重要组成部分。随着马克思主义在中国的不断传播，中国人民及其先进分子经过反复比较，在各种主义和思潮中选择了马克思主义，在各种社会主义思潮中选择了科学社会主义。

【链接】

俄国十月革命：世界历史上第一次取得胜利的社会主义革命

1949年6月，毛泽东在《论人民民主专政》中指出："十月革命一声炮响，给我们送来了马克思列宁主义。十月革命帮助了全世界的也帮助了中国的先进分子，用无产阶级的宇宙观作为观察国家命运的工具，重新考虑自己的问题。走俄国人的路——这就是结论。"

十月革命是世界历史上无产阶级第一次取得胜利的社会主义革命，建立了第一个无产阶级领导的社会主义国家，第一次把马克思、恩格斯关于无产阶级革命的理论变成了现实。它开辟了人类探索社会主义道路的新时代，促进了马克思列宁主义在世界范围的传播，开创了世界社会主义运动发展的新局面。十月革命的胜利不仅是对俄国帝国主义统治者的沉重打击，也是对世界各国帝国主义统治者的沉重打击。它动摇了帝国主义的殖民统治，在西方无产阶级革命与东方殖民地人民革命斗争之间架起了一座桥梁，推动了殖民地半殖民地人民的解放斗争。

科学社会主义为在救亡图存斗争中进行艰苦探索的中国人民及其先进分子指明了奋斗的方向。1921 年中国共产党的诞生，是中国历史上开天辟地的大事件，是近现代中国历史发展的必然产物。从此，中国革命有了正确的前进方向，中国人民有了强大的精神力量，中国命运有了光明的发展前景。

中国共产党自成立起，就坚定地将马克思主义作为自己的根本指导思想，根本原因在于马克思主义是科学性、革命性和实践性有机统一的伟大真理，它科学地揭示了人类社会的发展规律，是认识世界、改造世界的强大思想武器，它代表着最广大人民的根本利益，是工人阶级和劳动群众获得解放的思想体系。中国共产党领导的革命实践反复证明，只有马克思主义才能引导中国人民走上实现民族独立、人民解放、国家富强、民族振兴的正确道路。

中国共产党第一次代表大会会址

中国共产党和中国人民历史性地选择了马克思主义，选择了科学社会主义，就必然坚定地选择了社会主义的奋斗方向。中国共产党第一次代表大会明确宣布，我们党的奋斗目标是在中国实现社会主义和共产主义；党的第二次代表大会明确提出党的最低纲领和最高纲领，并论证了二者的关系，指出，我们党首先要进行民主革命，然后再进行社会主义革命，新民主主义革命的最终方向是社会主义。党的二大虽然比较正确地揭示了党的最低纲领和最高纲领的关系，但由于党内的教条主义者在一段时期内占据了主导地位，他们把马克思主义教条化，把第三国际的指示当作金科玉律，照抄照搬俄国革命的经验，严重脱离了中国革命的实际，使中国革命和党的事业遭受了严重的挫折。

以毛泽东为代表的中国马克思主义者在反对党内教条主义的斗争中，注重把马克思主义的普遍原理和中国革命实际相结合，提出了马克思主义中国化的科学命题。1938 年，毛泽东在党的六届六中全会上发表的政治报告《论新阶段》中指出：“没有抽象的马克思主义，只有具体的马克思主义。所谓具体的马克思主义，就是通过民族形式的马克思主义，就是把马克思主义应用中国具体环境的具体斗争中去，而不是抽象地应用它。成为伟大中华民族之一部分而与这个民族血肉相连的共产党员，离开中国特点来谈马克思主义，只是抽象的空洞的马克思主义。因此，马克思主义的中国化，使之在其每一表现中带着中国的特性，即是说，按照中国的特点去应用它，成为全党亟待了解并亟须解决的问题。”① 毛泽东在运用马克思主义解决中国革命实际问题的过程中，不断总结革命的实践经验，形成了科学的、系统的新民主主义革命理论。这一独具中国特色的新民主主义革命理论的形成，不仅标志着中国共产党在思想理论上走向成熟，也构成马克思主义中国化第一次历史性飞跃的伟大成果——毛泽东

【链接】

李大钊：中国传播马克思主义的第一人

李大钊同志是中国共产主义运动的先驱，伟大的马克思主义者，杰出的无产阶级革命家，中国共产党的主要创始人之一。他率先在中国介绍、宣传和研究马克思主义，是二十世纪初中国的播火者。

1917年俄国十月革命胜利后，李大钊同志备受鼓舞，连续发表《法俄革命之比较观》《庶民的胜利》《布尔什维主义的胜利》《新纪元》等文章和演讲，热情讴歌十月革命。他以敏锐的眼光，深刻认识到这场革命将对二十世纪世界历史进程产生划时代的影响，也从中看到了中华民族争取独立和中国人民求得解放的希望。在宣传十月革命的过程中，他自己的觉悟得到迅速提高，从一个爱国的民主主义者转变为一个马克思主义者，并且成为我国最早的马克思主义传播者。1919年，伟大的五四运动爆发，李大钊同志热情投入并参与领导了五四运动。在这场运动中和运动之后，他更加致力于马克思主义的宣传，做了大量工作。他在《新青年》发表的《我的马克思主义观》，系统介绍马克思主义理论，在当时的思想界产生了重要影响。1920年3月，李大钊同志在北京大学发起组织马克思学说研究

① 中央档案馆．中共中央文件选集（一九三六——一九三八）：第11册．北京：中共中央党校出版社，1991：658—659．

李大钊

会。同年秋，他又领导建立了北京的共产党早期组织和北京社会主义青年团，并积极推动建立全国范围的共产党组织。李大钊同志对中国共产党的创建做出了至关重要的贡献。①

思想的重要内容。1945年，党的七大把毛泽东思想正式确立为党的指导思想。

4. 新民主主义革命的胜利与新中国的建立

毛泽东的新民主主义革命理论深刻系统地阐述了近代中国半殖民地半封建的社会性质，揭示了新民主主义革命的对象、任务、动力和性质，提出了中国革命道路和新民主主义革命的总路线。同时，科学地阐述了新民主主义革命与社会主义革命的关系，毛泽东形象地将二者比喻为文章的上下篇关系，指出："两篇文章，上篇与下篇，只有上篇做好，下篇才能做好。坚决地领导民主革命，是争取社会主义胜

---

① 习近平．在纪念李大钊同志诞辰120周年座谈会上的讲话．人民日报，2009－10－29.

利的条件。”① 他还指出：“中国共产党领导的整个中国革命运动，是包括民主主义革命和社会主义革命两个阶段在内的全部革命运动；这是两个性质不同的革命过程，只有完成了前一个革命过程才有可能去完成后一个革命过程。民主主义革命是社会主义革命的必要准备，社会主义革命是民主主义革命的必然趋势。而一切共产主义者的最后目的，则是在于力争社会主义社会和共产主义社会的最后的完成。”② 这指明了中国从半殖民地半封建社会，经过新民主主义进到社会主义的历史必然性。

在毛泽东思想的指导下，中国共产党领导中国人民经过艰苦奋战，取得了新民主主义革命的伟大胜利，建立了中华人民共和国。中华人民共和国的成立，使人民当家作主，实现了中国从几千年封建专制制度向人民民主制度的历史性跨越，国家高度统一，各民族空前团结，彻底结束了旧中国半殖民地半封建社会的历史和一盘散沙的局面，彻底废除了列强强加给中国的不平等条约和帝国主义在中国的一切特权。中国人民从此站立起来了，中华民族从此开启了新的历史纪元。正如邓小平所说：“中国在世界上的地位，是在中华人民共和国成立以后才大大提高的。只有中华人民共和国的成立，才使我们这个人口占世界总人口近四分之一的大国，在世界上站起来，而且站住了。”③

二、社会主义制度在中国的确立

1. 从新民主主义向社会主义转变的必然性

新中国的建立并不意味着我国已经进入社会主义社会，也不意味着社会主义制度的确立。新民主主义革命胜利后在我国所建立的是新民主主义社会，它并不是一个独立的社会形态，而是一个由新民主主义向社会主义转变的过渡性的社会形态。新民主主义社会必须向社会主义社会过渡，这是中国历史发展的必然。

---

① 毛泽东．毛泽东选集：第1卷．北京：人民出版社，1991：276.
② 毛泽东．毛泽东选集：第2卷．北京：人民出版社，1991：651.
③ 邓小平．邓小平文选：第2卷．北京：人民出版社，1994：299.

首先，这是由新民主主义社会的主要矛盾和性质决定的。新民主主义经济是由社会主义性质的国营经济、半社会主义性质的合作社经济、农业和手工业的个体经济、私人资本主义经济、国家资本主义经济五种经济成分构成的。其中资本主义经济、个体经济和社会主义经济为三种主要经济成分，与之相适应存在的三个基本社会力量为资产阶级、农民及其他小资产阶级和无产阶级。当时我国的主要矛盾集中地表现为无产阶级和资产阶级、社会主义和资本主义道路之间的斗争。这一主要矛盾，决定了中国在取得民主革命胜利后，必须不失时机地进行社会主义革命。只有社会主义革命才能从根本上解决无产阶级和资产阶级的矛盾，而这一矛盾的解决，必然会使中国向社会主义社会转变。

1952 年底，全国广大新解放区农村基本完成土地改革，封建土地所有制被彻底废除。图为翻身农民热烈拥护《中华人民共和国土地改革法》

其次，这是由我们党的奋斗目标和基本纲领决定的。新民主主义革命时期，我们党的最低纲领是建立新民主主义社会，最高纲领是建立社会主义社会，最终走向共产主义。这就决定了我们党不可能只停留在新民主主义社会这一过渡性阶段，还必须进一步实现从新民主主义社会向社会主义社会转变的历史使命。

【链接】

我们是一个六亿人口的大国，要实现社会主义工业化，要实现农业的社会主义化、机械化，要建成一个伟大的社会主义国家，究竟需要多少时间？现在不讲死，大概是三个五年计划，即十五年左右，可以打下一个基础。到那时，是不是就很伟大了呢？不一定。我看，我们要建成一个伟大的社会主义国家，大概经过五十年即十个五年计划，就差不多了，就像个样子了，就同现在大不一样了。现在我们能造什么？能造桌子椅子，能造茶碗茶壶，能种粮食，还能磨成面粉，还能造纸，但是，一辆汽车、一架飞机、一辆坦克、一辆拖拉机都不能造。①

基于中国走社会主义道路历史必然性的认识，毛泽东在我们党领导中国人民基本完成民主革命遗留的任务，特别是土地改革完成后，果断提出向社会主义过渡的任务。1953 年 6 月 15 日，在中央政治局会议上，毛泽东对党在过渡时期的总路线和总任务做了明确阐述。1953 年 12 月，中共中央印发中央宣传部拟定的《为动员一切力量把我国建设成为一个伟大的社会主义国家而斗争——关于党在过渡时期总路线的学习和宣传提纲》，对总路线的内容做了详细阐述。1954 年 2 月，中共七届四中全会正式批准中央政治局确认的这条总路线。党在过渡时期的总路线是：从中华人民共和国成立，到社会主义改造基本完成，这是一个过渡时期。党在这个过渡时期的总路线和总任务，是要在一个相当长的时期内，逐步实现国家的社会主义工业化，并逐步实现国家对农业、手工业和资本主义工商业的社会主义改造。党在过渡时期的总路线体现了发展生产力和变革生产关系的有机统一，是一条社会主义建设和社会主义改造同时并举的总路线。党在过渡时期的总路线提出以后，得到了全党和全国人民的一致拥护，成为把我国建设成为一个伟大的社会主义工业国的奋斗纲领。

2. 具有中国特色的社会主义改造之路

在过渡时期总路线的指引下，党领导中国人民创造性地走出了一

① 毛泽东．毛泽东文集：第 6 卷．北京：人民出版社，1999：329.

条适合中国国情的社会主义改造道路，积累了十分宝贵的历史经验。

首先，实行了和平赎买政策。依据列宁关于对资本主义可以实行和平赎买的思想，结合中国民族资产阶级两面性的特点，国家对民族资本主义工商业采取了利用、限制和改造的政策，利用国家资本主义的过渡形式，将资本主义生产资料私有制逐步改造成为社会主义公有制，从而将列宁提出但并没有在俄国实现的和平赎买设想在中国变成了现实。其次，采取逐步过渡的方式和方法。对农业、手工业和资本主义工商业的改造，国家均采取从低级到高级的多种过渡形式，从而使被改造者能够逐步适应新的经济制度，避免了社会和经济的动荡。再次，坚持把对生产资料所有制的改造和对人的改造结合起来，特别是通过对生产资料的社会主义改造，把资本主义工商业者改造成为自食其力的社会主义劳动者。这是我们党在社会主义改造实践中创新性的成功尝试。最后，坚持发展生产力和变革生产关系的有机统一，社会主义建设和社会主义改造同时并举。正如毛泽东指出的："我们现在不但正在进行关于社会制度方面的由私有制到公有制的革命，而且正在进行技术方面的由手工业生产到大规模现代化机器生产的革命，而这两种革命是结合在一起的。"① 我们党领导的社会主义改造的根本目的就是为了从根本上变革阻碍生产力发展的旧的生产关系，解放和发展生产力，实现社会主义工业化。

当然，由于历史条件的限制和经验的欠缺，我们党在社会主义改造过程中也出现了一些失误。1955 年夏季以后，农业合作化以及对手工业和个体商业的改造要求过急，工作过粗，改变过快，形式也过于简单划一，以致在长时间遗留了一些问题。1956 年资本主义工商业改造基本完成后，对于一部分原工商业者的使用和处理也欠妥当。

但从总体上看，在一个几亿人口的大国比较顺利地实现了如此复杂、困难和深刻的社会变革，促进了工农业和整个国民经济的发展，这的确是伟大的历史性胜利。社会主义改造完成了中国历史上最深刻的社会变革，极大地促进了中国社会的进步和发展，特别是作为这一

---

① 毛泽东．毛泽东文集：第 6 卷．北京：人民出版社，1999：432.

社会变革的结果——社会主义制度在中国的确立，更是具有历史性的意义。

3. 社会主义制度的建立及其伟大意义

1956年，随着社会主义改造的基本完成，社会主义制度也初步建立起来，标志着我国完成从新民主主义社会向社会主义社会的过渡。通过生产资料所有制的社会主义改造，我国建立了全民所有制和集体所有制两种公有制形式的社会主义基本经济制度，建立了按劳分配的社会主义分配制度，在国民经济第一个五年计划期间还建立了计划经济体制。同时，确立了四大基本政治制度。首先是国体，建立了中国共产党领导的、以工农联盟为基础的人民民主专政。其次是政体，既没有采取西方的三权分立和两院制，也没有照搬苏联的苏维埃制度，而是建立了人民代表大会制度，充分保障了人民当家作主的权利。再次是政党制度，既不搞西方式的多党制，也不模仿苏联的一党制，而是实行共产党领导下的多党合作和政治协商制度。这是我国独有的新型政党制度。最后是国家的结构形式，没有实行西方或苏联式的联邦制，而是根据国情和民族特点，实行了民族区域自治制度。这一制度既保障了少数民族管理本民族事务的权利，又有力地维护了国家的统一和民族团结。

社会主义制度的确立，是中国有史以来最深刻最伟大的社会变革，是一次划时代的历史巨变，彻底改变了国家和人民的历史命运，具有十分重大的历史意义。

它为解放和发展生产力，改变中国近代以来积贫积弱的落后面貌，为实现社会主义现代化和中华民族的伟大复兴创造了根本的制度条件。

它使广大劳动人民真正成为国家和社会生产资料的主人，极大地提高和调动了人民群众建设国家的积极性、主动性和创造性，为实现全国各族人民的大团结，齐心协力搞建设创造了良好的社会氛围和条件。

它使占世界人口四分之一的东方大国进入了社会主义社会，极大地改变了世界经济政治格局和力量对比，极大地增强了社会主义的力

1956 年试制成功的第一批解放牌汽车

量和影响力。这是继俄国十月革命后，世界社会主义运动史上的又一个历史性的伟大胜利。

在经济文化比较落后的中国建立起社会主义制度，是科学社会主义在中国取得的巨大胜利，是中国共产党正确运用和创造性发展科学社会主义的结果。

三、中国共产党对社会主义的艰辛探索

1. 发现苏联模式的弊端

社会主义制度在中国的确立，为社会主义建设的进行创造了根本的制度和社会条件，但如何在中国这样一个经济、文化落后的国家建设社会主义，是中国共产党面临的崭新课题。由于无法从老祖宗的经典著作中找到现成的答案，又没有建设社会主义的经验，毛泽东提出了向苏联学习的号召，认为苏联共产党是我们最好的先生，要求全党要恭恭敬敬地学，老老实实地学。向苏联学习建设社会主义的经验，在当时有其必要性。苏联是落后的东方国家中第一个建立社会主义制度的国家，依靠社会主义的优越性，不仅快速实现了社会主义工业化，在较短时间内建成一个世界性的强国，并在第二次世界大战中成

功战胜法西斯，取得了战后国家迅速恢复的显著成就。这些对二战后新建立的社会主义国家和新独立的第三世界国家产生了广泛而深刻的影响。因此，正如毛泽东所说，在中华人民共和国成立初期，“因为我们没有经验，在经济建设方面，我们只得照抄苏联”①，“这在当时是完全必要的，同时又是一个缺点，缺乏创造性，缺乏独立自主的能力。这当然不应当是长久之计”②。

【链接】

苏联社会主义模式：特定历史条件下的产物

苏联是第一个社会主义国家，斯大林在没有任何前人经验可以借鉴的情况下，根据马克思、恩格斯以及列宁提出的一些理论设想，结合苏联的具体情况，领导苏联人民对社会主义建设理论与实践进行了可贵的探索，提出并实施了一整套建设社会主义的方针、政策，建立了社会主义基本制度和运行体制，形成了社会主义的苏联模式。苏联社会主义模式形成后，基本框架一直延续到80年代中期。社会主义的苏联模式是马克思主义基本原理与其具体国情相结合做出的一种探索。这种探索，无论是理论的还是实践的，是成功的还是失败的，都是国际共产主义运动中的宝贵财富，都为后来的社会主义国家提供了丰富的借鉴材料。

中国共产党在社会主义建设的实践中也很快觉察到了苏联社会主义模式存在的问题和弊端。1956 年 4 月，毛泽东提出要实现马克思主义普遍原理和中国实际的“第二次结合”，要找到符合中国实际的社会主义建设道路。他指出：“现在是社会主义革命和建设时期，我们要进行第二次结合，找出在中国进行社会主义革命和建设的正确道路。”③ 苏共二十大以后，苏联社会主义模式的弊端和缺陷进一步暴露出来。毛泽东经过慎重考虑，以此为契机明确提出要“以苏为鉴”，独立探索一条适合中国国情的社会主义建设和发展道路。他指出：“特别值得注意的是，最近苏联方面暴露了他们在建设社会

①② 毛泽东．毛泽东文集：第 8 卷．北京：人民出版社，1999：305.

③ 中共中央文献研究室．十七大以来重要文献选编（上）．北京：中央文献出版社，2009：95.

主义过程中的一些缺点和错误，他们走过的弯路，你还想走？过去我们就是鉴于他们的经验教训，少走了一些弯路，现在当然更要引以为戒。”①

毛泽东和中国共产党对实现马克思主义普遍原理与中国实际的“第二次结合”，走出一条适合中国国情的社会主义建设道路进行了艰辛的探索过程，其中既有成就也有失误，甚至犯了严重的错误，这也充分说明了探索中国社会主义建设的规律和道路的困难性和复杂性。

2. 寻求适合中国国情的建设道路

为了找到一条适合中国国情的社会主义建设道路，以毛泽东为代表的中国共产党人进行了艰苦的探索，从 1956 年 4 月毛泽东的《论十大关系》，到 1956 年 9 月党的八大，再到 1957 年 2 月毛泽东《关于正确处理人民内部矛盾的问题》等，集中体现了这一时期探索的积极成果。

《论十大关系》是毛泽东在经过对农业、工业近半年调查研究，对苏联建设模式的弊端和我国经济建设有了进一步了解的基础上，于 1956 年 4 月 25 日在中共中央政治局扩大会议上发表的重要讲话。其指导思想就是调动一切积极因素，为社会主义建设服务，“以苏为鉴”，寻找一条适合中国国情的社会主义建设道路，它为党探索中国式的社会主义道路奠定了理论基础。

《论十大关系》分析了社会主义建设中的十个重要关系，即重工业和轻工业、农业的关系；沿海工业和内地工业的关系；经济建设和国防建设的关系；国家、生产单位和生产者个人的关系；中央和地方的关系；汉族和少数民族的关系；党和非党的关系；革命和反革命的关系；是非关系；中国和外国的关系。毛泽东指出，十大关系也就是十大矛盾，我们的任务是解决这些矛盾。《论十大关系》为处理这些问题提出了基本原则和基本方针。

---

① 毛泽东．毛泽东文集：第 7 卷．北京：人民出版社，1999：23.

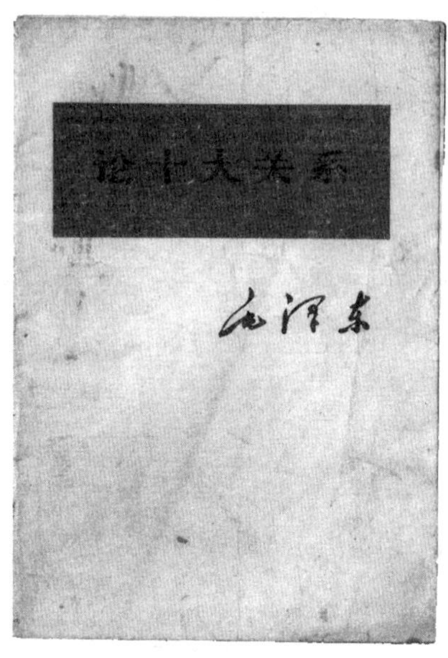

《论十大关系》

【链接】

毛泽东谈“第二次结合”

1956年4月4日，毛泽东提出：“最重要的是要独立思考，把马列主义的基本原理同中国革命和建设的具体实际相结合。”回顾中国共产党的历史，他深有感触地谈道：“民主革命时期，我们在吃了大亏之后才成功地实现了这种结合，取得了新民主主义革命的胜利。现在是社会主义革命和建设时期，我们要进行第二次结合，找出在中国怎样建设社会主义的道路。”他进一步提道：“这个问题，我几年前就开始考虑。现在农业合作化问题上考虑怎样把合作社办得又多又快又好，后来又在建设上考虑能否不用或者少用苏联的拐杖，不像第一个五年计划那样搬苏联的一套，自己根据中国的国情，建设得又多又快又好又省。现在感谢赫鲁晓夫揭开了盖子，我们应该从各方面考虑如何按照中国的情况办事，不要再像过去那样迷信了。”毛泽东的结论就是：“我们过去也不是完全迷信，有自己的独创。现在更要努力找到中国建设社会主义的具体道路。”①

① 毛泽东．毛泽东年谱：第2卷．北京：中央文献出版社，2013：557.

1956 年 9 月，中国共产党第八次全国代表大会召开。八大提出了团结国内外一切可以团结的力量，为建设一个伟大的社会主义国家而奋斗的总任务，制定了党在政治、经济、组织等方面的方针和政策，取得了探索社会主义建设道路的重要成果。首先，分析了在生产资料所有制的社会主义改造完成以后，我国社会主要矛盾的变化，做出了党的工作重点转移的重大决策。其次，提出了关于经济发展的指导方针。八大指出，必须既反保守又反冒进，使国民经济各部门在综合平衡中按比例发展。再次，把毛泽东提出的“百花齐放，百家争鸣”正式确定为发展我国文化教育和科学事业的指导方针。最后，强调了发展社会主义民主，反对个人崇拜的重要性。八大通过的关于政治报告的决议提出，在我们进入社会主义建设时期以后，进一步扩大国家的民主生活，开展反对官僚主义的斗争，有迫切的、重要的意义。同时还指出，要坚持民主集中制和集体领导制度，反对一切形式的个人崇拜。

1957 年 2 月，在最高国务会议第十一次会议上，毛泽东做了《关于正确处理人民内部矛盾的问题》的报告，提出了我国社会主义制度还刚刚建立，还没有完全建成，还不完全巩固的思想；提出了在革命时期大规模的急风暴雨式的阶级斗争基本结束之后，在社会主义基本制度已经建立的情况下，我们的根本任务已经由解放生产力变为在新的生产关系下保护和发展生产力；提出了“团结全国各族人民进行一场新的战争——向自然界开战，发展我们的经济，发展我们的文化，使全体人民比较顺利地走过目前的过渡时期，巩固我们的新制度，建设我们的新国家”① 的重要思想；创造性地论述了社会主义社会矛盾的学说，把正确处理人民内部矛盾作为国家政治生活的主题，提出了处理人民内部矛盾的指导方针，丰富和发展了科学社会主义理论。

从 1958 年 11 月起，毛泽东多次提议各级领导干部读苏联《政治经济学教科书》。从 1959 年 12 月 10 日到 1960 年 2 月 9 日，毛泽东还亲自组织了一个读书小组，先后在杭州、上海和广州读苏联的《政治

---

① 毛泽东．毛泽东文集：第 7 卷．北京：人民出版社，1999：216.

经济学教科书》。在边读边议的过程中，毛泽东发表了许多谈话，比较系统地总结了中国革命和社会主义建设的经验，阐述了社会主义社会的发展规律，并且论述了如何用马克思主义的立场、观点和方法来研究社会主义时期的问题，反映了毛泽东对社会主义建设规律的认识，也反映了他对社会主义建设的探索前进、曲折发展的思想轨迹。探索中国社会主义建设道路是毛泽东研读苏联《政治经济学教科书》的主旨和根本目的。围绕这个主旨和目的，毛泽东在社会主义发展阶段、社会主义社会基本矛盾和动力、社会主义建设目标、社会主义经济体制、正确处理社会主义经济结构中一些重要关系、社会主义建设中坚持群众路线等多个方面提出了一系列正确思想。

在上述积极探索成果的指引下，1956—1966 年这十年全面进行社会主义建设时期，全国人民在党的领导下取得了很大的建设成就。当然这期间，毛泽东的探索也出现过比较严重的失误，党的工作的指导

【链接】

毛泽东关于社会主义发展阶段的思想

社会主义发展阶段的问题是马克思主义学说中的一个重要理论问题。马克思曾对未来的共产主义的发展阶段做过划分，提出共产主义第一阶段和更高发展阶段的思想。列宁曾从俄国的现实状况出发，提出过“初级形式的社会主义”等说法，把社会主义看作一个多级发展过程。对此问题，毛泽东的探索经历了一个复杂曲折的发展过程。1955年 10月，他认为社会主义是会有缺点的，将来发展到共产主义社会也要分阶段。次年11月，他又进一步发挥了这一思想，指出由于社会基本矛盾的始终运动，共产主义社会可分为三个发展阶段。这期间，他还提出了区分“建立”社会主义制度和“建成”社会主义的思想。1958年的“大跃进”犯了超越社会主义发展阶段的错误。1959年，毛泽东在《读苏联〈政治经济学教科书〉的谈话》中认为：社会主义这个阶段，又可能分为两个阶段，第一个阶段是不发达的社会主义，第二个阶段是比较发达的社会主义。而后一个阶段可能比前一个阶段需要更长的时间。中国正处于不发达的社会主义阶段。此后，毛泽东提出社会主义这个阶段会要100年甚至更长，这一可贵的探索，是对科学社会主义理论的新贡献，为后来的社会主义初级阶段论提供了重要的思想基础。

方针也产生过严重的问题。如发生过1957年的反右斗争扩大化，1958年的“大跃进”和人民公社化运动，1959年庐山会议错误发动的“反右倾”斗争，1963—1965年的社会主义教育运动等，使我国社会主义建设事业遭受了严重的负面影响。在这期间，党中央和毛泽东也曾经对一些失误有过觉察，并采取一些措施进行纠正，对推进社会主义建设也产生过一些积极影响。

但是，导致毛泽东产生失误的“左”的思想根源并没有得到纠正，而且还在不断发展和强化，此后毛泽东进一步将我国社会一定范围存在的阶级斗争扩大化、绝对化，提出要“以阶级斗争为纲”，要整“党内走资本主义道路的当权派”，并由此导致1966年5月开始的延续长达十年之久的“无产阶级文化大革命”，给我们党、国家和人民带来了巨大的损失。

【链接】

前事不忘，后事之师

革命领袖是人不是神。尽管他们拥有很高的理论水平、丰富的斗争经验、卓越的领导才能，但这并不意味着他们的认识和行动可以不受时代条件限制。不能因为他们伟大就把他们像神那样顶礼膜拜，不容许提出并纠正他们的失误和错误；也不能因为他们有失误和错误就全盘否定，抹杀他们的历史功绩，陷入虚无主义的泥潭。

前事不忘，后事之师。一个马克思主义政党对自己的错误所抱的态度，是衡量这个党是否真正履行对人民群众所负责任的一个最重要最可靠的尺度。我们党对自己包括领袖人物的失误和错误历来采取郑重的态度，一是敢于承认，二是正确分析，三是坚决纠正，从而使失误和错误连同党的成功经验一起成为宝贵的历史教材。①

总之，从1956年开始到1976年这20年的艰苦探索中，由于各种复杂的原因，我国的社会主义建设既取得了历史性的巨大进步和成就，同时也发生过十分严重的失误。这深刻地说明，在中国这样一个贫穷落后的国家建设什么样的社会主义、怎样建设社会主义是一个十分复杂和艰巨的课题，不经历艰苦卓绝的探索并付出巨大的代价是不

---

① 中共中央文献研究室．十八大以来重要文献选编（上）．北京：中央文献出版社，2014：693—694.

可能真正搞清楚的。

四、初步探索社会主义取得的成果及遭受挫折的原因

1. 社会主义初步探索的丰富成果

在探索符合中国国情的社会主义建设实践中，我们党不断总结经验教训，逐步形成了一些十分重要的成果：

第一，要把党和国家的工作重点转到技术革命和社会主义建设上来。

在我国社会主义改造基本完成、社会主义制度基本建立后，我们党提出工作重心由以往的革命转移到经济建设和技术革命上来。党的八大根据社会主义改造基本完成后我国社会主要矛盾的变化，提出党和全国人民今后的主要任务，就是要集中力量发展社会生产力，尽快地实现国家工业化，逐步满足人民日益增长的物质和文化需要，明确做出把党的工作中心转移到社会主义建设上来的战略决策。

1958 年 1 月，毛泽东在《工作方法六十条（草案）》中具体分析道："中国经济落后，物质基础薄弱，使我们至今还处在一种被动状态，精神上感到还是受束缚，在这方面我们还没有得到解放。要鼓一把劲。再过五年，就可以比较主动一些了；十年后将会更加主动一些；十五年后，粮食多了，钢铁多了，我们的主动就更多了。"[①] 这些思想对社会主义事业的发展具有长远的指导意义。

第二，社会主义社会的基本矛盾仍然是生产力和生产关系、经济基础和上层建筑之间的矛盾，人民对于经济、文化迅速发展的需要同当前经济、文化不能满足人民需要的状况之间的矛盾是我国国内的主要矛盾，发展生产力是根本任务。

斯大林在 1936 年宣布苏联已经建成社会主义之后，曾长期否认社会主义社会还存在矛盾，这种形而上学的观点在实践中造成严重的后果。毛泽东针对社会主义社会基本矛盾问题，进行过深入的探讨和

---

① 毛泽东．毛泽东文集：第 7 卷．北京：人民出版社，1999：350.

研究。1956 年 4 月，毛泽东在《关于无产阶级专政的历史经验》中指出："有一些天真烂漫的想法，仿佛认为在社会主义社会中是不会再有矛盾存在了。否认矛盾存在，就是否认辩证法。各个社会的矛盾性质不同，解决矛盾的方式不同，但是社会的发展总是在不断的矛盾中进行的。社会主义社会的发展也是在生产力和生产关系的矛盾中进行着的。"① 这实际上是对斯大林关于社会主义生产关系与生产力"完全适应"，推动苏联社会发展的动力是政治和道义上的一致等形而上学观点的批判。在《关于正确处理人民内部矛盾的问题》中，毛泽东对社会主义社会的基本矛盾做了完整系统的阐述。他指出，在社会主义社会中，基本的矛盾仍然是生产关系和生产力之间的矛盾，上层建筑和经济基础之间的矛盾。正是这一基本矛盾推动着社会主义社会不断前进和发展。社会主义社会的基本矛盾，是非对抗性的矛盾，可以通过调整和改善生产关系同生产力、上层建筑同经济基础不相适应的方面，使社会主义制度不断得到巩固和完善。这正是社会主义制度优越性和生命力的根本所在。

党的八大初步揭示了社会主义改造完成以后我国国内的主要矛盾，指出："我们国内的主要矛盾，已经是人民对于建立先进的工业国的要求同落后的农业国的现实之间的矛盾，已经是人民对于经济文化迅速发展的需要同当前经济文化不能满足人民需要的状况之间的矛盾。……党和全国人民的当前的主要任务，就是要集中力量来解决这个矛盾，把我国尽快地从落后的农业国变为先进的工业国。"② 我国国内主要矛盾决定了党和国家的根本任务是发展生产力。解放和发展生产力是革命的最终目的，也是社会主义的本质要求。"我们的根本任务已经由解放生产力变为在新的生产关系下面保护和发展生产力。"③

第三，社会主义社会还有商品生产和商品交换，要发展商品生产，遵守价值规律和做好综合平衡。

---

① 中共中央文献研究室．建国以来重要文献选编：第 8 册．北京：中央文献出版社，1994：231.

② 中共中央文献研究室．建国以来重要文献选编：第 9 册．北京：中央文献出版社，1994：341.

③ 毛泽东．毛泽东文集：第 7 卷．北京：人民出版社，1999：218.

针对党内有些人企图过早地取消商品生产、商品交换的错误观点，毛泽东在1958年11月的郑州会议上明确指出：在社会主义时期，废除商品是违背经济规律的，中国是商品经济很不发达的一个国家，商品生产不是消亡的问题，而是要大大发展。他认为，商品生产不能与资本主义混为一谈。“商品生产，要看它是同什么经济制度相联系，同资本主义制度相联系就是资本主义的商品生产，同社会主义制度相联系就是社会主义的商品生产。”①

毛泽东还强调价值法则是一个伟大的学校，强调只有自觉地利用它，才能教育干部和群众，才有可能建设社会主义和共产主义。他认为，社会主义两种所有制的存在是商品生产和商品交换存在的主要前提，其最终的结果取决于社会生产力发展水平。因此，价值法则依然是客观存在的经济法则，我们对于社会产品，只能实行等价交换，不能实行无偿占有。我们党在总结社会主义建设基本经验的基础上，特别重视国民经济发展中做好综合平衡的问题。毛泽东认为这是社会主义经济建设中一个带根本性的问题。“搞社会主义建设，很重要的一个问题是综合平衡。比如社会主义建设需要钢、铁等种种东西，缺一样就不能综合平衡。”② 毛泽东在庐山会议谈话中进一步指出：“在整个经济中，平衡是个根本问题，有了综合平衡，才能有群众路线。”③又说：“三种平衡：农业本身的农、林、牧、副、渔；工业内部的各个部门、各个环节；工业和农业。做好这三种平衡工作，才可能正确处理整个国民经济的比例关系。”④

第四，社会主义发展目标是建设现代工业、现代农业、现代科学技术、现代国防，要走一条有别于苏联模式的中国工业化道路，坚持以农业为基础和工业为主导，坚持沿海工业和内地工业共同发展，充分发挥中央和地方两个积极性。

1954年，党中央明确提出了实现社会主义现代化的目标。1959

---

① 毛泽东．毛泽东文集：第7卷．北京：人民出版社，1999：439.

② 毛泽东．毛泽东文集：第8卷．北京：人民出版社，1999：73.

③ 同②80.

④ 中共中央文献研究室．建国以来重要文献选编：第15册．北京：中央文献出版社，1997：419.

年底到1960年初，他在读苏联《政治经济学教科书》时，第一次完整表述了关于“四个现代化”的思想，规划了建设强大的工业化国家的战略目标。1964年，周恩来在全国人大三次会议上所做的《政府工作报告》中不仅进一步明确提出了全面实现“四个现代化”的目标，而且还提出了分“两步走”的战略设想：第一步，大约用三个五年计划时间，即在1980年以前，建成一个独立的、比较完整的工业体系和国民经济体系；第二步，力争在20世纪末全面实现现代化，走在世界的前列。

鉴于苏联在实现社会主义工业化过程中的经验教训，特别是考虑到我国的特殊国情，我们党还提出，要走出一条不同于苏联的工业化道路。1964年12月，毛泽东指出，我们不能走世界各国技术发展的老路，跟在别人后面一步一步地爬行。我们必须打破常规，尽量采用先进技术，在一个不太长的历史时期内，把我国建设成为一个社会主义的现代化强国。毛泽东提出的中国工业化道路的基本内容是：发展工业必须和发展农业同时并举；优先发展重工业的同时，必须以农轻重的次序安排国民经济计划；要坚持沿海工业和内地工业共同发展。

为了促进社会主义建设的发展，必须处理好中央和地方的关系这个重大问题。毛泽东提出了“调动中央和地方两个积极性”的方针，他指出：“我们的国家这样大，人口这样多，情况这样复杂，有中央和地方两个积极性，比只有一个积极性好得多。”① “要发展社会主义建设，就必须发挥地方的积极性。中央要巩固，就要注意地方的利益。”②

第五，注意发展手工业和农业多种经营，农业中要实行生产责任制，不能剥夺农民，不能超越阶段，反对平均主义。

中华人民共和国成立后，我们党十分重视发展手工业和农业多种经营。1956年，我国的各种手工业劳动者共有2 000万人，是我国经济建设战线的一个重要方面军，农业更是国民经济的基础。发展手工业和农业多种经营对促进国民经济的发展具有举足轻重的意义。毛泽

①② 毛泽东．毛泽东文集：第7卷．北京：人民出版社，1999：31.

东指出：农业主要是种粮食，但也要搞其他东西，要多种经营。农村在努力发展粮、棉、油、麻、丝、茶、糖、菜、烟、果、药、杂等十二项农业生产的同时，还必须发展林业、牧业、副业、渔业，做到五业并举，全面发展。他还强调在多种经营问题上必须要因地制宜。

为了提高农业生产的效率，促进农业生产发展，我们党提出在农业中要实行生产责任制。1957 年 9 月 14 日中共中央发出指示，要求农业生产合作社实行“统一经营，分级管理”，切实建立集体的和个人的生产责任制，普遍推行生产队“三包一奖”（包工、包产、包财务，超产奖励）的制度。按照各地具体条件，也可推行“包工到组”“田间零活包到户”等办法。

苏联为发展重工业而不顾农业和农民的利益，造成严重教训。毛泽东对此明确提出，不能剥夺农民，要切实维护农民的利益。他认为，苏联的办法把农民挖得很苦，使农民的生产积极性受到极大的损害。“你要母鸡多生蛋，又不给它米吃，又要马儿跑得好，又要马儿不吃草。世界上哪有这样的道理！”① 他提出要统筹兼顾国家与农民的利益，要缩小剪刀差，使工农业产品之间实行等价交换或接近等价交换等。

我们党在总结 1958 年“大跃进”运动经验教训的基础上，明确提出不能超越阶段，反对平均主义的正确主张。1958 年年底召开的中共中央八届六中全会通过的《关于人民公社若干问题的决议》指出：不应当无根据地宣布农村的人民公社“立即实行全民所有制”，甚至“立即进入共产主义”，那样做，“将大大降低共产主义在人民心目中的标准，使共产主义伟大的理想受到歪曲和庸俗化，助长小资产阶级的平均主义倾向”②。

1959 年 2 月在政治局扩大会议上，毛泽东指出，必须纠正“平均主义倾向和过分集中倾向”，要求公社在统一分配上，承认队与队、社员与社员收入之间的合理差别。

第六，必须扩大社会主义民主，坚持民主集中制，加强社会主义

---

① 毛泽东．毛泽东文集：第 7 卷．北京：人民出版社，1999：30.

② 中共中央文献研究室．建国以来重要文献选编：第 11 册．北京：中央文献出版社，1995：607.

法制建设，防止领导机关官僚化、特殊化。

我们党历来高度重视社会主义民主建设问题。毛泽东在《关于正确处理人民内部矛盾的问题》中指出，我们的这个社会主义的民主是任何资产阶级国家所不可能有的最广大的民主。他强调，必须坚持和不断扩大人民民主，尽可能团结一切可以团结的力量；要切实保障人民当家作主的各项权利，尤其是人民参与国家和社会事务的权利。通过社会主义民主建设，造成“又有集中又有民主，又有纪律又有自由，又有统一意志、又有个人心情舒畅、生动活泼，那样一种政治局面”①。

同时，我们党十分重视加强社会主义法制建设，强调要做到“有法可依，有法必依”。社会主义法制要保护劳动人民利益，保护社会主义经济基础，保护社会生产力。

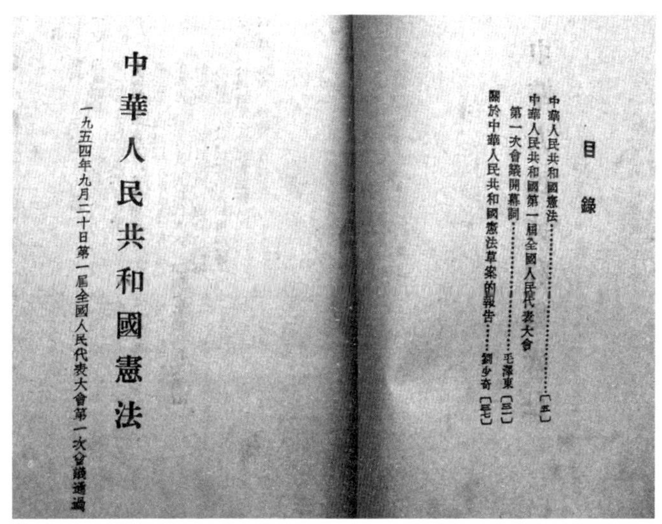
中華人民共和國憲法

一九五四年九月二十日第一屆全國人民代表大會第一次會議通過

目錄

新中国第一部宪法

为防止执政后脱离群众、党员领导干部当官做老爷的官僚主义现象发生，我们党多次强调要反对官僚主义，防止领导机关官僚化，必须向脱离群众、官僚主义等现象进行经常的、长时期的斗争。这是我们党发展社会主义民主，加强社会主义法制建设的根本目标之一，也

① 毛泽东．毛泽东文集：第 8 卷．北京：人民出版社，1999：293.

是保证党和国家根本性质不变的根本举措。

【链接】

毛泽东与黄炎培畅谈：跳出兴亡周期率唯有靠“民主”

1945年7月4日下午，毛泽东邀请黄炎培等人到他住的窑洞里做客。毛泽东问黄炎培来延安考察有何感想?黄炎培坦率地说：“我生六十多年，耳闻的不说，所亲眼看到的，真所谓‘其兴也勃焉’，‘其亡也忽焉’，一人，一家，一团体，一地方，乃至一国，不少单位都没有跳出这周期率的支配力。大凡初时聚精会神，没有一事不用心，没有一人不卖力，也许那时艰难困苦，只有从万死中觅取一生。既而环境渐渐好转了，精神也就渐渐放下了。有的因为历史长久，自然地惰性发作，由少数演变为多数，到风气养成，虽有大力，无法扭转，并且无法补救。也有为了区域一步步扩大，它的扩大，有的出于自然发展，有的为功业欲所驱使，强求发展，到干部人才渐见竭蹶、艰于应付的时候，环境倒越加复杂起来了，控制力不免趋于薄弱了。一部历史‘政怠宦成’的也有，‘人亡政息’的也有，‘求荣取辱’的也有。总之没有能跳出这周期率。中共诸君从过去到现在，我略略了解的了。就是希望找出一条新路，来跳出这周期率的支配。”

毛泽东听了他这番话后，回答说：“我们已经找到新路，我们能跳出这周期率。这条新路，就是民主。只有让人民来监督政府，政府才不敢松懈。只有人人起来负责，才不会人亡政息。”在黄炎培看来，“这话是对的”，因为“只有把每一地方的事，公之于每一地方的人，才能使地地得人，人人得事。把民主来打破这周期率，怕是有效的”。

第七，必须正确区分和处理敌我矛盾和人民内部矛盾。

在《关于正确处理人民内部矛盾的问题》中，毛泽东提出正确区分和处理敌我矛盾和人民内部矛盾这两类不同性质的学说。毛泽东指出，敌我矛盾是对抗性矛盾，人民内部矛盾是非对抗性矛盾，二者性质截然不同，所以解决的方法也完全不同。简单讲，用专政的方法解决敌我矛盾，对人民内部矛盾只能用讨论的方法、批评的方法、说服教育的方法去解决，而不能用强制的、压服的方法去解决。毛泽东提出正确处理人民内部矛盾的“团结—批评—团结”这个总公式之外，还提出一系列处理人民内部矛盾的基本方针，如在经济方面实行统筹安排和兼顾国家、集体、个人三者利益的方针；在科学文化工作中贯彻“百花齐放，百家争鸣”的方针；在与民主党派关系上实行“长期共存，互相监督”的方针；以及要团结、教育知识分子，搞好民族团结；等等。毛泽东还指出两类矛盾在一定条件下会相互转化，要创造主、客观条件促使矛盾向好的方面转化，而不是相反。

第八，在文化领域实行“百花齐放、百家争鸣”的方针。

1956 年 4 月 28 日，毛泽东在中共中央政治局扩大会议上说，艺术问题上的“百花齐放”，学术问题上的“百家争鸣”，应该成为我国发展科学、繁荣文学艺术的方针。同年 5 月 26 日，中共中央宣传部举行报告会，宣传部长陆定一做题为《百花齐放，百家争鸣》的讲话，对党中央的这个方针做了全面的阐述。他指出，我们所主张的这一方针，是提倡在文学工作和科学研究工作中有独立思考的自由，有辩论的自由，有创作和批评的自由，有发表自己的意见、坚持自己的意见和保留自己的意见的自由。在学术批评和讨论中，任何人都不能有什么特权，以“权威”自居，压制批评，或者对资产阶级思想熟视无睹，采取自由主义甚至投降主义的态度，都是不对的。

1957 年 3 月，毛泽东《在中国共产党全国宣传工作会议上的讲话》中，明确指出：“百花齐放，百家争鸣，这是一个基本性的同时也是长期性的方针，不是一个暂时性的方针。”① 同时他还拓展了“双百”方针的适用范围，指出：“百花齐放是一种发展艺术的方法，百家争鸣是一种发展科学的方法。百花齐放、百家争鸣这个方针不但是使科学和艺术发展的好方法，而且推而广之，也是我们进行一切工作的好方法。”②

我们党对社会主义建设道路探索的成果是毛泽东思想的重要组成部分，是我们必须长期坚持的指导思想。在这些积极成果的指导下，我们党领导中国人民全力推进社会主义建设，建立了相对独立完整的工业体系和国民经济体系，取得了多方面的巨大成就。正如党的十一

---

① 毛泽东．毛泽东文集：第 7 卷．北京：人民出版社，1999：278.

② 同①279.

届六中全会通过的《关于建国以来党的若干历史问题的决议》所评价的："我们现在赖以进行现代化建设的物质技术基础，很大一部分是这个期间建设起来的；全国经济文化建设等方面的骨干力量和他们的工作经验，大部分也是在这个期间培养和积累起来的。这是这个期间党的工作的主导方面。"①

2. 探索过程中发生挫折的原因

我们党在探索社会主义建设实践中取得了辉煌的成就，也出现过严重失误，如"大跃进"、人民公社化、提出"立即进入共产主义"等，特别是"文化大革命"这种全局性、长期性的重大错误。但是如何对待这些失误和挫折，如何评价中华人民共和国成立后我国社会主义建设的历史，必须要遵循马克思主义的立场、观点和方法，坚持实事求是的科学态度，分清主流和支流，坚持真理，修正错误，总结经验，吸取教训，才能得出客观和正确的结论，才有利于把我们党和人民的事业向前推进。这就需要客观、公正地深入分析我们党发生失误、遭受挫折的原因和思想理论根源。

应当看到，造成上述探索过程中失误和挫折的原因是十分复杂的，既有客观历史条件局限的原因，也有主观发生判断错误或认识不足方面的原因，既有国内的，也有国际方面的原因等，必须给予全面的分析。但概括起来，最主要的原因大概有这样几个方面：

首先，我们党过去长期处于战争和激烈阶级斗争的环境中，对迅速到来的新生的社会主义社会和全国规模的社会主义建设事业，缺乏充分的思想准备和科学研究。社会主义改造完成后，由于缺乏建设社会主义的经验，对社会主义建设道路和建设规律缺乏科学的研究和认识，单纯地依靠社会主义制度的优越性和人民群众迫切要求改变国家贫穷落后面貌的冲天干劲，在经济建设上急于求成，用革命战争的方式搞建设，导致出现了"大跃进"之类的失误。加上缺乏对社会主义发展阶段以及社会主义建设长期性和复杂性的科学认识，在条件尚不具备的情况下就急于"立即进入共产主义"。

---

① 中共中央文献研究室．十一届三中全会以来重要文献选读（上）．北京：人民出版社，1987：310.

【链接】

人世间没有一帆风顺的事业

人世间没有一帆风顺的事业。综观世界历史，任何一个国家、一个民族的发展，都会跌宕起伏甚至充满曲折。“艰难困苦，玉汝于成。”“多难兴邦，殷忧启圣。”“失败为成功之母。”毛泽东同志也常说，前途是光明的，道路是曲折的。这是一切正义事业发展的历史逻辑。我们的事业之所以伟大，就在于经历世所罕见的艰难而不断取得成功。①

其次，1957年以后，党在指导思想上也发生了“左”的错误，很多关于社会主义建设的正确思想没有得到贯彻落实，特别是毛泽东对形势的分析以及对阶级斗争状况的认识发生了主观主义的偏差，把已经不属于阶级斗争的问题仍然看成是阶级斗争，甚至把党内不同意见也上升到阶级斗争的高度，严重混淆了两种不同性质的矛盾，犯了把阶级斗争扩大化的错误，提出“以阶级斗争为纲”和“无产阶级专政下继续革命”的理论，从而导致“文化大革命”这样全局性的、长时间的严重错误。

最后，马克思列宁主义是我们的行动指南，但不可能给我国社会主义事业中的各种问题提供现成的答案，这就需要运用马克思主义去探索社会主义建设的规律，去解决实践中从未遇到的复杂问题，在这个过程中难免产生一些失误，犯这样那样的错误。在探索建设社会主义道路的过程中，必须要像在革命时期我们党所做的那样，把马克思主义的普遍原理与中国实际相结合，坚持实事求是，一切从实际出发，坚持走自己的路，才能取得革命事业的成功。但是中华人民共和国成立以后，我们在马列的书本中找不到现成答案的情况下，照搬了苏联搞社会主义的模式，在很多方面脱离了中国的实际，出现了严重的失误。正如邓小平在回顾这段历史时指出的那样：“坦率地说，我们过去照搬苏联搞社会主义的模式，带来很多问题。我们很早就发现

① 中央文献研究室．十八大以来重要文献选编（上）．北京：中央文献出版社，2014：692.

了，但没有解决好。”[①]

坚持实事求是，坚持从中国的实际出发，坚持走中国自己的路，建设中国特色社会主义，这是邓小平总结这段历史得出的最重要的科学结论。因此，尽管探索艰辛坎坷，但我们党取得的积极成果是极其宝贵的，为新时期开创中国特色社会主义提供了宝贵的理论经验和物质基础。

---

① 邓小平．邓小平文选：第3卷．北京：人民出版社，1993：261.

第九章

中国特色社会主义的开创和发展

党的十一届三中全会以来，中国共产党高举邓小平建设有中国特色社会主义的伟大旗帜，正确认识中国的现实和未来，敏锐把握世界发展的脉搏和契机，继承前人，突破陈规，为中国特色社会主义建设和发展开辟了一条崭新的道路，形成了中国特色社会主义理论体系的最新理论成果，开拓了马克思主义理论新境界，成为引领我们夺取改革开放和社会主义现代化建设事业新胜利的强大精神动力。

一、改革开放历史新时期的开启

1. 对中国国情和世界形势的清醒审视

1976 年 10 月，持续十年的“文化大革命”终于结束，面对十年动乱造成的严重局势，站在十字路口的党和国家将如何扭转，中国面临重大历史抉择。

从国内来看，“文化大革命”使党、国家和人民遭受到严重挫折和损失，政治局面处于一片混乱状态，国民经济缓慢发展甚至停滞，教育、科技、文化遭受重大冲击，“文化断层”“科技断层”“人才断层”明显，极端个人主义泛滥，共产主义理想信念严重削弱，人民生活水平提高缓慢。面对经济社会发展现状，广大干部群众强烈要求纠正“文化大革命”的错误，彻底扭转十年内乱造成的严重局势，使党和国家在危难中奋起。

从世界形势来看，从20世纪50年代到70年代初，发达资本主义国家普遍出现了一个经济发展的“黄金时代”。1955—1973年间，欧美经济增长率平均为5%左右，日本则达到了10%。进入70年代以后，在新科技革命的推动下，发达国家的产业结构发生巨大转折，电子工业、宇航工业、新型材料工业、计算机工业、原子能工业等一系列新兴产业迅速发展。许多发展中国家也加紧调整发展战略，实现经济“赶超梦想”。韩国、新加坡、中国台湾、中国香港在短短二十多年间迅速起飞，被称为“亚洲四小龙”而名噪一时。这让中国领导人和有识之士产生了强烈的危机感，感受到了巨大的发展压力。

【链接】

20世纪70年代日本、韩国经济数据一瞥

经济的快速增长极大改善了国民生活条件，1975年，日本的洗衣机、电冰箱、黑白电视、彩色电视、小汽车的普及率分别为97.6%，96.7%，48.7%，90.3%，41.2%。石英钟一年只有几秒误差，带钟摆或上发条的时钟早已被淘汰，照相机焦点的自动调整已成为理所当然。

从韩国的发展来看，其人均国民收入在1960年还不到100美元，到1979年时已经增长到800美元，出口额也从1963年的4 000万美元增长到1979年的150亿美元。其商品出口结构也发生了巨大变化，20世纪60年代中期，主要出口商品是纤维、服装、玩具、假发等劳动密集型产品，10年以后则以船舶、钢铁和家电产品为主。①

对国际国内发展的清醒审视，促使中国共产党对什么是社会主义、怎样建设社会主义进行新的思考。1977年12月，邓小平在会见澳大利亚共产党（马列）主席希尔和夫人乔伊斯时提出：“怎样才能体现列宁讲的社会主义的优越性，什么叫优越性？不劳动、不读书叫优越性吗？人民生活水平不是改善而是后退叫优越性吗？如果这叫社

① 安场保吉等．日本经济史：高速增长．北京：生活·读书·新知三联书店，1997；赵利济．韩国现代化奇迹的过程．长春：吉林人民出版社，2006.

会主义优越性，这样的社会主义我们也可以不要。”① 1978 年 9 月，在东北三省视察期间，邓小平又提出：“社会主义要表现出它的优越性，哪能像现在这样，搞了 20 多年还这么穷，那要社会主义干什么?”② 一连串的“问号”表达了邓小平对“文化大革命”时期那种社会主义认识的否定，体现着他对社会主义的新见解，对怎样建设社会主义的新思考。

2. 解放思想、实事求是思想路线的重新确立

历史给了中国重新选择的机会，摆脱贫困、走向富裕，摆脱封闭、走向开放，摆脱落后、走向进步，为越来越多的人所接受。然而，这一顺应时势的选择却遭到“两个凡是”的严重阻碍。1977 年 2 月，一篇《学好文件抓住纲》的社论提出：“凡是毛主席作出的决策，我们都坚决维护；凡是毛主席的指示，我们要始终不渝地遵循。”“两个凡是”有深刻的政治含义，坚持“两个凡是”，就不能彻底否定“以阶级斗争为纲”的错误理论和实践，就走不出“文化大革命”造成的危难局面，社会主义现代化也就没有希望!

打破“两个凡是”的禁锢，进行一场思想上的革命，成为解决当时中国一切问题、开辟新时期新道路的关键。1978 年 5 月，中央党校内部刊物《理论动态》刊登了《实践是检验真理的唯一标准》一文。文章的发表引发了一场规模宏大、内涵丰富、影响深远的关于真理标准问题的大讨论。邓小平对这场大讨论给予了及时而有力的支持。他认为关于真理标准问题的争论，不仅是个思想路线问题，而且是个政治问题，是个关系到党和国家的前途和命运的问题，“一个党，一个国家，一个民族，如果一切从本本出发，思想僵化，迷信盛行，那它就不能前进，它的生机就停止了，就要亡党亡国”③。

真理标准问题大讨论是我们党又一次具有深远意义的思想解放运动，使广大干部和群众从过去盛行的个人崇拜和教条主义的精神枷锁中解放出来，实践是检验真理的唯一标准这一马克思主义的基本观点

---

① 邓小平．邓小平年谱（上）．北京：中央文献出版社，2007：250.

② 同①379－384.

③ 邓小平．邓小平文选：第 2 卷．北京：人民出版社，1994：143.

成为全党的共识，党的实事求是的思想路线得以重新确立，为党的十一届三中全会的召开奠定了重要的思想基础。

实践是检验真理的唯一标准

本报特约评论员

检验真理的标准只能是社会实践

理论与实践的统一，是马克思主义的一个最基本的原则

1978 年 5 月 11 日，《光明日报》发表《实践是检验真理的唯一标准》一文

解放思想、实事求是的思想路线，是马克思列宁主义的精髓，是毛泽东思想的精髓，也是中国特色社会主义理论的精髓。解放思想，是指在马克思主义指导下，打破习惯势力和主观偏见的束缚，研究新情况，解决新问题。实事求是，就是要从实际情况出发，从中引出客观事物的规律性，作为我们行动的向导。解放思想和实事求是是辩证的统一，只有解放思想，才能达到实事求是；只有实事求是，才是真正的解放思想。

3. 把党和国家的工作重心转移到经济建设上来

1978 年 12 月 18 日至 22 日，党的十一届三中全会在北京召开。会议彻底否定了“两个凡是”，确定了解放思想、开动脑筋、实事求是、团结一致向前看的指导方针，实现了党在思想路线上的拨乱反正；果断抛弃“以阶级斗争为纲”的口号，做出把党和国家的工作重心转移到经济建设上来、实行改革开放的历史性决策，实现了党在政治路线上的拨乱反正；形成以邓小平为核心的党中央领导集体，取得了组织路线拨乱反正的最重要成果。党的十一届三中全会标志着中国共产党人在新的时代条件下的伟大觉醒，彰显了我们党顺应时代潮流和人民愿望、勇敢开辟建设社会主义新道路的坚强决心，是新中国成立以来党的历史上具有深远意义的伟大转折。

对于十一届三中全会取得的成就，邓小平有过这样的评价："没有'文化大革命'的教训，就不可能制定十一届三中全会以来的思想、政治、组织路线和一系列政策。三中全会确定将工作重点由以阶级斗争为纲转到以发展生产力、建设四个现代化为中心，受到了全党和全国人民的拥护。为什么呢？就是因为有'文化大革命'作比较，'文化大革命'变成了我们的财富。"①

党的十一届三中全会鸣响了改革开放的礼炮，开启了中国社会主义这艘巨轮扬帆起航的新征程。改革首先从农村突破。安徽凤阳县小岗村作为家庭联产承包责任制的典型得到肯定，使一度被认为是"走资本主义道路"而受到打压的"包产到户"再次走上历史舞台，有力推动了农村改革广泛开展。在城市，国有企业扩权让利试点，以及经济责任制、厂长负责制的探索，初步改变了国有企业只关注国家指令性计划，不考虑市场需要，不关心盈利亏损的状况，生产得以迅速发展。

1978 年，凤阳县产粮 2.9 亿斤，1981 年达到 6.4 亿斤。图为凤阳农民在打花鼓庆丰收

---

① 邓小平．邓小平文选：第 3 卷．北京：人民出版社，1993：272.

【链接】

凤阳县小岗村

1978年冬的一个晚上，安徽省凤阳县小岗村的18位农民聚集在一间低矮残破的茅屋里，他们冒着巨大风险在一份不到百字的包干保证书上按下红手印，签下“生死状”，从此开创了家庭联产承包责任制的先河，迈出了中国巨变的第一步。保证书的内容是：“我们分田到户，每户户主签字盖章。如此后能干，每户保证完成每户全年上缴的公粮，不再向国家伸手要钱要粮。如不成，我们干部坐牢杀头也甘心，大家社员也保证把我们的孩子养活到18岁。”这在当时看来是冒天下之大不韪，现在看来则是一次伟大的壮举。

1978年前，小岗村年人均口粮40余斤，几乎每户都有出门讨饭的历史。

1979年秋，小岗村生产队获得大丰收，粮食总产66吨，相当于全队1966—1970年5年粮食产量的总和，自1956年合作化以来第一次向国家交了公粮。

1982年1月1日，中国共产党历史上第一个关于农村工作的一号文件正式出台，明确指出包产到户、包干到户都是社会主义集体经济的生产责任制。此后，中国政府不断稳固和完善家庭联产承包责任制，鼓励农民发展多种经营，使广大农村地区迅速摘掉贫困落后的帽子，逐步走上富裕的道路，中国因此创造了令世人瞩目的用世界上7%的土地养活世界上22%的人口的奇迹。

与此同时，对外开放也迈出了重要步伐，深圳、珠海、汕头、厦门相继建立了经济特区。几乎闭关锁国30年的新中国，悄悄地打开了一扇面向世界的窗口。美国《纽约时报》惊叹，“铁幕拉开了，中国大变革的指针正轰然鸣响”。伴随清理“文化大革命”及其“左”的错误，中国政治体制得到全面恢复，地方政权组织、选举制度、干部人事制度等方面开始进行改革。1980年8月，邓小平发表《党和国家领导制度的改革》的重要讲话，充分论证了政治体制改革的目的和必要性，明确了政治体制改革的方向，为我国政治体制改革奠定了重要的思想理论基础。

改革开放使中华大地焕发出巨大活力，社会主义中国日益发生着深刻的变化。然而，正如历史上的任何伟大变革一样，改革开放也不可能没有认识上的困惑、疑虑和分歧甚至错误的思想观点。早在1979年年初，社会上和党内就出现一些思想动向。一部分人对十一届三中全会路线表示怀疑，有人说农村联产承包责任制是“辛辛苦苦几十年，一夜退到解放前”；有人指责包产到户就是分田单干，不仅退到了资本主义，而且退到了封建主义，倒退了几千年；有人担心特区会不会变成新租界和殖民地；有人认为引进国外和港澳的私人资本不符合马克思主义原则，改革开放是搞资本主义；等等。同时，极少数人利用党拨乱反正的时机，曲解“解放思想”的口号，打着“民主”“自由”等幌子，散布所谓社会主义不如资本主义的言论，极端夸大党的错误，否定党的领导，否定毛泽东和毛泽东思想。还有人成立非法组织，出版非法刊物，公然鼓吹反对社会主义制度、反对共产党的领导。针对这种状况，1979年3月，邓小平做了题为《坚持四项基本原则》的讲话，强调我们要坚持改革开放，坚持实现“四个现代化”的目标，同时必须在思想政治上坚持四项基本原则，即必须坚持社会主义道路、坚持无产阶级专政、坚持共产党的领导、坚持马列主义毛泽东思想。他指出，这四项基本原则是实现四个现代化的根本前提，如果动摇了这四项基本原则中的任何一项，那就动摇了整个社会主义事业、整个现代化建设事业。此后，经过党的十二大、十三大，四项基本原则与以经济建设为中心和改革开放一起，构成了党在社会主义初级阶段的基本路线，被概括为“一个中心、两个基本点”。这个基本路线，是新时期党的路线、方针、政策的核心。正如邓小平指出的，坚持党的十一届三中全会路线、方针、政策不动摇，关键是坚持党的基本路线不动摇！

4. 科学评价毛泽东和毛泽东思想

1981年6月，党的十一届六中全会通过了《关于建国以来党的若干历史问题的决议》（以下简称《决议》）。《决议》运用马克思主义的辩证唯物主义和历史唯物主义，回顾了党的60年战斗历程，正确总结了中华人民共和国成立32年以来党的基本经验，对中华人民共和国成立以来党的重大历史问题，特别是“文化大革命”、毛泽东和毛泽东思想做出了科学的总结和评价。

《决议》指出，中华人民共和国成立以来32年的历史，是中国共产党在马克思列宁主义、毛泽东思想指导下，领导全国各族人民进行社会主义革命和社会主义建设并取得巨大成就的历史。我们取得的成就是主要的，忽视或否认我们的成就，忽视或否认取得这些成就的成功经验，是严重的错误。“文化大革命”是一场由领导者错误发动，被反革命集团利用，给党、国家和各族人民带来严重灾难的内乱。

《决议》科学评价了毛泽东和毛泽东思想的历史地位，指出毛泽东是伟大的马克思主义者，是伟大的无产阶级革命家、战略家和理论家。他虽然在“文化大革命”中犯了严重错误，但是就他的一生来看，他对中国革命的功绩远远大于他的过失。毛泽东思想是马克思列宁主义在中国的运用和发展，是被实践证明了的关于中国革命的正确的理论原则和经验总结，是中国共产党集体智慧的结晶。因为毛泽东同志晚年犯了错误，就企图否认毛泽东思想的科学价值，否认毛泽东思想对我国革命和建设的指导作用，这种态度是完全错误的。我们必须坚持毛泽东思想，并以符合实际的新原理和新结论丰富和发展毛泽东思想。

【链接】

习近平在纪念毛泽东同志诞辰120周年座谈会上的讲话摘要

毛泽东同志等老一辈革命家，都是从近代以来中国历史发展的时势中产生的伟大人物，都是从近代以来中国人民抵御外敌入侵、反抗民族压迫和阶级压迫的艰苦卓绝斗争中产生的伟大人物，都是走在中华民族和世界进步潮流前列的伟大人物。

对历史人物的评价，应该放在其所处时代和社会的历史条件下去分析，不能离开对历史条件、历史过程的全面认识和对历史规律的科学把握，不能忽略历史必然性和历史偶然性的关系。不能把历史顺境中的成功简单归功于个人，也不能把历史逆境中的挫折简单归咎于个人。不能用今天的时代条件、发展水平、认识水平去衡量和要求前人，不能苛求前人干出只有后人才能干出的业绩来。①

《决议》对党的十一届三中全会后我国社会主义现代化建设的经

---

① 中共中央文献研究室．十八大以来重要文献选编（上）．北京：中央文献出版社，2014：687，693.

验做了初步概括，为党的十二大提出“建设有中国特色的社会主义”的命题奠定了理论基础。

《决议》是党的历史上具有深远影响的纲领性的文献，标志着党在指导思想上的拨乱反正胜利完成。它推进了十一届三中全会以来的伟大历史转折，为统一全党全国人民思想、推动改革开放和社会主义现代化建设事业的健康发展提供了根本保证。

二、中国特色社会主义的开创

1. “建设有中国特色的社会主义”命题的提出与改革开放全面展开

党的十一届三中全会后，中国在经济上和政治上都呈现出良好的发展形势。1982 年 9 月，中国共产党召开第十二次全国代表大会。邓小平在大会开幕词中明确提出“建设有中国特色的社会主义”这一创造性的命题。邓小平指出：“我们的现代化建设，必须从中国的实际出发。无论是革命还是建设，都要注意学习和借鉴外国经验。但是，照抄照搬别国经验、别国模式，从来不能得到成功。这方面我们有过不少教训。把马克思主义的普遍真理同我国的具体实际结合起来，走自己的道路，建设有中国特色的社会主义，这就是我们总结长期历史经验得出的基本结论。”①

“建设有中国特色的社会主义”的命题，是对“中国式现代化道路”“适合我国情况的社会主义现代化建设的正确道路”认识的凝练和升华，鲜明回答了中国的改革开放和现代化事业要怎样走，我们怎样坚持和发展社会主义的重大问题。中国特色社会主义从此成为我们党和国家全部理论和实践的主题。

在它的指引和激励下，从农村改革到城市改革，从经济体制改革到各方面体制的改革，从对内搞活到对外开放，从局部开放到全方位开放，广袤的中华大地掀起了建设中国特色社会主义波澜壮阔的发展大潮。

在农村，经济体制改革向纵深拓展。家庭联产承包责任制被认为

---

① 邓小平．邓小平文选：第 3 卷．北京：人民出版社，1993：2-3.

是“马克思主义农业合作化理论在我国实践中的新发展”，在全国农村普遍实行开来。政社合一体制的改革提上议事日程，人民公社逐步退出历史舞台。乡镇企业异军突起，成为农村经济发展的一个新的增长点，为农村致富和逐步实现现代化，开辟了一条新路。

农村改革的率先突破，坚定了人们改革的信心，为全面改革奠定了物质基础，起到了示范作用。从 1984 年起，改革的重点转向城市。10 月，党的十二届三中全会通过了《关于经济体制改革的决定》，明确提出我国社会主义经济是公有制基础上的有计划的商品经济，突破了把计划经济同商品经济对立起来的传统观念。这是对马克思主义政治经济学的重大发展。此后，以城市为重点的经济体制改革全面展开。国家对经济的管理权限逐步下放，缩小了指令性计划，扩大了指导性计划。按照政企分开、所有权和经营权分离的原则，国营企业实行各种形式的承包经营责任制，增强了自我改造和自我发展能力。在坚持公有制经济主体地位的前提下，多种经济成分共同发展，所有制结构出现了较大变化。对外开放也加快了步伐。1984 年初，邓小平在视察广东、福建等地后，对经济特区的发展给予了充分肯定，提出特区是技术的窗口、管理的窗口、知识的窗口和对外政策的窗口。1984 年 4 月，中共中央决定将对外开放的范围由特区扩大至沿海其他一些城市，从大连到北海的 14 个沿海港口城市获得了经济特区的部分优惠政策。此后，长江三角洲、珠江三角洲、闽东南三角地区、环渤海地区，以及杭州、沈阳等省会城市也先后实行了优惠政策。一个由经济特区到沿海开放城市、沿海经济开放区，再到内地的多层次、有重点、点面结合的对外开放格局初显雏形。

2. 深化对中国特色社会主义的认识

随着改革开放和现代化建设的不断推进，我们党对中国国情和中国特色社会主义的认识不断深化。1987 年 10 月，中国共产党召开了第十三次全国代表大会。大会充分肯定了十一届三中全会以来的路线、方针、政策和改革开放取得的重大成就，系统阐述了社会主义初级阶段理论，完整地概括了党在社会主义初级阶段“一个中心、两个基本点”的基本路线，制定了“三步走”实现社会主义现代化的发展战略。社会主义初级阶段理论、党的基本路线和“三步走”战略的提出，丰富和发展了马克思主义关于社会主义建设的思想，为新时期党的路线、方针、政策的制定提供了重要依据，是中国共产党人对科学社会主义的一大贡献。至此，中国特色社会主义理论体系的轮廓日益清晰，中国特色社会主义道路初步形成。

【链接】

社会主义初级阶段理论

使中国共产党和中国人民认识到中国长时期将处在社会主义初级阶段，这是以邓小平为核心的中共第二代中央领导集体的一个重大理论创造，丰富和发展了马克思主义经典作家关于社会主义社会阶段划分的思想。1981年6月，中共十一届六中全会通过的《关于建国以来党的若干历史问题的决议》，第一次使用社会主义初级阶段这一崭新概念。之后，中共十二大和十三大再次确认中国正处在社会主义初级阶段。中共十三大还对社会主义初级阶段的性质、特征、历史任务和历史地位做了系统而严密的论证。中共十三大报告指出，中国正处在社会主义的初级阶段的这个论断，包括两层含义。其一，中国社会已经是社会主义社会，必须坚持而不能离开社会主义。其二，中国的社会主义社会还处在初级阶段，它不是泛指任何国家进入社会主义都会经历的起始阶段，而是特指中国在生产力落后、商品经济不发达条件下建设社会主义必然要经历的特定阶段，这个阶段至少需要上百年时间。因此，中国必须从这个实际出发，而不能超越这个阶段。中国的这个判断，主要是运用生产力标准考察中国国情的结果。社会主义初级阶段理论是制定当代中国一切路线、方针、政策的根本依据和出发点，为中国共产党制定社会主义初级阶段党的基本路线提供了思想指导和理论基础。①

20 世纪 80 年代，改革成为中国发展的强劲旋律，经济体制、政治体制、科技体制、教育体制以及其他领域的改革不断推进，极大地推动了社会主义现代化的进程。1980 年 8 月，邓小平发表了《党和国家领导制度的改革》的讲话。1982 年 12 月，五届全国人大五次会议

① 中国人民大学马列主义发展史研究所．马克思主义史：第四卷．北京：人民出版社，1996：680－681．

通过了新的《中华人民共和国宪法》，标志着中国特色社会主义法制建设迈出了重大的一步，此后中国特色社会主义法律体系逐步形成和确立，为改革开放和现代化建设顺利发展提供了重要保障。党中央采取一系列措施加强社会主义制度建设，改革完善了人民代表大会制度、中国共产党领导的多党合作和政治协商制度、民族区域自治制度，恢复和加强了纪律检查制度，建立了领导干部退休制度，等等。1985 年中共中央通过了《关于科学技术体制改革的决定》《关于教育体制改革的决定》；1986 年 9 月，十二届六中全会通过了《中共中央关于社会主义精神文明建设指导方针的决定》。这一时期，党和国家对经济、政治、文化、社会方面的体制进行了改革和调整，中国特色社会主义制度建设取得了重大进展。

随着经济体制改革和各方面改革不断深化，到 20 世纪 80 年代末，我国经济社会发展长期积累的深层次矛盾和推进改革发展引起的新矛盾集中凸显，加之这期间价格改革过急，加剧了通货膨胀，经济秩序比较混乱，社会稳定受到严重影响。国际局势发生重大变化，东欧剧变，苏联解体，世界社会主义遭受严重挫折。国际国内形势的变化，延缓了改革步伐，使相当一部分干部和群众的思想产生困惑。一些人对社会主义前途失去了信心，对党的基本路线产生了怀疑和动摇，对改革开放产生了姓“社”还是姓“资”的疑问。

面对改革开放这一严峻的局势，1992 年春，88 岁高龄的邓小平视察南方并发表重要谈话。他强调要始终坚持党的十一届三中全会以来的路线、方针、政策，毫不动摇地坚持“一个中心、两个基本点”的基本路线，精辟论述了社会主义与市场经济的关系，指出“计划经济不等于社会主义，资本主义也有计划；市场经济不等于资本主义，社会主义也有市场。计划和市场都是经济手段”，同时对社会主义本质、“三个有利于”标准等一系列重大问题做了深入阐述。

邓小平南方谈话，深刻回答了长期困扰和束缚人们思想的许多重大问题，大大深化了对“什么是社会主义、怎样建设社会主义”的认识。邓小平的南方谈话，是全面改革进程中思想解放的科学总结，是开创我国改革开放和现代化建设新阶段的宣言书。它是邓小平围绕建设有中国特色的社会主义这个主题全部理论思考的总结和升华，标志

【链接】

邓小平关于社会主义和市场经济关系的论述

关于社会主义和市场经济的关系问题，邓小平1985年10月23日同美国企业家代表谈话时就明确指出："社会主义和市场经济之间不存在根本矛盾。"问题是用什么方法才能更有力地发展社会生产力。

1987年2月6日，邓小平在同几位中央负责同志谈话中，准确地阐述了计划和市场都是发展生产力的方法的思想。他指出"计划和市场都是方法"，只要对发展生产力有好处，就可以利用。

根据邓小平的思想，同年10月中共十三大报告指出：社会主义有计划商品经济的体制，应该是计划与市场内在统一的体制。

1992年初，邓小平视察南方时更进一步阐明了他对社会主义市场经济问题的观点，指出："计划多一点还是市场多一点，不是社会主义与资本主义的本质区别。计划经济不等于社会主义，资本主义也有计划，市场经济不等于资本主义，社会主义也有市场。计划和市场都是经济手段。社会主义要赢得与资本主义相比较的优势，就必须大胆吸收和借鉴人类社会创造的一切文明成果，吸收和借鉴当今世界各国包括资本主义发达国家的一切反映现代社会化生产规律的先进经营方式、管理方法。"

着邓小平理论的成熟。

党的十一届三中全会以来，邓小平坚持把马克思主义基本原理同中国具体实际相结合，逐步提出了社会主义本质理论、社会主义初级阶段理论、社会主义市场经济等一系列新理论，论述了关于社会主义现代化发展战略、社会主义民主政治建设、社会主义精神文明建设等思想，贯通了哲学、政治经济学、科学社会主义等领域，勾画出"建设有中国特色的社会主义"的基本轮廓。1992年，党的十四大从社会主义发展道路、发展阶段、根本任务、发展动力、外部条件、政治保证、战略步骤、领导和依靠力量、祖国统一九个方面，对邓小平建设有中国特色社会主义理论的主要内容进行了归纳和概括。党的十五大将这一理论命名为邓小平理论，并把它同马克思列宁主义、毛泽东思想一起作为自己的行动指南写入党章。

邓小平理论继承和发展了马克思列宁主义、毛泽东思想，开拓了马克思主义的新境界。邓小平理论坚持科学社会主义基本原则，抓住

“什么是社会主义、怎样建设社会主义”这个根本问题，第一次比较系统地初步回答了在中国这样经济、文化比较落后的国家如何建设社会主义、如何巩固和发展社会主义的一系列基本问题，把对社会主义的认识提高到新的科学水平，成功开创了中国特色社会主义。

三、中国特色社会主义的坚持和发展

1. 在国际风云变幻中捍卫中国特色社会主义

20 世纪 80 年代末 90 年代初，东欧剧变、苏联解体，国内发生严重政治风波，世界社会主义遭受重大挫折，中国特色社会主义事业的发展面临新的巨大困难和压力。

从国际来看，苏东剧变后，社会主义国家数量减少，世界各国共产党的力量被削弱。而西方资产阶级势力却是弹冠相庆，掀起一股国际性反共、反社会主义的逆流。他们通过报刊、广播电视等舆论机器，鼓吹“社会主义失败论”，断言“20 世纪将以社会主义失败和资本主义的胜利而告终”“共产主义的幽灵从此在地球上消逝”，还通

【链接】

苏东剧变后西方理论界“历史终结”的喧嚣

苏东剧变后的短短几年时间，社会主义国家由15国变为5国，世界共产党的数量由180多个减少为130多个，除中共以外的世界各国共产党人数从原来的4 400多万骤降到1 000多万。

布热津斯基在《大失败》中写道：到了21世纪，“共产主义将不可逆转地在历史上衰亡，它的实践与信条将不再与人类的状况有什么关系”，它将作为20世纪最反常的政治与理论畸形物载入史册。

德国总理施罗德在《制度问题已经解决了》一书中声称，21世纪将要发动一场新的攻势，用资本主义制度征服所有的国家，让世界所有的国家都变成资本主义。

提出了“历史终结”图式的日裔美籍人弗朗西斯·福山认为，20世纪80年代的人们亲眼见证了“西方确切无疑的胜利”和“对西方自由主义的各种替代方案的彻底失效”。

过宗教、文化交流等多种途径，侵蚀社会主义国家的思想阵地。世界对社会主义的关注骤然聚焦于中国，中国的生存和发展面临巨大挑战。

从国内来看，国家在经济领域虽取得了一定成绩，但并没有从根本上解决经济结构不合理、部分国有企业效益差、分配格局不合理、通货膨胀的潜在压力仍然存在等问题。西方国家对中国的制裁，给外商投资造成严重阻碍。外贸出口下降，旅游业萎缩，整个经济滑坡较为严重。1984 年我国的经济增长率是 15.2%，1988 年还是 11.3%，但是 1989 年就降到 4.1%，1990 年更是降到 3.8%。在政治、思想领域，蓬勃推进的政治体制改革也被迫放缓脚步。改革开放几乎陷入停滞，甚至是局部倒退的困境。

在党和国家命运又一次面临抉择的关键时刻，1989 年 6 月，在中共召开的十三届四中全会上，江泽民当选为中共中央总书记。他明确提出，党的十一届三中全会以来的路线和基本政策必须继续贯彻执行，“在这个最基本问题上，我要十分明确地讲两句话，一句是坚定不移，毫不动摇；一句是全面执行，一以贯之”。他还说：“世界社会主义处于低潮，但并不像有的人说的那样——社会主义已经崩溃。”“我们就是要以实际的最好的社会主义建设成果来回答人们对社会主义前途的忧虑。”① 邓小平也反复强调，“中国坚持社会主义，不会改变”，强调“中国不怕威胁，不怕孤立，也不怕制裁”，“社会主义的中国谁也动摇不了”。党中央果断采取了一系列重大措施，使社会秩序迅速恢复正常，稳住了党心民心，经济形势趋于好转。

1992 年新一轮思想解放和改革开放的高潮兴起，在邓小平的南方谈话和党的十四大精神指引下，我国现代化建设进入一个新的历史阶段。1992 年 10 月，党的十四大第一次明确提出“建立社会主义市场经济体制”的概念，并指出“我国经济体制改革的目标是建立社会主义市场经济体制”。这一市场经济体制，是社会主义条件下的同社会主义制度结合在一起的市场经济体制。1993 年，十四届三中全会对建立社会主义市场经济体制做出了总体规划和全面部署。这是对传统社

---

① 中共中央文献研究室．江泽民论有中国特色社会主义．北京：中央文献出版社，2002：30.

会主义观念的又一次重大突破，第一次把社会主义基本制度与市场经济有机地结合起来，创造性地提出了别具一格的社会主义市场经济体制，为社会主义经济建设找到了一条正确的道路，有力地推动了中国各项体制改革的进程。

党的十四大后，改革开放步入快车道。我国先后出台投资、财税、金融、外贸、社会保障体制改革等一系列改革措施，逐步建立起社会主义市场经济体制的基本框架。在深化经济体制改革的进程中，我国经济增长质量和社会发展水平都有显著提高，于 1995 年提前 5 年实现了国民生产总值比 1980 年翻两番的目标，随后又于 1997 年实现了人均国民生产总值比 1980 年翻两番的目标，初步实现了现代化建设第二步战略目标。

为保证改革开放和社会主义现代化的顺利推进，党中央根据形势和任务的发展，不断研究和提出新的战略部署和政策措施，制定了国民经济和社会发展规划及 2010 年远景目标。随后相继提出和实施了科教兴国战略、可持续发展战略、人才强国战略和西部大开发战略，启动建设国家创新体系和“八七扶贫攻坚计划”，强调走新型工业化道路和文明发展道路，特别是确立了党的基本纲领，总结了党的基本经验，发展和完善了社会主义初级阶段的基本经济制度、基本政治制度以及社会、文化体制等。2001 年 11 月 10 日，在卡塔尔多哈举行的世界贸易组织（WTO）第四届部长级会议通过了中国加入世贸组织法律文件，标志着中国终于成为世贸组织新成员。加入世界贸易组织，是中国共产党人面对经济全球化趋势加快，从我国经济发展和改革开放的需要出发，做出的重大战略决策，标志着我国对外开放进入了一个新的阶段。

这一时期，党中央在加快推进经济建设的同时，全面推进改革开放和社会主义现代化事业，提出建设社会主义政治文明，实行依法治国方略，建设社会主义法制国家；提出加强社会主义精神文明建设，大力发展社会主义先进文化，丰富人们的精神世界，增强人们的精神力量；提出科技强军战略，加快军队机械化、信息化建设；成功实现香港、澳门回归，提出促进两岸和平统一的八项主张；大力加强执政党建设，实施了新时期党的建设新的伟大工程；等等。党的基本理论、基本路线、基本纲领和基本经验不断形成和发展，中国特色社会主义的理论和实践基础进一步巩固和发展。

1997 年香港回归政权交接仪式

党中央带领全国人民战胜了来自国内和国际、经济社会和自然等多方面挑战，成功应对了 1997 年亚洲金融危机给我国带来的严重冲击，战胜了 1998 年长江、松花江和嫩江流域发生的严重洪涝灾害，妥善处理了 1999 年美国轰炸我驻南联盟使馆事件和南海撞机事件等，经受住了各种风险和挑战的考验。

这一时期，我国综合国力大幅度跃升，经济实现了持续、快速、健康发展，社会长期保持安定团结，出现了政通人和、繁荣发展的良好局面，圆满地实现了“三步走”发展战略的第二步目标。

从党的十三届四中全会到党的十六大，以江泽民为主要代表的中国共产党人，在建设中国特色社会主义的伟大实践中，积累了治党治国治军新的宝贵经验，创立了“三个代表”重要思想。“三个代表”重要思想在建设中国特色社会主义的思想路线、发展道路、发展阶段、根本任务、发展动力、依靠力量、国际战略、领导力量等问题上取得了丰硕的理论成果，进一步回答了“什么是社会主义、怎样建设社会主义”的问题，创造性地回答了“建设什么样的党、怎样建设党”的问题，丰富和发展了中国特色社会主义理论体系。“三个代表”

重要思想是对马克思列宁主义、毛泽东思想和邓小平理论的继承和发展，是全党集体智慧的结晶，是加强和改进党的建设、推进我国社会主义自我完善和发展的强大理论武器。党的十六大将“三个代表”重要思想与马克思列宁主义、毛泽东思想和邓小平理论一道写入党章，成为党必须长期坚持的指导思想。

关于社会主义初级阶段的基本经济制度。立足于中国现在处于并将长期处于社会主义初级阶段的基本国情，我们党提出了以公有制为主体、多种所有制经济共同发展的基本经济制度。公有制是我国社会主义经济制度的基础，不仅包括国有经济和集体经济，还包括混合所有制经济中的国有成分和集体成分。公有制的主体地位主要体现在公有资产在社会总资产中占优势，国有经济控制国民经济命脉，对经济发展起主导作用。非公有制经济是我国社会主义市场经济的重要组成部分，主要包括个体经济、私营经济、外资经济。社会主义初级阶段的

【链接】

党领导人民建设中国特色社会主义必须坚持的十条基本经验

江泽民在中共第十六次全国代表大会上，总结了十五大以来我国各方面取得的巨大成就，回顾了改革开放特别是十三届四中全会以来党领导全国人民推进改革开放和社会主义现代化的历史进程，总结了党领导人民建设中国特色社会主义必须坚持的十条基本经验。

这十条基本经验是：坚持以邓小平理论为指导，不断推进理论创新；坚持以经济建设为中心，用发展的办法解决前进中的问题；坚持改革开放，不断完善社会主义市场经济体制；坚持四项基本原则，发展社会主义民主政治；坚持物质文明和精神文明两手抓，实行依法治国和以德治国相结合；坚持稳定压倒一切的方针，正确处理改革发展稳定的关系；坚持党对军队的绝对领导，走中国特色的精兵之路；坚持团结一切可以团结的力量，不断增强中华民族的凝聚力；坚持独立自主的和平外交政策，维护世界和平与促进共同发展；坚持加强和改善党的领导，全面推进党的建设新的伟大工程。

十条基本经验的提出，标志着我们党对共产党执政规律、社会主义建设规律和人类社会发展规律认识的进一步深化，它同党的基本理论、

基本路线和基本纲领一道，对党和国家事业的发展具有长远指导意义。

基本经济制度的确立，标志着我们党对社会主义所有制理论的认识发生了深刻的变化。

关于社会主义初级阶段的基本分配制度。一个社会的分配制度取决于该社会的基本经济制度。社会主义初级阶段的基本经济制度，决定了在分配上必须坚持以按劳分配为主体、多种分配方式并存的制度。它要求把按劳分配和按生产要素分配结合起来，允许和鼓励资本、技术等生产要素参与收益分配。社会主义初级阶段的基本分配制度适应了中国现阶段生产力的发展水平，有利于促进生产力的更好发展。

关于党的建设新的伟大工程。党的十三届四中全会后，为了更好地适应社会主义市场经济的发展，以江泽民为代表的中国共产党人明确提出了加强党的建设新的伟大工程的命题。他提出党的建设应解决如何提高领导水平和执政水平、不断增强拒腐防变的能力这两大课题，强调要从思想上、组织上、作风上全面加强党的建设，以发挥党的思想政治优势、组织优势及密切联系群众的优势。

关于社会主义初级阶段的基本纲领。党在社会主义初级阶段的基本纲领是党的基本路线的具体化，是党在社会主义初级阶段基本的政治主张和行动准则。建设中国特色社会主义经济，就是在社会主义条件下发展市场经济，不断解放和发展生产力。建设中国特色社会主义政治，就是在中国共产党的领导下，在人民当家作主的基础上，依法治国，发展社会主义民主政治。建设中国特色社会主义文化，就是以马克思主义为指导，以培育有理想、有道德、有文化、有纪律的公民为目标，发展面向现代化、面向世界、面向未来的，民主的科学的大众的社会主义文化。建设中国特色社会主义的经济、政治和文化是有机统一、不可分割的整体。

2. 在新的历史起点上发展中国特色社会主义

历史的车轮行进到新的世纪，国内外环境继续发生着深刻的变化，社会主义现代化建设开始进入新的发展阶段，既面临难得的机遇，也面临巨大的挑战。

从国际环境来看，一方面，世界多极化不可逆转，经济全球化深入发展，国与国相互依存日益紧密，发展中国家在世界舞台上的作用和影响迅速上升，国际力量对比朝着有利于维护世界和平的方向发展；另一方面，霸权主义和强权政治仍然存在，地区冲突和热点问题此起彼伏，国际恐怖主义活动猖獗，世界经济发展很不平衡。促进人类文明繁荣进步，维护世界和平稳定，是世界各国人民的共同心愿。总体来看，和平与发展仍然是时代主题。

从国内环境来看，经过 20 多年的改革开放，中国经济社会发展取得了历史性的成就。到 20 世纪，我们已经胜利实现了“三步走”战略第二步目标，人民的生活总体上达到小康水平，开始向全面建设小康社会迈进。但是，还面临不少困难和问题，主要表现为：生产力水平总体还不高，长期形成的结构性矛盾和粗放型增长方式尚未根本改变；收入分配差距拉大趋势未根本扭转，统筹兼顾各方面利益难度加大；农业基础薄弱，农村发展滞后的局面尚未改变，缩小城乡、区域发展差距和促进经济社会协调发展任务艰巨；民主法制建设与扩大人民民主和经济社会发展的要求还不完全适应，政治体制改革需要继续深化；社会建设和管理面临诸多新课题；发达国家在经济、科技上占优势的压力长期存在，统筹国内和对外开放要求更高；等等。

2002 年 10 月，党的十六大召开，胡锦涛当选为中共中央总书记。新一届中央领导集体面对新世纪新阶段的国际国内形势，带领全党全国人民紧紧抓住重要战略机遇期，以科学发展为主题，以转变经济发展方式为主线，发扬求真务实、开拓进取精神，在全面建设小康社会实践中坚定不移地把改革开放伟大事业推向前进。

从国有企业改革来看，国有经济战略性调整继续推进，国有资产出资人制度基本确立，电信、电力、民航等行业初步形成竞争性市场格局。垄断行业的大门已初步打开，非公有制经济蓬勃发展。内外资企业税制、增值税、资源税等的改革，大型商业银行股份制改革，以及价格形成机制市场化改革等逐步推进。在农村，时隔近 20 年后，以推动土地流转、发展适度规模经营为契机的新一轮改革拉开序幕。

国家邮政局发行纪念“全面取消农业税”的邮票

相比于20世纪80年代的改革，这一轮改革的内容更加广泛，涉及经济、政治、文化、社会等各领域，主要表现在城乡分割的户籍制度进一步被打破，农村税费制度、集体林权制度改革等逐步展开，所有农产品流通逐步纳入市场化轨道。农村义务教育经费保障机制改革、农村社会保障制度改革，以及农村基础设施建设、农村社区化建设等都有条不紊地向前推进。政治、文化、社会等其他领域的改革也稳步推进。中国特色社会主义法律体系不断完善，基层群众自治健康发展，党的领导体制、行政管理体制、政府机构等方面的改革深入推进，国家公务员制度、惩治与预防腐败体系等初步建立。经营性文化单位转企改制工作深入推进，新型文化市场主体逐渐形成，文化产业成为新的经济增长点，公共文化服务体系建设不断完善。“社会建设”这个人们原本陌生的词汇现在已耳熟能详，医疗保障制度、就业制度、社会保障制度等领域改革逐步深入，社会管理模式也随着实践的发展不断创新。

立足于中国特色社会主义的伟大实践，在借鉴世界最新发展理念的基础上，以胡锦涛为总书记的党中央提出了科学发展观这一重大战略思想。

【链接】

对发展问题的探索

发展问题是马克思主义发展史上的重大课题。中华人民共和国一成立，发展问题即被提上日程，中国共产党在继承和发展马克思主义社会发展理论的基础上，进行了大量有益的探索，取得了巨大的历史性成就，同时也经历了挫折。

在对如何推进发展的思考中，世界各国的发展实践和发展理念为我们提供了有益的借鉴。第二次世界大战结束后，加快经济增长成为世界各国的共识，人类创造了前所未有的经济奇迹。然而，由于单纯追求经济增长，不重视社会发展和社会公平，导致贫富差距扩大，环境污染严重，能源资源紧张，失业增加，社会腐败和债务、金融、经济危机持续不断，对外依赖增加。鉴于这些问题，从20世纪70年代起，人们对发展的认识出现了一些新的变化。“发展”不再与“增长”简单等同，而是整个经济和社会体制的重组和重整在内的“多维过程”。20世纪80年代后，发展观的研究视角又从“物”转向了“人”，将人与人、人与环境、人与组织作为主题，把满足人的基本需求、促进生活质量的提高和共同体成员全面发展作为发展的目标。1994年联合国的《人类发展报告》对这种发展观做了明确的表述，提出发展的目的就在于为人的发展创造良好环境。

2003 年春，“非典”疫情突然袭来并在全国蔓延。党和政府领导全国人民共同应对，抗击“非典”最终取得了胜利。“非典”疫情的发生，集中暴露出我国经济社会发展中存在的薄弱环节和突出问题，引发了全党对“什么是发展、为什么发展、怎样发展”等重大问题的反思。2003 年 10 月，党的十六届三中全会通过的《中共中央关于完善社会主义市场经济体制若干问题的决定》指出，要“坚持以人为本，树立全面、协调、可持续发展观，促进经济社会和人的全面发展，强调统筹城乡发展、区域发展、经济社会的协调发展、人与自然和谐发展、国内发展和对外开放”，并以此作为统领经济和社会发展的指导方针。此后，科学发展的思想伴随改革实践的推进不断丰富。党的十七大对科学发展观的理论定位、理论依据、理论内涵做了全面阐述，把科学发展观作为发展中国特色社会主义必须坚持贯彻的重大战略思想写入党章。

科学发展观，第一要义是发展，核心是以人为本，基本要求是全面协调可持续，根本方法是统筹兼顾。这四句话是对科学发展观的科学内涵、精神实质、根本要求的集中概括。科学发展观，是对党的三代中央领导集体关于发展的重要思想的继承和发展，是马克思主义关于发展的世界观和方法论的集中体现，是同马克思列宁主义、毛泽东思想、邓小平理论和“三个代表”重要思想既一脉相承又与时俱进的科学理论。它不仅进一步回答了“什么是社会主义、怎样建设社会主义”“建设一个什么样的党、怎样建设党”的问题，还创造性地回答了“实现什么样的发展、怎样发展”的问题，开拓了马克思主义中国化的新境界。

关于转变经济发展方式。人类历史发展的进程表明，经济发展总是沿着从单纯的经济增长到全面经济发展的历史道路演进的。改革开放进程中，为了改变国民经济发展高投入、低产出，高增长、低效益的状况，国民经济增长方式开始了从粗放到集约的历史性转变。但由于各种因素影响，这种转变并没有彻底实现。2008 年的国际金融危机，使经济发展方式问题更加凸显，转变发展方式已刻不容缓。2010 年 10 月，十七届五中全会强调要以科学发展为主题、以加快转变经济发展方式为主线，并贯穿经济社会发展全过程和各领域。转变经济发展方式对经济发展理念、目的、战略、途径等提出了新的更高的要求，体现了我们党和国家经济发展理念的新变化、经济发展道路的新拓展以及对于国际环境认识的新提升。

关于构建社会主义和谐社会。社会和谐是人类孜孜以求的社会理想，是马克思主义政党不懈追求的美好目标。马克思主义认为，人类社会是由经济、政治、文化、社会等要素构成的社会有机体，各要素内部以及各要素之间相互作用、相互影响，而社会和谐就是矛盾双方处于平衡、协调、合作的和谐状态。基于唯物辩证的世界观和方法论，马克思、恩格斯勾勒出了人与人、人与社会、人与自然高度和谐的共产主义社会的美好图景。构建民主法治、公平正义、诚信友爱、充满活力、安定有序、人与自然和谐相处的社会主义和谐社会，是科学发展观对马克思主义社会建设理论的创新发展，是党从中国特色社会主义事业总体布局和全面建设小康社会全局出发提出的重大战略任务，它使中国特色社会主义的发展模式更加清晰。

【链接】

中西传统文化中关于“社会和谐”的思想

中西传统文化中有大量的“社会和谐”思想。在中国，就有孔子的“和为贵”理念，墨子的“兼相爱”“爱无差等”的理想社会方案，老子的“虽有舟舆，无所乘之；虽有甲兵，无所陈之。使人复结绳而用之。至治之极甘其食，美其服，安其居，乐其俗”的“小国寡民”的理想，庄子要求达到的“天地与我并生，而万物与我为一”的“物我合一”境界，孟子描绘的“老吾老以及人之老，幼吾幼以及人之幼”的社会状态，《礼记·礼运》提出的“天下为公”“讲信修睦”“老有所终，壮有所用，幼有所长，鳏、寡、孤、独、废、疾者皆有所养”的理想社会，康有为的“人人相亲，人人平等，天下为公”的社会理想，等等。

在西方，空想社会主义思想家傅立叶1803年在《全世界和谐》中提出现存不合理的资本主义制度必将为“和谐制度”所代替的思想，欧文1824年在美国印第安纳进行的、以“新和谐”命名的共产主义试验，魏特林1842年在《和谐与自由的保证》中把社会主义社会称为“和谐与自由”的社会，并指出新社会的“和谐”是“全体和谐”的观点，等等。这些都是提出构建社会主义和谐社会的思想理论渊源。

关于生态文明。马克思、恩格斯曾在对资本主义的批判中阐述了深刻的生态文明思想，列宁、毛泽东、邓小平、江泽民也基于社会主义建设实践阐述了对生态问题的认识。由于历史原因、人口众多和资源依赖型的经济高增长等因素的影响，我国生态问题日益严重，成为制约我国经济社会发展的最大瓶颈。党的十八大关于建设生态文明命题的提出，体现了党对新世纪我国发展阶段性特征的科学判断和对人类社会发展规律的深刻把握，是对我国社会发展目标的一种完善和升华。生态文明建设目标的提出，也使中国特色社会主义事业总体布局从经济建设、政治建设、文化建设和社会建设的“四位一体”的总体布局发展到“五位一体”。

关于和谐世界。和谐世界思想既是中国传统思想文化的历史传承，又是当代国际政治格局演变的产物。在当今世界多极化、经济全球化大背景下，求和平、促发展、谋合作，是不可阻挡的历史潮流。努力建设一个持久和平、共同繁荣的和谐世界，是实现世界安全、稳定、繁荣的必由之路，是各国人民的共同福祉，也是人类社会发展的必然要求。建设和谐世界的进程，就是不断解决矛盾、增加和谐因素的进程。和谐世界思想的提出，从根本上回应了国际社会对中国今后社会走向的疑问，有力回击了形形色色的"中国威胁论"，是当代中国马克思主义国际战略理论的划时代发展。

改革开放的伟大实践催生了科学的理论，科学理论又指导和推动着伟大实践不断向前。经过近十年的不懈奋斗，中国特色社会主义发展到了一个新的阶段。

【链接】

十六大以来中国特色社会主义建设的历史性成就

十年来，我们取得一系列新的历史性成就，为全面建成小康社会打下了坚实基础。我国经济总量从世界第六位跃升到第二位，社会生产力、经济实力、科技实力迈上一个大台阶，人民生活水平、居民收入水平、社会保障水平迈上一个大台阶，综合国力、国际竞争力、国际影响力迈上一个大台阶，国家面貌发生新的历史性变化。人们公认，这是我国经济持续发展、民主不断健全、文化日益繁荣、社会保持稳定的时期，是着力保障和改善民生、人民得到实惠更多的时期。我们能取得这样的历史性成就，靠的是党的基本理论、基本路线、基本纲领、基本经验的正确指引，靠的是新中国成立以来特别是改革开放以来奠定的深厚基础，靠的是全党全国各族人民的团结奋斗。①

在党的十八大报告中，胡锦涛同志在回首近代以来中国波澜壮阔的历史中，强调必须坚定不移走中国特色社会主义道路，提出中国特色社会主义道路、理论体系、制度，是党和人民九十多年奋斗、创造、积累的根本成就，必须倍加珍惜、始终坚持、不断发展，强调要

① 中共中央文献研究室．十八大以来重要文献选编（上）．北京：人民出版社，2014：5－6.

坚定对中国特色社会主义的道路自信、理论自信、制度自信，要与时俱进发展中国特色社会主义，不断丰富中国特色社会主义的实践特色、理论特色、时代特色、民族特色，从而鲜明地回答了我们党举什么旗、走什么路、以什么样的精神状态、朝着什么样的目标继续前进等关系党和国家工作全局的重大问题，为党和国家的各项工作指明了前进方向。

第十章

谱写坚持和发展中国特色社会主义的新篇章

历史的车轮行驶到了21世纪的第二个十年。经过新中国60多年的社会主义建设实践和30多年改革开放的成功探索，我们党领导的中国特色社会主义事业前进到一个新的历史起点上。2012年11月，党的十八大胜利召开。大会选出了以习近平为核心的中央领导集体，提出了全面建成小康社会、夺取建设中国特色社会主义新胜利的战略任务，把坚持和发展中国特色社会主义作为聚焦点、着力点、落脚点，形成一系列治国理政新理念新思想新战略，形成了习近平新时代中国特色社会主义思想，进一步推进了马克思主义中国化的历史进程，丰富和发展了中国特色社会主义理论体系，谱写着坚持和发展中国特色社会主义的新篇章。

一、开启实现中华民族伟大复兴中国梦的新征程

党的十八大后，刚刚履新的习近平总书记在国家博物馆参观《复兴之路》展览时，向世界宣告了实现中华民族伟大复兴的中国梦的坚定决心，开启了一场实现中国梦、夺取新胜利的新征程。

1. 实现中国梦是中国共产党的历史使命

中国梦是中华民族近代以来实现中华民族伟大复兴的伟大梦想。2012 年 11 月 29 日，习近平在带领新一届中央领导集体参观中国国家博物馆举办的《复兴之路》展览时，首次明确提出中国梦的概念。他指出："现在，大家都在讨论中国梦，我以为，实现中华民族伟大复兴，就是中华民族近代以来最伟大的梦想。这个梦想，凝聚了几代中国人的夙愿，体现了中华民族和中国人民的整体利益，是每一个中华儿女的共同期盼。"① 习近平总书记还用"雄关漫道真如铁""人间正道是沧桑""长风破浪会有时"三句话，概括了中华民族的昨天、今天和明天，阐述了"中国梦"的深刻内涵，彰显了新一届中央领导集体强烈的历史使命和政治责任，及带领人民走中国特色社会主义道路、实现中华民族伟大复兴的坚定信心。

中国国家博物馆《复兴之路》展览

在中国特色社会主义道路上实现中华民族伟大复兴的中国梦，是从艰辛岁月中走来的中国人民期盼的盛世愿景。1840 年鸦片战争之

① 习近平．习近平谈治国理政．北京：外文出版社，2014：36.

后，中华民族经历了长达一个世纪的社会动荡、外族侵略、战争磨难，但中国人民始终自强不息、顽强斗争，从未放弃对美好梦想的向往和追求。终于，在中国共产党的正确领导下，中国共产党人把马克思主义基本原理同中国实际相结合，独立自主地走自己的路，从根本上改变了中国人民和中华民族的前途命运，不可逆转地开启了当代中国沿着社会主义道路走向现代化、走向伟大复兴的历史进程。

【链接】

回顾建党历史　重温入党誓词

党的十九大闭幕仅一周，中共中央总书记、国家主席、中央军委主席习近平带领中共中央政治局常委李克强、栗战书、汪洋、王沪宁、赵乐际、韩正，于31日专程从北京前往上海和浙江嘉兴，瞻仰上海中共一大会址和浙江嘉兴南湖红船，回顾建党历史，重温入党誓词，宣示新一届党中央领导集体的坚定政治信念。

习近平指出，上海党的一大会址、嘉兴南湖红船是我们党梦想起航的地方。我们党从这里诞生，从这里出征，从这里走向全国执政。这里是我们党的根脉。“其作始也简，其将毕也必巨。”96年来，我们党团结带领人民取得了举世瞩目的伟大成就，这值得我们骄傲和自豪。同时，事业发展永无止境，共产党人的初心永远不能改变。唯有不忘初心，方可告慰历史、告慰先辈，方可赢得民心、赢得时代，方可善作善成、一往无前。①

习近平总书记在党的十九大报告中指出：“不忘初心，方得始终。中国共产党人的初心和使命，就是为中国人民谋幸福，为中华民族谋复兴。”“实现中华民族伟大复兴是近代以来中华民族最伟大的梦想。中国共产党一经成立，就把实现共产主义作为党的最高理想和最终目标，义无反顾肩负起实现中华民族伟大复兴的历史使命，团结带领人民进行了艰苦卓绝的斗争，谱写了气吞山河的壮丽史诗。”② 中国共产

① 铭记党的奋斗历程时刻不忘初心 担当党的崇高使命矢志永远奋斗．人民日报，2017－11－01.

② 习近平．决胜全面建成小康社会 夺取新时代中国特色社会主义伟大胜利——在中国共产党第十九次全国代表大会上的报告（2017 年 10 月 18 日）．北京：人民出版社，2017：13.

党是这样说的，也是这样做的。一部中国共产党的历史，就是中国共产党人团结带领人民，为实现中华民族伟大复兴不懈奋斗，引领中华民族实现从站起来、富起来到强起来的伟大飞跃的历史。

2. 实现中国梦与坚持和发展中国特色社会主义高度契合

中国梦的提出是对中国特色社会主义的坚持和发展。实现中华民族伟大复兴的中国梦与坚持和发展中国特色社会主义是内在统一、高度契合的。坚持和发展中国特色社会主义是实现中国梦的根本前提。2013 年 3 月，习近平在第十二届全国人大第一次会议上指出，实现中华民族伟大复兴的中国梦，就是要实现国家富强、民族振兴、人民幸福，这是中国梦的基本内涵。道路决定命运。实践充分证明，只有中国特色社会主义，才能使国家强大、社会进步、人民富裕；只有坚定不移地走中国特色社会主义道路，才是实现中华民族伟大复兴的中国梦、创造人民美好生活的必由之路。

习近平总书记用三个“必须”勾画了实现中国梦的具体路径：实现中国梦必须走中国道路，必须弘扬中国精神，必须凝聚中国力量，为实现中华民族伟大复兴的中国梦指明方向。

实现中国梦必须走中国道路，就是要坚定不移地走中国特色社会主义道路，既不能走封闭僵化的老路，也不走改旗易帜的邪路，不断增强对中国特色社会主义的道路自信、理论自信、制度自信、文化自信；必须弘扬中国精神，就是要弘扬以爱国主义为核心的民族精神和以改革创新为核心的时代精神，坚持社会主义核心价值体系，为人民提供精神指引，为实现中国梦提供强大精神动力；必须凝聚中国力量，这就是一代一代中国人不懈努力、全国各族人民大团结的力量。

在党的十九大报告中，习近平总书记指出：“中华民族伟大复兴，绝不是轻轻松松、敲锣打鼓就能实现的。全党必须准备付出更为艰巨、更为艰苦的努力。”① 他强调实现伟大梦想，必须进行伟大斗争、

---

① 习近平．决胜全面建成小康社会 夺取新时代中国特色社会主义伟大胜利——在中国共产党第十九次全国代表大会上的报告（2017 年 10 月 18 日）．北京：人民出版社，2017：15.

建设伟大工程、推进伟大事业。“四个伟大”的提出，深刻体现了党中央对在新的历史起点坚持和发展中国特色社会主义的战略思考。

实现伟大梦想，必须进行伟大斗争，就是必须准备进行具有许多新的历史特点的伟大斗争；必须建设伟大工程，就是我们党正在深入推进的党的建设新的伟大工程；必须推进伟大事业，这个伟大事业就是中国特色社会主义伟大事业。“四个伟大”紧密联系、相互贯通。伟大梦想是伟大事业、伟大工程、伟大斗争的出发点和落脚点，也就是说，进行伟大斗争、建设伟大工程、推进伟大事业，归根到底都是为了实现中华民族伟大复兴的中国梦。

3. 实现中国梦与世界各国人民的美好梦想息息相通

穷则独善其身，达则兼济天下。这是中华民族始终崇尚的品德和胸怀。习近平在国际交往的多种场合多次宣示：中国梦是和平、发展、合作、共赢的梦，与世界各国人民的美好梦想息息相通，中国人民愿意同各国人民在实现各自梦想的过程中相互支持、相互帮助；并提出美好的愿望，希望国与国之间、不同文明之间能够平等交流、相互借鉴、共同进步，各国人民都能够共享世界经济、科技发展的成果，各国人民的意愿都能够得到尊重，各国能够齐心协力推动建设持久和平、共同繁荣的和谐世界。

中国梦是追求和平的梦。消除战争，实现和平，是近代以来历经苦难的中国人民最迫切、最深厚的愿望。中国梦需要和平，只有和平才能实现梦想，这是中国人民从近代以来所遭遇的苦难中得出的必然结论。同时，要和平不要战争，要合作不要对抗，也是世界各国人民的共同心愿。日益强大的中国不仅有能力维护本国的和平，还是维护世界和平的坚定力量，愿意同世界各国一道共谋和平、共护和平、共享和平。2014 年 3 月 27 日，习近平在中法建交 50 周年纪念大会上讲道，历史将证明，实现中国梦给世界带来的是机遇不是威胁，是和平不是动荡，是进步不是倒退。拿破仑说过，中国是一头沉睡的狮子，当这头睡狮醒来时，世界都会为之发抖。中国这头狮子已经醒了，但这是一头和平的、可亲的、文明的狮子。

中国梦不仅造福中国人民，而且造福世界各国人民。中国梦与世界各国人民追求和平与发展的美好梦想是相通的。中国是一个拥有13亿多人口的负责任的发展中大国，中国的发展稳定，不仅有利于世界和平与发展，还能够给世界各国带来重要的战略机遇，对世界经济的发展有带动作用，与中国交往的各国也都将从中受益。随着国力的不断增强，中国将在力所能及的范围内承担更多的国际责任和义务，为人类和平与发展的崇高事业做出更大贡献。

二、推动中国特色社会主义进入新时代

中国特色社会主义是不断发展的开创性事业，需要一代又一代接续奋斗。习近平总书记在党的十九大报告中指出，经过长期努力，中国特色社会主义进入了新时代，这是我国发展新的历史方位。中华民族伟大复兴站在一个新的历史起点上，揭开了坚持和发展中国特色社会主义的新篇章。

1. 新时代历史方位的新判断

中国特色社会主义进入了新时代，这是党的十九大做出的一个重大政治判断。做出这个判断首先是基于中国特色社会主义进入了新的发展阶段。经过改革开放40年的发展，我国社会生产力、经济实力、科技实力发生了翻天覆地的变化，综合国力、国际竞争力、国际影响力发生历史性的巨变。十八大以来的五年，更是党和国家发展进程中极不平凡的五年，取得的成就是全方位的、开创性的，实现的变革是深层次的、根本性的，解决了许多长期想解决而没有解决的难题，办成了许多过去想办而没有办成的大事，推动党和国家事业发生历史性变革，我国发展站到了新的历史起点上，中国特色社会主义进入了新的发展阶段。

其次是基于我国社会主要矛盾的新变化。党的十九大报告根据中国特色社会主义进入新时代这个我国发展新的历史方位，做出了我国社会主要矛盾已经由人民日益增长的物质文化需要同落后的社会生产之间的矛盾，转化为人民日益增长的美好生活需要和不平衡不充分的发展之间的矛盾的新判断。同时，还必须认识到，我国社会主要矛盾

的变化，没有改变我们对我国社会主义所处历史阶段的判断，我国仍处于并将长期处于社会主义初级阶段的基本国情没有变，我国是世界最大发展中国家的国际地位没有变。“变”与“不变”的重大政治论断反映了我国现阶段发展的实际，为制定党和国家大政方针、长远战略提供了重要依据。

【链接】

我国社会主要矛盾表述的变化

1956年党的八大明确提出：“我们国内的主要矛盾，已经是人民对于建立先进的工业国的要求同落后的农业国的现实之间的矛盾，已经是人民对于经济文化迅速发展的需要同当前经济文化不能满足人民需要的状况之间的矛盾。”

1981年十一届六中全会通过的《关于建国以来党的若干历史问题的决议》，将我国社会主要矛盾概括为：“社会主义改造基本完成以后，我国所要解决的主要矛盾，是人民日益增长的物质文化需要同落后的社会生产之间的矛盾。”

2017年习近平总书记在党的十九大报告中指出：“我国社会主要矛盾已经转化为人民日益增长的美好生活需要和不平衡不充分的发展之间的矛盾。”

习近平总书记从我国发展新的历史方位及党和国家事业发展大局出发，对新时代的主要内涵做了五个方面的精确概括：一是承前启后、继往开来、在新的历史条件下继续夺取中国特色社会主义伟大胜利的时代；二是决胜全面建成小康社会、进而全面建设社会主义现代化强国的时代；三是全国各族人民团结奋斗、不断创造美好生活、逐步实现全体人民共同富裕的时代；四是全体中华儿女勠力同心、奋力实现中华民族伟大复兴中国梦的时代；五是我国日益走近世界舞台中央、不断为人类作出更大贡献的时代。中国特色社会主义进入新时代，在中华人民共和国发展史上、中华民族发展史上具有重大意义，在世界社会主义发展史上、人类社会发展史上具有重大意义。习近平总书记在十九大报告中提出“三个意味着”：意味着近代以来久经磨难的中华民族迎来了从站起来、富起来到强起来的伟大飞跃，迎来了实现中华民族伟大复兴的光明前景；意味着科学社会主义在 21 世纪的中国焕发出强大生机活力，在世界上高高举起了中国特色社会主义伟大旗帜；意味着中国特色社会主义道路、理论、制度、文化不断发展，拓展了发展中国家走向现代化的途径，给世界上那些既希望加快发展又希望保持自身独立性的国家和民族提供了全新选择，为解决人类问题贡献了中国智慧和中国方案。这“三个意味着”从中华民族复兴、社会主义发展和世界发展进步三个维度，深刻揭示中国特色社会主义的世界意义。

2. 新时代的主题

坚持和发展中国特色社会主义是一篇大文章，以毛泽东为核心的党的第一代中央领导集体，在探索一条适合中国国情的社会主义建设道路上，做了不懈努力。以邓小平为核心的党的第二代中央领导集体，鲜明地提出“建设有中国特色的社会主义”的重大命题，为它确定了基本思路和基本原则。以江泽民同志为核心的党的第三代中央领导集体、以胡锦涛同志为总书记的党中央，成功把中国特色社会主义推向 21 世纪，在这篇大文章上都写下了精彩的篇章。新一届领导集体的任务，就是继续把这篇大文章写下去。可以说，坚持和发展中国特色社会主义，是改革开放以来我们党全部理论和实践的鲜明主题。继续写好坚持和发展中国特色社会主义这篇大文章，就要用中国特色社会主义这个主题引领全篇。党的十八大以来，我们党的全部理论和实践探索都是围绕这个主题来展开的，党的十九大高举中国特色社会主义伟大旗帜，又进一步深化和拓展了这一主题。以习近平同志为核心的党中央对这个问题有着清醒认识和深刻把握，对走中国特色社会主义道路有着坚定的信念和决心。

中国特色社会主义是一项前无古人的开创性事业，正如习近平总书记所说，它“不是从天上掉下来的，而是在改革开放 40 年的伟大实践中得来的，是在中华人民共和国成立近 70 年的持续探索中得来的，是在我们党领导人民进行伟大社会革命 97 年的实践中得来的，是在近代以来中华民族由衰到盛 170 多年的历史进程中得来的，是对中华文明 5 000 多年的传承发展中得来的，是党和人民历经千辛万苦、付出各种代价取得的宝贵成果”①。从这个意义上讲，新时代中国特色社会主义既是我们党领导人民进行伟大社会革命的成果，也是我们党领导人民进行伟大社会革命的继续。

这个新时代是中国特色社会主义新时代，而不是别的什么新时代，中国特色社会主义是社会主义而不是其他什么主义。对坚持和发展什么样的中国特色社会主义，习近平总书记从理论渊源、历史根据、本质特征、独特优势、强大生命力等方面做出过深刻回答，强调中国特色社会主义是既坚持科学社会主义基本原则，又具有鲜明实践特色、理论特色、民族特色、时代特色的社会主义，是中国特色社会主义道路、理论、制度、文化四位一体的社会主义，是统揽伟大斗争、伟大工程、伟大事业、伟大梦想的社会主义，是根植于中国大地、反映中国人民意愿、适应中国和时代发展进步要求的社会主义。党要在新的历史方位上实现新的历史使命，最根本的就是要高举中国特色社会主义伟大旗帜，一以贯之坚持和发展中国特色社会主义。

3. 新时代中国特色社会主义发展的战略安排

党的十八大描绘了全面建成小康社会、加快推进社会主义现代化的宏伟蓝图，向中国人民发出了向实现“两个一百年”奋斗目标进军的时代号召，即在中国共产党成立一百年时全面建成小康社会，在新中国成立一百年时建成富强民主文明和谐的社会主义现代化国家。

【链接】

改革开放和社会主义现代化建设开创新局面

五年来，经济实力跃上新台阶。国内生产总值从54万亿元增加到82.7万亿元，年均增长7.1%，对世界经济增长贡献率超过30%。城镇新增就业6 600万人以上，13亿多人口的大国实现了比较充分就业。

经济结构出现重大变革。消费贡献率由54.9%提高到58.8%，服务业比重从45.3%上升到51.6%。城镇化率从52.6%提高到58.5%，8 000多万农业转移人口成为城镇居民。

① 习近平．以时不我待只争朝夕的精神投入工作 开创新时代中国特色社会主义事业新局面．人民日报，2018-01-06.

> 创新驱动发展成果丰硕。科技进步贡献率由52.2%提高到57.5%。载人航天、深海探测、量子通信、大飞机等重大创新成果不断涌现。高铁网络、电子商务、移动支付、共享经济等引领世界潮流。
>
> 改革开放迈出重大步伐。改革全面发力、多点突破、纵深推进，重要领域和关键环节改革取得突破性进展。
>
> 人民生活持续改善。贫困人口减少6 800多万。居民收入年均增长7.4%、超过经济增速。出境旅游人次由8 300万增加到1亿3千多万。社会养老保险覆盖9亿多人，基本医疗保险覆盖13.5亿人。人均预期寿命达到76.7岁。
>
> 生态环境状况逐步好转。制定实施大气、水、土壤污染防治三个“十条”并取得扎实成效。单位国内生产总值能耗、水耗均下降20%以上，重点城市重污染天数减少一半。①

从党的十九大到二十大，是“两个一百年”奋斗目标的历史交汇期。习近平总书记在十九大报告中强调，从现在到2020年，是全面建成小康社会决胜期，要全面建成小康社会、实现第一个百年奋斗目标，还要乘势而上开启全面建设社会主义现代化国家新征程，向第二个百年奋斗目标进军。他综合分析国际国内形势和我国发展条件，明确提出全面建设社会主义现代化国家及其“两步走”战略安排，描绘了在2020年全面建成小康社会之后向第二个百年奋斗目标进军的宏伟蓝图，开启了全面建设社会主义现代化国家的新征程。从2020年到本世纪中叶可以分两个阶段来安排：第一个阶段，从2020年到2035年，在全面建成小康社会的基础上，再奋斗15年，基本实现社会主义现代化；第二个阶段，从2035年到本世纪中叶，在基本实现现代化的基础上，再奋斗15年，把我国建成富强民主文明和谐美丽的社会主义现代化强国。

“两步走”战略是对“三步走”战略的进一步深化和推进，是中国特色社会主义理论与实践的丰富和发展。首先，这一战略安排将2020年后中国特色社会主义的实践主题，全方位转到全面建设社会主义现代化国家上，把基本实现社会主义现代化目标的时间点，从我们

---

① 李克强．政府工作报告．人民日报，2018-03-06.

“中国天眼”——世界最大单口径射电望远镜（FAST）

党过去提出的本世纪中叶提前到 2035 年，提前了 15 年。其次，丰富了我们党第二个百年奋斗目标的内容，从“社会主义现代化国家”到“社会主义现代化强国”，一字之变，彰显出我们从站起来、富起来到强起来的信心，中国特色社会主义不断开辟发展新境界；从“富强民主文明和谐”到“富强民主文明和谐美丽”，将“美丽”纳入建设社会主义现代化强国的目标之一，使“五位一体”总体布局与现代化建设目标实现有效对接。

三、开创新时代治国理政新格局

党的十八大以来，以习近平同志为核心的党中央始终以坚持和发展中国特色社会主义为根本方向，紧紧围绕当代中国改革发展稳定、内政外交国防、治党治国治军，提出了一系列治国理政新理念新思想新战略，形成了以统筹推进“五位一体”总体布局为战略部署，以协调推进“四个全面”战略布局为总方针，以牢固树立新发展理念为主线，以全面认识和把握经济发展新常态为基本判断，以推动构建人类命运共同体为前进方向的新时代中国特色社会主义发展的基本框架结构，开辟了思想理论新境界，形成了战略谋划新格局。

《习近平谈治国理政》畅销海外多国

【链接】

《习近平谈治国理政》

《习近平谈治国理政》收入了习近平总书记在党的十八大闭幕后至2014年6月13日期间的重要著作，共有讲话、谈话、演讲、答问、批示、贺信等79篇，分为18个专题，于2014年9月由外文出版社以中、英、法、俄、阿、西、葡、德、日等24个语种、27个版本面向海内外出版发行。2015年8月26日，中国外文局局长周明伟在第22届北京国际图书博览会上介绍，《习近平谈治国理政》一书全球发行量突破520万册，这是改革开放以来，中国国家领导人著作海内外发行的最高纪录。2018年1月，该书由外文出版社面向海内外再版发行。改称《习近平谈治国理政》第一卷。

《习近平谈治国理政》第二卷，分为17个专题，每个专题内容按时间顺序编排，收入了习近平总书记在2014年8月18日至2017年9月29日期间的重要著作，共有讲话、谈话、演讲、批示、贺电等99篇，于2017年11月面向海内外发行。截至2018年2月2日，该书中英文版全球发行已突破1 300万册，不断刷新改革开放以来中国领导人著作海内外发行量的最高纪录。

1. 统筹推进“五位一体”总体布局

党的十八大报告提出：“建设中国特色社会主义，总依据是社会主义初级阶段，总布局是五位一体，总任务是实现社会主义现代化和中华民族伟大复兴”，强调“必须更加自觉地把全面协调可持续作为深入贯彻落实科学发展观的基本要求，全面落实经济建设、政治建设、文化建设、社会建设、生态文明建设五位一体总体布局，促进现代化建设各方面相协调，促进生产关系与生产力、上层建筑与经济基础相协调，不断开拓生产发展、生活富裕、生态良好的文明发展道路”。① 报告把建设社会主义生态文明纳入中国特色社会主义道路的科学内涵，实现了中国特色社会主义建设总体布局由“四位一体”向“五位一体”的历史性转变。这是中国共产党历史上首次在全国代表大会政治报告中单列篇章全面部署生态文明建设问题，彰显了当代中国共产党人开辟社会主义生态文明新篇章的坚定决心。

从新中国成立后我们党提出的“四个现代化”战略目标到“两个文明一起抓”，从“三位一体”到“四位一体”“五位一体”，展现了中国特色社会主义建设实践不断丰富、日趋完善的过程。“五位一体”总体布局，是深刻总结我们党领导社会主义建设的历史经验、顺应国际国内大势和人民群众过上更好生活新期待提出来的。它把握了中国特色社会主义建设的基本领域，抓住了全面建成小康社会的决定性方面，把经济建设、政治建设、文化建设、社会建设和生态文明建设统一于中国特色社会主义伟大实践，蕴含着社会主义的本质要求和发展规律，是我们党站在新的历史起点上，自觉创新中国特色社会主义建设基本方略所取得的最新成果。

站在新的历史方位，党的十九大对我国社会主义现代化建设做出新的战略部署，强调到本世纪中叶，要把我国建成富强民主文明和谐美丽的社会主义现代化强国。在现代化目标中增加“美丽”一词，将“五位一体”总体布局作为一个有机整体，共同致力于全面提升我国物质文明、政治文明、精神文明、社会文明、生态文明，统一于把我

---

① 中共中央文献研究室．十八大以来重要文献选编（上）．北京：人民出版社，2014：7，10.

国建成富强民主文明和谐美丽的社会主义现代化强国的新目标，更加凸显了“五位一体”总体布局的方向感和目标感。

“五位一体”总体布局是一个相互联系、相互协调、相互促进、相辅相成的有机整体。其中经济建设是根本，政治建设是保证，文化建设是灵魂，社会建设是条件，生态文明建设是基础。它的确立，使我们推进中国特色社会主义事业的发展方略更加成熟、发展目的更加明确、发展内涵更加丰富、发展道路更加广阔，为我们全面建成小康社会、实现社会主义现代化、建成社会主义现代化强国提供了总体规划，进一步深化了我们党对实现什么样的发展、怎样发展这一科学发展重大战略问题的认识，对社会主义建设路径的理解，以及对社会主义建设内在关系的理解，是我们党对中国特色社会主义认识不断深化以及中国特色社会主义实践不断丰富发展的结果，对于实现中华民族永续发展具有重大现实意义和长远指导意义。

2. 协调推进“四个全面”战略布局

党的十八大以来，以习近平同志为核心的党中央立足我国发展的现实需要，回应人民群众对美好生活的热切期待，从坚持和发展中国特色社会主义全局出发，形成并提出全面建成小康社会、全面深化改革、全面依法治国、全面从严治党的战略布局，集中体现了时代和实践发展对党和国家工作的新要求，明确了新时代党和国家各项工作的战略目标和战略举措。

2014 年 12 月，习近平在江苏调研时提出，要“协调推进全面建成小康社会、全面深化改革、全面推进依法治国、全面从严治党，推动改革开放和社会主义现代化建设迈上新台阶”①，这是习近平总书记首次提出“四个全面”的要求。2015 年 2 月，在省部级主要领导干部学习贯彻十八届四中全会精神，全面推进依法治国专题研讨班上，习近平全面辩证地梳理了“四个全面”的战略布局，围绕全面建成小康社会的战略目标，形成以全面深化改革为强大动力、以全面依法治国为可靠保障、全面从严治党为根本支撑的三大战略举措。2015 年 4

① 习近平关于协调推进“四个全面”战略布局论述摘编．北京：中央文献出版社，2015.

月 28 日，习近平在庆祝“五一”国际劳动节大会上的讲话中进一步强调，“四个全面”战略布局为实现“两个一百年”奋斗目标、实现中华民族伟大复兴的中国梦提供了理论指导和实践指南。“四个全面”战略布局在治国理政的一系列新理念新思想新战略中，可谓是重中之重。“四个全面”言简意赅、精辟深刻，它概括了改革开放以来历届中央领导集体不断探索建设中国特色社会主义的伟大成就和实践经验，是我们党坚持和发展中国特色社会主义的新实践新成果。“四个全面”战略布局中每一方面都突出强调“全面”，既有目标又有举措，既有全局又有重点，有机联系，相互贯通。

到 2020 年全面建成小康社会，是我们党向人民、向历史做出的庄严承诺。2015 年 10 月，党的十八届五中全会首次对全面建成小康社会的内涵和要求做出科学界定，“全面小康，覆盖的领域要全面，是五位一体全面进步。全面小康社会要求经济更加发展、民主更加健全、科教更加进步、文化更加繁荣、社会更加和谐、人民生活更加殷实”①，并明确“今后 5 年党和国家各项任务，归结起来就是夺取全面建成小康社会决胜阶段的伟大胜利，实现第一个百年奋斗目标”②，发出了向全面建成小康社会目标冲刺的新的动员令。党的十九大报告中，习近平总书记进一步对决胜全面建成小康社会提出新要求，强调“要按照十六大、十七大、十八大提出的全面建成小康社会各项要求，紧扣我国社会主要矛盾变化，统筹推进经济建设、政治建设、文化建设、社会建设、生态文明建设，坚定实施科教兴国战略、人才强国战略、创新驱动发展战略、乡村振兴战略、区域协调发展战略、可持续发展战略、军民融合发展战略，突出抓重点、补短板、强弱项，特别是要坚决打好防范化解重大风险、精准脱贫、污染防治的攻坚战，使全面建成小康社会得到人民认可、经得起历史检验”③。

---

① 习近平．习近平谈治国理政（第二卷）．北京：外文出版社，2017：78－79.

② 同①71.

③ 习近平．决胜全面建成小康社会 夺取新时代中国特色社会主义伟大胜利——在中国共产党第十九次全国代表大会上的报告（2017 年 10 月 18 日）．北京：人民出版社，2017：27－28.

全面深化改革是“四个全面”战略布局中具有突破性和先导性的关键环节，是决定当代中国命运的关键一招。2013 年 11 月，党的十八届三中全会对全面深化改革进行总体部署，进一步明确了指导思想、总体思路、目标任务和基本要求，涉及经济、政治、文化、社会、生态文明和党的建设等各个方面，15 个领域、330 多项重要改革举措，力度前所未有。全面深化改革是解决中国现实问题的根本途径，也是顺应当今世界发展大趋势的必然选择。习近平总书记在党的十九大报告中进一步指出，全面深化改革就是要“坚持和完善中国特色社会主义制度，不断推进国家治理体系和治理能力现代化，坚决破除一切不合时宜的思想观念和体制机制弊端，突破利益固化的藩篱，吸收人类文明有益成果，构建系统完备、科学规范、运行有效的制度体系，充分发挥我国社会主义制度优越性”①。

全面依法治国是党执政兴国的一个全局性问题，是中国特色社会主义的本质要求和重要保障。2014 年十八届四中全会专题研究依法治国问题，首次做出关于加强法治建设的决定，明确阐述其内涵，并强调了它同其他三个全面的关系，开启中国特色社会主义法治建设新时代。全面依法治国既是全面建成小康社会和全面深化改革开放的重要保障，与全面深化改革如车之两轮，共同推动全面建成小康社会的事业向前发展；又和全面深化改革、全面从严治党一起，作为三大战略举措都是为了实现全面建成小康社会这个战略目标，它们一个都不能少。党的十九大报告进一步指出，坚持全面依法治国“必须把党的领导贯彻落实到依法治国全过程和各方面，坚定不移走中国特色社会主义法治道路，完善以宪法为核心的中国特色社会主义法律体系，建设中国特色社会主义法治体系，建设社会主义法治国家，发展中国特色社会主义法治理论，坚持依法治国、依法执政、依法行政共同推进，坚持法治国家、法治政府、法治社会一体建设，坚持依法治国和以德治国相结合，依法治国和依规治党有机统一，深化司法体制改

---

① 习近平．决胜全面建成小康社会 夺取新时代中国特色社会主义伟大胜利——在中国共产党第十九次全国代表大会上的报告（2017 年 10 月 18 日）．北京：人民出版社，2017：21.

革，提高全民族法治素养和道德素质”①。

勇于自我革命，从严管党治党，是我们党最鲜明的品格。2014 年 10 月，习近平在党的群众路线教育实践活动总结大会上提出了“全面推进从严治党”，从从严治党的系统性、预见性、创造性、实效性的高度，提出我们要建设什么样的党、怎样建设党②。中国共产党的领导是中国特色社会主义最本质的特征。坚持党的领导，是党和国家的根本所在、命脉所在，是全国各族人民的利益所系、幸福所系。针对新形势下我们党面临的许多严峻挑战，以习近平同志为核心的党中央把作风建设作为突破口的重中之重，采取了一系列求真务实的雷霆之举，推动了党员干部的自我净化、自我完善、自我革新、自我提高。党的十九大报告指出，坚持全面从严治党“必须以党章为根本遵循，把党的政治建设摆在首位，思想建党和制度治党同向发力，统筹推进党的各项建设，抓住‘关键少数’，坚持‘三严三实’，坚持民主集中制，严肃党内政治生活，严明党的纪律，强化党内监督，发展积极健康的党内政治文化，全面净化党内政治生态，坚决纠正各种不正之风，以零容忍态度惩治腐败，不断增强党自我净化、自我完善、自我革新、自我提高的能力，始终保持党同人民群众的血肉联系”③。

【链接】

坚持全面从严治党

十八大以来，经党中央批准立案审查的省军级以上党员干部及其他中管干部440人。其中，十八届中央委员、候补委员43人，中央纪委委员9人。全国纪检监察机关共接受信访举报1 218.6万件（次），处置问题线索267.4万件，立案154.5万件，处分153.7万人，其中厅局级干部8 900余人，县处级干部6.3万人，涉嫌犯罪被移送司法机关处理5.8万人。

① 习近平．决胜全面建成小康社会 夺取新时代中国特色社会主义伟大胜利——在中国共产党第十九次全国代表大会上的报告（2017 年 10 月 18 日）．北京：人民出版社，2017：22－23.

② 习近平．在党的群众路线教育实践活动总结大会上的讲话．光明日报，2014－10－09.

③ 同①26.

> 五年来，各级纪检监察机关共查处违反中央八项规定精神问题18.9万起，处理党员干部25.6万人。
>
> 2014年以来，共从90多个国家和地区追回外逃人员3 453名、追赃95.1亿元，“百名红通人员”中已有48人落网。新增外逃人员从2014年的101人降至2015年的31人、2016年的19人，2017年1月至9月为4人。
>
> 中央巡视工作领导小组召开115次会议，组织开展12轮巡视，共巡视277个党组织，完成对省区市、中央和国家机关、中管企事业单位和金融机构、中管高校等的巡视，在党的历史上首次实现一届任期内巡视全覆盖；对16个省区市开展“回头看”，对4个中央单位进行“机动式”巡视。中央纪委审查的案件中，超过60%的线索来自巡视。①

3. 牢固树立新发展理念

发展理念是发展行动的先导，从根本上决定着发展的成效。创新、协调、绿色、开放、共享的新发展理念，是在全面建成小康社会决胜阶段，为解决我国发展中的突出矛盾和问题应运而生的。党的十八大以来，以习近平同志为核心的党中央以新发展理念为主线谋篇布局，创造性地回答了实现什么样的发展、怎样发展的重大问题，集中反映了党对我国经济社会发展规律认识的深化。

2015 年 10 月，在党的十八届五中全会上，新一届党中央总结我国改革开放 30 多年发展实践，立足当前的实际国情，针对经济社会发展的新特征，在《中共中央关于制定国民经济和社会发展第十三个五年规划的建议》中提出：实现“十三五”时期发展目标，破解发展难题，厚植发展优势，必须牢固树立创新、协调、绿色、开放、共享的发展理念。这是“十三五”乃至更长时期我国发展思路、发展方向、发展着力点的集中体现。

党的十九大报告强调，坚持新发展理念，是新时代坚持和发展中国特色社会主义的基本方略之一。报告指出，发展是解决我国一切问

---

① 十八届中央纪律检查委员会向中国共产党第十九次全国代表大会的工作报告. 新华网，2017-10-29.

题的基础和关键，发展必须是科学发展，必须坚定不移贯彻创新、协调、绿色、开放、共享的发展理念。2017 年 12 月，中央经济工作会议指出，十八大以来我们坚持观大势、谋全局、干实事，成功驾驭了我国经济发展大局，在实践中形成了以新发展理念为主要内容的习近平新时代中国特色社会主义经济思想。习近平新时代中国特色社会主义经济思想，是五年来推动我国经济发展实践的理论结晶，是中国特色社会主义政治经济学的最新成果，是党和国家十分宝贵的精神财富，必须长期坚持、不断丰富发展。而习近平新时代中国特色社会主义经济思想的核心内容就是新发展理念。

新发展理念之间相互贯通、相互促进，是具有内在联系的集合体。其中，创新是引领发展的第一动力，要把它摆在国家发展全局的核心位置，不断推进理论创新、制度创新、科技创新、文化创新等各方面创新，让创新贯穿党和国家一切工作，让创新在全社会蔚然成风。协调是持续健康发展的内在要求，要牢牢把握中国特色社会主义事业总体布局，正确处理发展中的重大关系，重点促进城乡区域协调发展，促进经济社会协调发展，促进新型工业化、信息化、城镇化、农业现代化同步发展，在增强国家硬实力的同时注重提升国家软实力，不断增强发展整体性。绿色是永续发展的必要条件，要坚持节约资源和保护环境的基本国策，坚持可持续发展，坚定走生产发展、生活富裕、生态良好的文明发展道路，加快建设资源节约型、环境友好型社会，形成人与自然和谐发展现代化建设新格局，推进美丽中国建设，为全球生态安全做出新贡献。开放是国家繁荣发展的必由之路，要积极顺应我国经济深度融入世界经济的趋势，奉行互利共赢的开放战略，发展更高层次的开放型经济，积极参与全球经济治理和公共产品供给，提高我国在全球经济治理中的制度性话语权，构建广泛的利益共同体。共享是中国特色社会主义的本质要求，坚持发展为了人民、发展依靠人民、发展成果由人民共享，做出更有效的制度安排，使全体人民在共建共享发展中有更多获得感，增强发展动力，增进人民团结，朝着共同富裕方向稳步前进。

首届“一带一路”国际合作高峰论坛在京举行

4. 认识和把握经济发展新常态

党的十八大以来，我国经济面临增长速度换挡期、结构调整阵痛期、前期刺激政策消化期“三期叠加”的巨大压力。经济发展进入新常态，是以习近平同志为核心的党中央综合分析世界经济长周期和我国发展阶段性特征及其相互作用，做出的重大战略判断，深刻反映了我国经济由高速增长阶段向高质量阶段转变的重要特征。

2014 年 5 月，习近平总书记在河南考察时，首次明确提出“新常态”的概念。同年 11 月，在亚太经合组织工商领导人峰会开幕式上的演讲中，他进一步系统阐述了新常态，提出新常态的主要特点：速度上“从高速增长转为中高速增长”，结构上“经济结构不断优化升级”，动力上“从要素驱动、投资驱动转向创新驱动”，指出新常态将给中国带来新的发展机遇。同年 12 月，习近平总书记主持中央政治局会议，做出“我国进入经济发展新常态”的重要论断。几天后召开的中央经济工作会议，首次从消费需求、投资需求、出口和国际收支、生产能力和产业组织方式、生产要素相对优势、市场竞争特点、资源环境约束、经济风险积累和化解、资源配置模式和宏观调控方式九个方面阐述了新常态带来的趋势性变化，会议指出：“认识新常态，适应新常态，引领新常态，是当前和今后一个时期我国经济发展的大逻辑。”① 这一论断将新常态提升到国家战略层面。

---

① 中央经济工作会议在北京举行. 人民日报，2014-12-12.

新常态立足当前，更着眼长远。为了更好地顺应新常态趋势性变化的要求，保持进入新常态的中国经济持续健康发展，2015 年 11 月，中央财经领导小组第十一次会议提出要推进“供给侧结构性改革”，通过供给侧结构性改革，培育新的经济增长点、增长极、增长带，为经济持续健康发展奠定坚实基础。2015 年 12 月，中央经济工作会议从理论思考到具体实践对供给侧结构性改革做了全面阐述。推进供给侧结构性改革是问题倒逼，是正确认识经济形势后选择的经济治理药方，是适应和引领经济发展新常态的重大创新和必然要求，为推动我国经济健康发展指明了新思路。

2016 年 1 月，在省部级主要领导干部学习贯彻十八届五中全会精神专题研讨班开班式上，习近平从战略与全局的高度，从历史和现实相结合的角度，对经济发展新常态做了进一步阐释，指出：“从历史长过程看，我国经济发展历程中新状态、新格局、新阶段总是在不断形成，经济发展新常态是这个长过程的一个阶段。这完全符合事物发展螺旋式上升的运动规律。”[①] 在中国经济改革和发展的进程中，既有过去积存多年的顽瘴痼疾，也有现在和未来面对的“硬骨头”和“险滩”，需要一种既坚守已有成就和经验的经济发展的新常态，又不断开拓进取的经济发展的新常态。“新常态”是为了实现我国社会生产力水平总体跃升，是对中国经济发展总体方式和方法的战略思维和顶层设计。

2017 年 12 月，中央经济工作会议指出，要坚持适应把握引领经济发展新常态，立足大局，把握规律。新常态下，中国经济正面临前所未有的机遇和挑战，需要转变思想观念、加强政策协同、推动跨越式发展，坚持新发展理念是引领经济发展新常态、推动经济持续健康发展的行动指南，要把创新、协调、绿色、开放、共享的发展理念贯穿经济发展的全过程，推动高质量发展。

5. 推动构建人类命运共同体

当今世界处于大发展、大变革与大调整的时期，和平与发展仍是

---

① 习近平．聚焦发力贯彻五中全会精神 确保如期全面建成小康社会．人民日报，2016－01－19．

时代的主题。世界各国共处一个世界，相互联系与依存也日益加深，面对世界经济的复杂形势和全球性问题，任何国家都不可能独善其身。提出构建人类命运共同体的重要思想，是中国领导人基于对历史和现实及世界大势的准确把握给出的中国方案，是治国理政新理念新思想新战略的重要组成部分。

“命运共同体”是习近平就任总书记后反复强调的关于人类社会的新理念。新时代不仅是全体中华儿女致力于实现中华民族伟大复兴中国梦的时代，也是我国日益走近世界舞台中央、不断为人类做出更大贡献的时代。习近平总书记在党的十九大报告中明确指出：“中国共产党是为中国人民谋幸福的政党，也是为人类进步事业而奋斗的政党。中国共产党始终把为人类作出新的更大的贡献作为自己的使命。”[①] 党的十八大以来，习近平总书记在国际国内不同场合多次提出构建人类命运共同体这一理念，并对其丰富内涵和实践路径做了深入阐述，深刻回答了“建设一个什么样的世界、怎样建设这个世界”等关乎人类社会发展命运的重大课题，形成了内涵丰富、科学完整的思想体系。2017 年 1 月，习近平主席在日内瓦万国宫出席“共商共筑人类命运共同体”高级别会议，并发表题为《共同构建人类命运共同体》的主旨演讲，向世界阐释了“构建人类命运共同体，实现共赢共享”的重大国际倡议，引起强烈反响。同年 2 月，联合国社会发展委员会第 55 届会议一致通过“非洲发展新伙伴关系的社会层面”决议，首次将“构建人类命运共同体”理念写入联合国决议中。此后，“构建人类命运共同体”理念多次载入国际重要决议之中，得到各国普遍认同，成为全人类共同的目标和呼声。

【链接】

“修昔底德陷阱”

修昔底德（Thucydides）是古希腊历史学家、哲学家、将军，是名著《伯罗奔尼撒战争史》的作者。其书中记录了古代希腊的两个城

---

① 习近平．决胜全面建成小康社会 夺取新时代中国特色社会主义伟大胜利——在中国共产党第十九次全国代表大会上的报告（2017 年 10 月 18 日）．北京：人民出版社，2017：57－58.

邦国家雅典和斯巴达在伯罗奔尼撒半岛上爆发的惨烈战争。修昔底德认为，伯罗奔尼撒战争的真正动因是雅典力量的增长及其引起的斯巴达的恐惧，使得战争不可避免。换言之，一个新崛起的大国必然要挑战现存大国，而现存大国也必然会回应这种威胁，这样战争变得不可避免。这被称为“修昔底德陷阱”，几乎已经被视为国际关系的“铁律”。如今，随着中国国力的增强，有学者提出崛起的中国是否能够避免或者战胜“修昔底德陷阱”，是中国能否坚持“和平崛起”道路的关键。对此，习近平旗帜鲜明地做出了回应：

我们都应该努力避免陷入“修昔底德陷阱”，强国只能追求霸权的主张不适用于中国，中国没有实施这种行动的基因。（2014年1月22日 美国《世界邮报》刊登对中国国家主席习近平的专访）

宽广的太平洋有足够的空间容纳中美两个大国。（2015年5月17日 习近平在人民大会堂会见美国国务卿克里）

世界上本无“修昔底德陷阱”，但大国之间一再发生战略误判，就可能自己给自己造成“修昔底德陷阱”。（2015年9月22日 习近平出席华盛顿州当地政府和美国友好团体联合举行的欢迎宴会并发表演讲）

中美关系发展要防止跌入所谓大国冲突对抗的“修昔底德陷阱”，要拓展合作、管控分歧，使两国关系发展成果更多惠及两国人民和世界人民。（2015年9月25日 习近平在华盛顿国会山集体会见美国国会参议院和众议院领导人）

党的十九大报告提出要“坚持和平发展道路，推动构建人类命运共同体”，呼吁“各国人民同心协力，构建人类命运共同体，建设持久和平、普遍安全、共同繁荣、开放包容、清洁美丽的世界”①，并将“坚持推动构建人类命运共同体”列为新时代中国特色社会主义发展的十四条基本方略之一。这些思想回应了时代要求，凝聚了各国共识，绘制了一幅人类社会共同发展、持续繁荣、长治久安的美好蓝图，是当代中国对世界的重要思想理论贡献，对中国的和平发展、世界的繁荣进步有着重大而深远的意义。

---

① 习近平．决胜全面建成小康社会 夺取新时代中国特色社会主义伟大胜利——在中国共产党第十九次全国代表大会上的报告（2017 年 10 月 18 日）．北京：人民出版社，2017：57－58.

四、形成习近平新时代中国特色社会主义思想

党的十九大报告，把十八大以来党中央治国理政新理念新思想新战略，概括为习近平新时代中国特色社会主义思想，大会通过的党章修正案把习近平新时代中国特色社会主义思想与马克思列宁主义、毛泽东思想、邓小平理论、“三个代表”重要思想和科学发展观一道作为党必须长期坚持的指导思想，是中国共产党指导思想的又一次与时俱进。这个重大历史决策和贡献，对于坚持和发展中国特色社会主义，实现中华民族伟大复兴的中国梦，具有重要意义。

1. 习近平新时代中国特色社会主义思想的提出

指导思想是一个政党的精神旗帜。习近平总书记在纪念中国共产党成立 95 周年大会上指出：“马克思主义是我们立党立国的根本指导思想。背离或放弃马克思主义，我们党就会失去灵魂、迷失方向。在坚持马克思主义指导地位这一根本问题上，我们必须坚定不移，任何时候任何情况下都不能有丝毫动摇。”① 建党以来，中国共产党始终高度重视理论创新和思想建设。我们党之所以能够完成近代以来各种政治力量不可能完成的艰巨任务，创造出一系列举世瞩目的伟大成就，就在于始终把马克思主义这一科学理论作为自己的行动指南，并坚持在实践中不断丰富和发展马克思主义。习近平新时代中国特色社会主义思想是对党的十八大以来以习近平同志为主要代表的中国共产党人的理论创新的科学概括，集中体现了马克思主义中国化的最新成果。

每一个重大战略思想的提出都离不开特定的历史条件、现实任务和时代要求，都是把马克思主义基本原理同中国的具体实际相结合不断探索的结果。习近平新时代中国特色社会主义思想是在科学判断中国社会发展新的历史方位的基础上提出来的。经过改革开放 40 年的发展，特别是党的十八大以来的五年砥砺奋进，党的面貌、国家的面

① 习近平．在庆祝中国共产党成立 95 周年大会上的讲话．人民日报，2016-07-02.

貌、人民的面貌、军队的面貌、中华民族的面貌发生了前所未有的变化，正以崭新姿态屹立于世界的东方。新的历史条件下，我国社会主要矛盾由过去的“人民日益增长的物质文化需要同落后的社会生产之间的矛盾”转化为“人民日益增长的美好生活需要和不平衡不充分的发展之间的矛盾”，中国特色社会主义进入了新时代，形成了我国发展新的历史方位。历史方位的重大变化，需要新的重大理论创新和思想指导，这为习近平新时代中国特色社会主义思想的形成奠定了坚实的基础。

习近平新时代中国特色社会主义思想是我们党坚持和发展中国特色社会主义，不断艰辛探索的必然理论成果。习近平总书记曾说，坚持和发展中国特色社会主义是一篇大文章，我们这一代共产党人的任务，就是继续把这篇大文章写下去。在中国特色社会主义理论的发展进程中，党的几代领导集体围绕“什么是马克思主义、怎样对待马克思主义”，创造性地探索和回答了“什么是社会主义、怎样建设社会主义”“建设什么样的党、怎样建设党”“实现什么样的发展、怎样发展”的问题。在此基础上，十八大以来，以习近平同志为主要代表的中国共产党人，顺应时代发展，从理论和实践结合上，进一步深入探索和系统回答了“新时代坚持和发展什么样的中国特色社会主义、怎样坚持和发展中国特色社会主义”的问题，深化了对中国特色社会主义的认识。

习近平新时代中国特色社会主义思想，是对马克思列宁主义、毛泽东思想、邓小平理论、“三个代表”重要思想、科学发展观的继承和发展，是马克思主义中国化的最新成果，是党和人民实践经验和集体智慧的结晶，是中国特色社会主义理论体系的重要组成部分，是全党全国人民为实现中华民族伟大复兴而奋斗的行动指南，必须长期坚持并不断发展。

2. 习近平新时代中国特色社会主义思想的精神实质和丰富内涵

坚持和发展中国特色社会主义，是改革开放以来我们党全部理论和实践探索的主题，也是习近平新时代中国特色社会主义思想的核心要义。习近平总书记提出一系列全局性、创造性的思想观点，深刻回答了新时代坚持和发展中国特色社会主义的总目标、总任务、总体布局、战略布局和发展方向、发展方式、发展动力、战略步骤、外部条件、政治保证等基本问题，实现了理论上的重大创新和发展，丰富发展了中国特色社会主义理论体系，为新时代坚持和发展中国特色社会主义提供了科学的理论指引。

党的十九大报告用“八个明确”和“十四个坚持”，概括了习近平新时代中国特色社会主义思想的精神实质和丰富内涵，为我们全面把握习近平新时代中国特色社会主义思想，提供了一把思想的钥匙。

党的十九大报告单行本

“八个明确”即明确坚持和发展中国特色社会主义，总任务是实现社会主义现代化和中华民族伟大复兴，在全面建成小康社会的基础上，分两步走在本世纪中叶建成富强民主文明和谐美丽的社会主义现代化强国；明确新时代我国社会的主要矛盾是人民日益增长的美好生活需要和不平衡不充分的发展之间的矛盾，必须坚持以人民为中心的发展思想，不断促进人的全面发展、全体人民共同富裕；明确中国特色社会主义事业总体布局是“五位一体”、战略布局是“四个全面”，强调坚定道路自信、理论自信、制度自信、文化自信；明确全面深化改革总目标是完善和发展中国特色社会主义制度、推进国家治理体系和治理能力现代化；明确全面推进依法治国总目标是建设中国特色社会主义法治体系、建设社会主义法治国家；明确党在新时代的强军目标是建设一支听党指挥、能打胜仗、作风优良的人民军队，把人民军队建设成为世界一流军队；明确中国特色大国外交要推动构建新型国际关系，推动构建人类命运共同体；明确中国特色社会主义最本质的特征是中国共产党领导，中国特色社会主义制度的最大优势是中国共产党领导，党是最高政治领导力量，提出新时代党的建设总要求，突出政治建设在党的建设中的重要地位。[①] 这“八个明确”是习近平新

2017 年 7 月 30 日，庆祝中国人民解放军建军 90 周年阅兵在位于内蒙古的朱日和训练基地举行

时代中国特色社会主义思想丰富内涵中最核心的内容，体现出理论创新在历史、现实与未来上的有机结合，构成了一个系统完整、逻辑严密的科学理论体系。

坚持和发展中国特色社会主义的基本方略，主要体现在“十四个

---

① 习近平．决胜全面建成小康社会 夺取新时代中国特色社会主义伟大胜利——在中国共产党第十九次全国代表大会上的报告（2017 年 10 月 18 日）．北京：人民出版社，2017：19.

坚持”上，即坚持党对一切工作的领导，坚持以人民为中心，坚持全面深化改革，坚持新发展理念，坚持人民当家作主，坚持全面依法治国，坚持社会主义核心价值体系，坚持在发展中保障和改善民生，坚持人与自然和谐共生，坚持总体国家安全观，坚持党对人民军队的绝对领导，坚持“一国两制”和推进祖国统一，坚持推动构建人类命运共同体，坚持全面从严治党。“十四个坚持”涵盖了经济、政治、法治、科技、文化、教育、民生、民族、宗教、社会、生态文明、国家安全、国防和军队、“一国两制”和祖国统一、统一战线、外交、党的建设等各方面，是“八个明确”在实践中的具体化，谋划了新的历史条件下我们要干什么、怎么干的问题，是新时代坚持和发展中国特色社会主义的行动指南和实践旨向。

【链接】

筑起众志成城的铜墙铁壁

谁把人民放在心上，人民就把谁放在心上。“最后一碗米送去做军粮，最后一尺布送去做军装，最后一件老棉袄盖在担架上，最后一个亲骨肉送去上战场。”这首战争年代广为传唱的民谣，就是军民团结如一人的生动体现。

历史告诉我们，有了民心所向、民意所归、民力所聚，人民军队就能无往而不胜、无敌于天下。只要始终站在人民立场上，赢得最广大人民衷心拥护，就能构筑起众志成城的铜墙铁壁。①

3. 习近平新时代中国特色社会主义思想的历史贡献

十八大以来，以习近平同志为核心的党中央在新的历史起点上，续写了中国特色社会主义的精彩篇章，形成了习近平新时代中国特色社会主义思想，为新时代坚持和发展中国特色社会主义、推进党和国家事业提供了基本遵循，为开辟 21 世纪马克思主义发展新境界做出了历史性的贡献。

第一，开辟了马克思主义中国化的新境界。习近平在庆祝中国共

① 习近平．在庆祝中国人民解放军建军 90 周年大会上的讲话．人民日报，2017-08-02.

产党成立 95 周年大会上的重要讲话中，就“不忘初心、继续前进”提出 8 个方面的要求，其中第一条就是要坚持马克思主义的指导地位，坚持把马克思主义基本原理同当代中国实际和时代特点紧密结合起来，推进理论创新、实践创新，不断把马克思主义中国化推向前进。这是我们党的传家宝，也是马克思主义中国化的根本原则。正确认识和解决这个问题，是推动党的整个事业顺利进行的先决条件。

习近平新时代中国特色社会主义思想，正是我们党坚持一切从实际出发，正确把握当代中国发展的阶段性特点，推进党的理论创新的最新成果。它的形成验证了坚持把马克思主义的基本原理同当代中国实际和时代特点相结合这一历史经验的强大生命力，是运用党的最基本的历史经验来推动中国特色社会主义伟大实践的典范，在马克思主义中国化进程中具有里程碑意义。

第二，为实现中华民族伟大复兴的中国梦提供行动指南。党的十八大以来，习近平总书记在不同场合强调，今天，我们比历史上任何时期都更接近中华民族伟大复兴的目标，比历史上任何时期都更有信心、有能力实现这个目标。党的十九大立足新的历史方位，制定了实现中华民族伟大复兴的基本方略与发展蓝图，为建设社会主义现代化强国提供了科学可行的现实路径。

习近平新时代中国特色社会主义思想，是中华民族伟大复兴中国梦的政治宣言。中华民族伟大复兴的中国梦的实现，最关键的就在于以习近平同志为核心的党中央的坚强领导和习近平新时代中国特色社会主义思想的科学指导。只有把马克思主义同中国具体实际和时代特征结合起来的习近平新时代中国特色社会主义思想，而没有别的什么思想能够解决中华民族的前途和命运问题。

第三，为解决人类社会发展问题提供中国方案。改革开放以来尤其是党的十八大以来，我们党领导人民不走封闭僵化的老路，不走改旗易帜的邪路，不断探索完善中国特色社会主义道路、理论体系、制度，使社会主义中国焕发出强大的生机活力，拓展了发展中国家走向现代化的途径，给世界上那些既希望加快发展又希望保持自身独立性的国家和民族提供了全新选择，为解决人类问题贡献了中国智慧和中国方案。

2017 年 9 月 29 日，习近平总书记在中央政治局第 43 次集体学习时强调："时代在变化，社会在发展，但马克思主义基本原理依然是科学真理。尽管我们所处的时代同马克思所处的时代相比发生了巨大而深刻的变化，但从世界社会主义 500 年的大视野来看，我们依然处在马克思主义所指明的历史时代。这是我们对马克思主义保持坚定信心、对社会主义保持必胜信念的科学根据。"① 科学社会主义在中国的成功，对马克思主义、科学社会主义的意义，对世界社会主义的意义，是十分重大的。中国的发展进步，代表着一种社会制度的成功，随着中国社会制度、发展道路影响的不断提升，中国特色社会主义对世界社会主义的引领作用将更加凸显，极大地鼓舞和坚定着人们对社会主义的信心。

① 继续推进马克思主义中国化时代化大众化．人民日报海外版，2017－09－30.

后 记

本书是为纪念世界社会主义五百年历史发展而撰写的一本小册子。

在推进21世纪中国特色社会主义事业发展的新的征程，在决胜全面建成小康社会的关键时刻，对世界社会主义曲折发展及其历史经验做出回顾和总结，对世界社会主义前途命运和中国特色社会主义发展前景做出辩证展望，进一步增强中国特色社会主义道路自信、理论自信、制度自信、文化自信，是有重要的理论意义和现实意义的。

本书由我提出主旨思想和整体结构。全书各章撰稿人如下：顾海良：导语；王越：第一章至第四章；李玉峰：第五章至第七章；杨瑞：第八章至第十章。我对全书做了统一修订并定稿。

需要特别指出的是，本书在材料和内容等多方面得益于《世界社会主义五百年》写作时的准备材料。《世界社会主义五百年》作为马克思主义理论研究和建设工程的重点项目，是2013年初至2014年初在中宣部理论局直接指导下完成的。为完成这一项目，项目课题组准备了大量的材料，并写作了近十个稿本。最初几个稿本中的许多材料和相关内容，对我们写作本书有着重要的帮助和启发。在此，特别对季正聚关于空想社会主义部分（本书第一章和第二章）的准备材料，刘建军、龚敬才关于科学社会主义产生和发展部分（本书第三章和第四章）的准备材料，孙来斌关于俄国革命和列宁社会主义革命实践和理论部分（本书第五章）的准备材料，姜辉关于苏联社会主义建设和苏东剧变部分（本书第六章和第七章）的准备材料，张新和李玉峰关于中国社会主义革命和建设部分（本书第八章和第九章）的准备材料，所给予的帮助和启发表示衷心的感谢。

本书的编写和出版得到中国人民大学出版社的大力支持，特别是几位责任编辑，为此付出辛勤劳动，在此深表谢意。

顾海良

2018 年 2 月 15 日

图书在版编目（CIP）数据

人间正道是沧桑：世界社会主义五百年/顾海良主编. —北京：中国人民大学出版社，2018.8

ISBN 978-7-300-23862-3

Ⅰ.①人… Ⅱ.①顾… Ⅲ.①社会主义-政治思想史-研究-世界 Ⅳ.①D091.6

中国版本图书馆CIP数据核字（2017）第008840号

北京市社会科学理论著作出版基金资助

人间正道是沧桑

世界社会主义五百年

顾海良　主编

Renjian Zhengdao Shi Cangsang

出版发行	中国人民大学出版社		
社　　址	北京中关村大街31号	**邮政编码**	100080
电　　话	010－62511242（总编室）		010－62511770（质管部）
	010－82501766（邮购部）		010－62514148（门市部）
	010－62515195（发行公司）		010－62515275（盗版举报）
网　　址	http://www.crup.com.cn		
经　　销	新华书店		
印　　刷	涿州市星河印刷有限公司		
开　　本	720 mm×1000 mm　1/16	**版　　次**	2018年8月第1版
印　　张	19.25	**印　　次**	2024年1月第9次印刷
字　　数	283 000	**定　　价**	68.00元